国家社会科学基金重大项目
"新时代推进民营经济高质量发展研究"
（19ZDA050）
国家社会科学基金重大项目
"国企混合所有制改革的实现路径选择研究"
（20&ZD073）

新时代民营经济
高质量发展研究

黄速建　肖红军
　　　　　　　　 / 等著
李先军　王　欣

Economy

Private

HIGH-QUALITY DEVELOPMENT OF THE
PRIVATE SECTOR IN THE
NEW ERA

经济管理出版社
ECONOMY & MANAGEMENT PUBLISHING HOUSE

图书在版编目（CIP）数据

新时代民营经济高质量发展研究 ／ 黄速建等著.
北京：经济管理出版社，2024. -- ISBN 978-7-5096
-9895-2

Ⅰ．F121.23

中国国家版本馆 CIP 数据核字第 2024TQ7523 号

组稿编辑：申桂萍
责任编辑：申桂萍
助理编辑：张　艺
责任印制：许　艳
责任校对：蔡晓臻

出版发行：经济管理出版社
　　　　　（北京市海淀区北蜂窝 8 号中雅大厦 A 座 11 层　100038）
网　　址：www. E-mp. com. cn
电　　话：（010）51915602
印　　刷：唐山玺诚印务有限公司
经　　销：新华书店
开　　本：720mm×1000mm/16
印　　张：17.75
字　　数：361 千字
版　　次：2024 年 9 月第 1 版　　2024 年 9 月第 1 次印刷
书　　号：ISBN 978-7-5096-9895-2
定　　价：98.00 元

目　录

综合篇

战略篇

发展篇

保障篇

总　论

党的二十大报告指出，"坚持和完善社会主义基本经济制度，毫不动摇巩固和发展公有制经济，毫不动摇鼓励、支持、引导非公有制经济发展，充分发挥市场在资源配置中的决定性作用，更好发挥政府作用""优化民营企业发展环境，依法保护民营企业产权和企业家权益，促进民营经济发展壮大"。推动民营经济高质量发展，是深入贯彻落实党的二十大精神的客观要求，是新时代促进民营经济发展壮大的必由之路。

一、推动民营经济高质量发展的重大意义

（一）落实党和国家对发展壮大民营经济战略部署的必然要求

党的十八大以来，以习近平同志为核心的党中央始终强调民营经济和民营企业的重要地位，始终要求推动民营经济高质量发展，相继提出"两个毫不动摇""三个没有变""两个健康"的新要求，对发展壮大民营经济做出了系统性的战略部署，为推动民营经济高质量发展提供了根本遵循和指明了方向。

从"两个毫不动摇"来看，党的十八大报告明确了"两个毫不动摇"，提出"要毫不动摇巩固和发展公有制经济，推行公有制多种实现形式，深化国有企业改革，完善各类国有资产管理体制，推动国有资本更多投向关系国家安全和国民经济命脉的重要行业和关键领域，不断增强国有经济活力、控制力、影响力。毫不动摇鼓励、支持、引导非公有制经济发展，保证各种所有制经济依法平等使用生产要素、公平参与市场竞争、同等受到法律保护"。党的十九大报告把"两个毫不动摇"写入新时代坚持和发展中国特色社会主义的基本方略，党的二十大报告对"两个毫不动摇"进行了重申。习近平总书记在 2023 年中央经济工作会议、2024 年全国两会等多个重要场合都明确指出，要完善落实"两个毫不动摇"的体制机制，支持民营经济和民营企业发展壮大，激发各类经营主体的内生动力和

创新活力。2024 年《政府工作报告》再次强调，要不断完善落实"两个毫不动摇"的体制机制，为各类所有制企业创造公平竞争、竞相发展的良好环境。

从"三个没有变"来看，2016 年 3 月 4 日，习近平总书记在看望参加全国政协十二届四次会议的民建、工商联界委员时指出，"非公有制经济在我国经济社会发展中的地位和作用没有变，我们鼓励、支持、引导非公有制经济发展的方针政策没有变，我们致力于为非公有制经济发展营造良好环境和提供更多机会的方针政策没有变"。2018 年 11 月 1 日，习近平总书记在民营企业座谈会上再次强调"三个没有变"，让民营企业家吃下"定心丸"。2023 年 3 月 6 日，习近平总书记看望参加全国政协十四届一次会议的民建、工商联界委员，并参加联组会时强调，党中央始终坚持"两个毫不动摇"、"三个没有变"，始终把民营企业和民营企业家当作自己人。

从"两个健康"来看，党的十九大报告中指出，"构建亲清新型政商关系，促进非公有制经济健康发展和非公有制经济人士健康成长"。2017 年 11 月，中共中央、国务院在致中国工商业联合会第十二次全国代表大会的贺词中指出，"促进非公有制经济健康发展和非公有制经济人士健康成长，既是重大经济问题也是重大政治问题"。2019 年 10 月，党的十九届四中全会通过《中共中央关于坚持和完善中国特色社会主义制度推进国家治理体系和治理能力现代化若干重大问题的决定》，指出要"健全支持民营经济、外商投资企业发展的法治环境，完善构建亲清政商关系的政策体系，健全支持中小企业发展制度，促进非公有制经济健康发展和非公有制经济人士健康成长"。党的二十大报告强调，"全面构建亲清政商关系，促进非公有制经济健康发展和非公有制经济人士健康成长"。2023 年 3 月 6 日，习近平总书记看望参加全国政协十四届一次会议的民建、工商联界委员，并参加联组会时强调，要引导民营企业和民营企业家正确理解党中央关于"两个毫不动摇""三个没有变""两个健康"的方针政策。

此外，党中央和国务院对支持民营企业改革发展、促进民营经济发展壮大做出了系列的制度部署。2019 年 12 月，《中共中央　国务院关于营造更好发展环境支持民营企业改革发展的意见》印发，从优化公平竞争的市场环境、完善精准有效的政策环境、健全平等保护的法治环境、鼓励引导民营企业改革创新、促进民营企业规范健康发展、构建亲清政商关系六个方面提出营造更好发展环境支持民营企业改革发展的具体举措。2023 年 7 月，《中共中央　国务院关于促进民营经济发展壮大的意见》印发，从持续优化民营经济发展环境、加大对民营经济政策支持力度、强化民营经济发展法治保障、着力推动民营经济实现高质量发展、促进民营经济人士健康成长、持续营造关心促进民营经济发展壮大社会氛围六个方面提出促进民营经济发展壮大的具体举措。

（二）发挥民营经济在中国式现代化建设中重要作用的客观需要

党的二十大提出了建设中国式现代化的宏伟目标，为广大企业指明了奋斗方向。民营经济、民营企业具有自身的独特优势，是加快推进中国式现代化建设的重要力量。2018 年 11 月 1 日，习近平总书记在民营企业座谈会上指出，"民营经济是社会主义市场经济发展的重要成果，是推动社会主义市场经济发展的重要力量，是推进供给侧结构性改革、推动高质量发展、建设现代化经济体系的重要主体，也是我们党长期执政、团结带领全国人民实现'两个一百年'奋斗目标和中华民族伟大复兴中国梦的重要力量"。2020 年 9 月，中共中央办公厅印发《关于加强新时代民营经济统战工作的意见》提出，"民营经济作为我国经济制度的内在要素，始终是坚持和发展中国特色社会主义的重要经济基础；民营经济人士作为我们自己人，始终是我们党长期执政必须团结和依靠的重要力量"。《中共中央　国务院关于促进民营经济发展壮大的意见》指出，"民营经济是推进中国式现代化的生力军，是高质量发展的重要基础，是推动我国全面建成社会主义现代化强国、实现第二个百年奋斗目标的重要力量"。

民营经济在稳定经济、国家税收、技术创新、金融发展、经济持续健康发展等方面发挥了重要作用，具有"五六七八九"的特征，即贡献了 50% 以上的税收与外贸规模，60% 以上的国内生产总值，70% 以上的技术创新成果，80% 以上的城镇劳动就业，90% 以上的企业数量。从税收贡献来看，国家税务总局的数据显示，民营企业连年贡献着超过 50% 的税收收入，是保障国家财力的中坚力量。从外贸贡献来看，2023 年民营企业外贸经营主体 55.6 万家，合计进出口 22.36 万亿元，增长 6.3%，占进出口总值的 53.5%，提升 3.1 个百分点，成为外贸的"稳定器"。从 GDP 贡献来看，全国 60% 以上的国内生产总值由民营企业创造，民营经济增加值在各省份 GDP 的比重普遍介于 50%~70%。从技术创新贡献来看，国家知识产权局知识产权发展研究中心的数据显示，改革开放 40 多年来，民营企业作为科技创新的重要主体，贡献了全社会 70% 的技术创新成果、80% 的国家专精特新"小巨人"和 90% 的高新技术企业。从劳动就业贡献来看，民营企业一直发挥着"就业蓄水池"的作用，民营企业就业人数在城镇就业总人数的占比已经超过 80%，成为吸纳就业的主力军。从企业数量贡献来看，截至 2023 年 9 月底，全国登记在册民营企业数量超过 5200 万户，民营企业在企业总量中的占比达到 92.3%。

（三）破解民营经济发展难题的内在要求

对标高质量发展目标要求，当前民营经济仍然存在着一些不能适应高质量发展要求的问题，存在诸多"堵点""痛点""难点"。第一，要素成本上升的挑战。民营企业面临着生产要素成本上升、税费负担重、融资约束等突出问题，增加了企业经营成本和负担，压缩了企业盈利空间。第二，安全公平的市场竞争环境尚未完全形成。民营企业在市场准入、市场竞争中受到不公正待遇的现象时有发生，营商环境还有待进一步优化，民营企业的安全感和发展信心仍有待进一步提升。第三，创新力和竞争力不足。在创新生命周期中，民营经济整体上还处于起步阶段，研发强度均较低，研发人员比重较低，整体创新力和竞争力不足。第四，产品质量和服务质量有待提高。现阶段民营经济提供的产品中，以生存性产品为主，发展性与享受性产品不足。一些民营企业缺乏诚信经营意识，还存在假冒伪劣、以次充好的现象。第五，经营管理观念和机制不科学。大量民营企业尤其中小民营企业的经营方式还较为粗放，经营理念和管理方式较为落后，经营机制和管理制度不健全，制约了企业持续健康发展能力。鉴于此，完整、准确、全面理解和贯彻新发展理念，推动民营经济高质量发展，是破解民营经济发展难题的内在要求。

二、研究思路与框架

民营经济高质量发展是一个涉及宏观、中观、微观三个层次的复杂问题，对其研究应当具有系统思维和全面考量。本书立足于理论与实践紧密结合，按照"概念阐释—现实把握—目标方向—战略重点—关键路径—保障措施"的思路，对新时代民营经济高质量发展进行了系统研究和深入探讨。

全书共分为四篇，共十四章，其中，综合篇主要是对新时代民营经济高质量发展进行总体研究，包括对新时代民营经济高质量发展的内涵体系进行建构，对民营经济高质量发展水平的现状进行评估和分析，对民营经济高质量发展的成效和问题进行剖析，对进一步推动民营经济高质量发展的思路、方向和路径进行明确。战略篇主要是基于新时代的新情境对民营企业的重大战略问题进行重点研究，包括基于制造强国战略视角对民营企业产业转型升级进行研究、基于创新驱动发展战略视角对民营企业创新能力建设进行研究、基于数字经济时代对民营企业数字化转型进行研究、基于新发展格局视角对民营企业全球化进行研究。发展篇主要是对新时代民营企业持续健康发展的关键问题进行研究，包括"专精特新"民营企业高质量发展、新时代民营企业家精神和民营企业代际传承问题。保障篇主要是对推动新时代民营经济高质量发展所需的保障体系进行研究，包括政策保障、营商环境保障和社会服务保障。本书的研究思路与框架结构如图0-1所示。

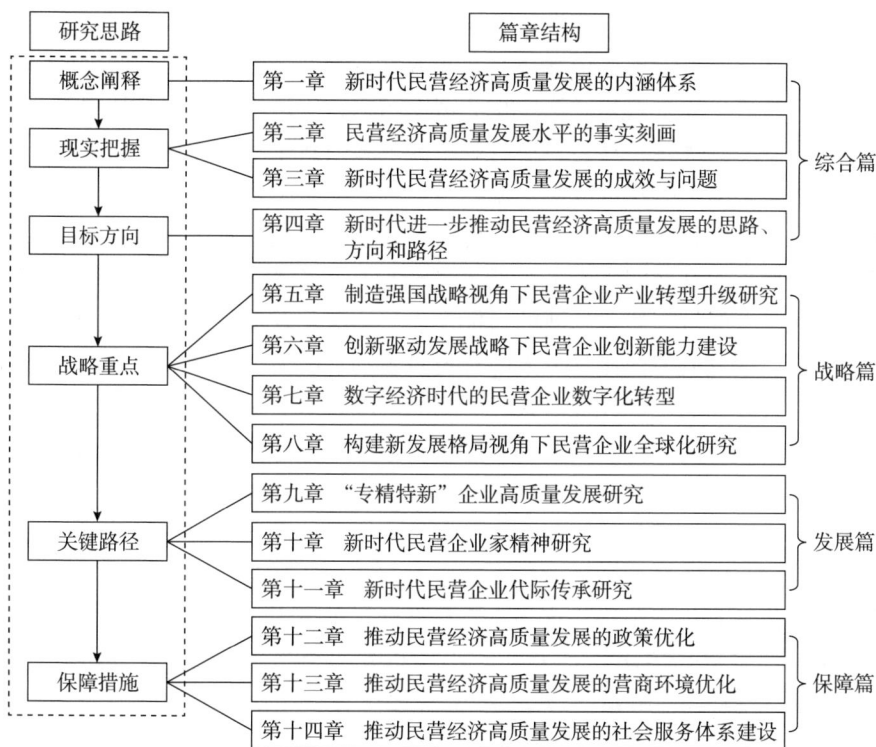

图 0-1　本书的研究思路与框架结构

三、主要研究发现

（一）新时代民营经济高质量发展的现状与深化方向

第一章"新时代民营经济高质量发展的内涵体系"立足新时代背景下，提出在我国民营经济面临着转型升级的关键时期，高质量发展成为其首要任务。本章构建了民营经济高质量发展的理论框架，以更好地理解和把握民营经济发展的内在规律和外部条件，为民营经济的高质量发展提供科学指导。这将有助于有效推动民营经济驶入高质量发展轨道，进一步激发民营经济的创新活力和发展潜力，为中国经济高质量发展提供重要支撑。具体内容包括：首先，通过对民营经济的内涵、高质量发展的内涵进行了梳理，回顾了民营经济的发展模式，提出新时代民营经济高质量发展的内涵体系需要从理论和实践两个层面进行深入梳理。理论上，高质量发展不仅是经济增长的速度问题，更是经济发展的质量和效益问题，涉及经济结构优化、动力转换、效率提升和创新驱动等方面。实践中，则要求民营经济在供给侧结构性改革、创新驱动发展战略中发挥关键作用，实现从量的扩张向质的提升转变。其次，以理论内涵为基础，进一步厘清了高质量发展与民营经济高质量发展之间的关系，阐释了新时代民营经济高质量发展的新变化，并对新时代民营经济高质量发展的目标及进一步深化发展重点进行了剖析，提出民营经济高质量发展的内涵是强大的科技自主创新能力、协调的内外部资源配置和管理机制、绿色的生产经营方式、开放的国际化水平、高度的社会责任感。最后，提出民营经济高质量发展的政策建议，指出民营经济是我国经济高质量发展的重要主体，其高质量发展也必须树立实现三大变革的总体目标，从顶层设计层面对标准体系进行统筹设计。新时代民营经济高质量发展不仅是经济领域的一场深刻变革，也是社会结构和治理体系的重大调整。通过深化内部改革和扩大对外开放，民营经济有望为中国经济的高质量发展贡献更大的力量。

第二章"民营经济高质量发展水平的事实刻画"从"质量、效率、公平、可持续发展""宏观、中观、微观""五大发展理念"等视角对经济高质量发展的内涵进行了系统梳理，并基于新发展理念界定了民营经济高质量发展的基本内涵，构建了民营经济发展质量评价的总体思路和基本逻辑。在此基础上，从质量效益发展、创新发展、绿色发展、开放发展以及共享发展五个维度利用主成分分析法构建了中国民营经济高质量发展评价指标体系并进行了评价。研究发现，整体而言：中国民营经济高质量发展综合得分不高但呈上升趋势，中国民营经济的质量效益发展和共享发展得分呈下降趋势，中国民营经济的创新发展、绿色发展以及开放发展得分呈上升趋势；中国民营经济高质量发展呈现出全国、区域之间的不平衡状态，且各维度发展质量在全国、区域之间呈现出复杂的不平衡状态，但同时中国民营经济高质量发展及其各维度发展质量在全国、区域之间的绝对差异也呈现出逐步缩小的态势。具体而言：第一，从中国民营经济高质量发展与各维度发展趋势来看，中国民营经济高质量发展水平呈现波动上升趋势，且总体增幅稳定；质量效益发展和共享发展得分整体上呈现下降趋势，创新发展、绿色发展以及开放发展得分整体上呈现波动上升趋势。第二，从中国区域民营经济高质量发展的变化趋势来看，东部、中部、西部和东北部四大区域民营经济高质量发展的走势基本相同，均呈现增长趋势，东部地区增幅最大，西部地区次之，东北地区增幅最小，四大区域之间的差距在逐渐缩小；四大区域民营经济的质量效益发展和共享发展的走势基本相同，均呈现出下降趋势；四大区域民营经济的创新发展、绿色发展以及开放发展的走势基本相同，均呈现出波动上升趋势。第三，从中国各省份民营经济高质量发展的情况来看，中国民营经济高质量发展存在着显著的区域不平衡问题，东部地区发展得相对较好，西部、中部和东北地区发展相对欠缺；中国各省份民营经济的质量效益发展、创新发展、绿色发展、开放发展以及共享发展质量均存在显著差异。

第三章"新时代民营经济高质量发展的成效与问题"阐释了民营经济发展的成就和问题。民营经济是我国经济制度的内在要素，是坚持和发展中国特色社会主义的重要经济基础。经济高质量发展最终需要企业高质量发展予以实现，民营企业作为构成中国经济微观基础的规模最大的主体，其高质量发展对于支撑中国经济高质量发展至为关键。党的十八大以来，国家对推进民营企业高质量发展高度重视，通过持续的制度供给和制度创新不断激发民营企业发展活力，民营企业高质量发展取得巨大成就，但在新发展阶段也面临诸多困难和挑战，需要以更高站位、更大力度、更多力量、更实举措予以应对和破解，切实推动民营企业高质量发展走深走实和迈上新台阶。本章重点对新时代中国民营经济高质量发展的成效与问题进行研究，主要包括两部分的内容：一是成就刻画。民营企业发展呈现"量""质""能""位"齐升的新格局。随着中国经济由高速增长阶段转向高质量发展阶段，民营企业在数量规模、发展质量、发展动能、地位贡献上都取得显著进步，呈现出"量""质""能""位"齐升的新格局，具体表现为：数量和规模的持续增长彰显民营企业发展势头总体向好；发展质量的稳步提升凸显民营企业发展层次得到提升；发展动能的不断增强展现民营企业发展后劲更加有力；贡献和地位的日益突出反映民营企业发展价值获得认可。二是问题透视。民营企业高质量发展面临外部制约与内生不足的双重挑战。囿于宏观中观环境的外部制约和企业微观要素的内生不足，当前民营企业高质量发展面临内外双重挑战，离真正意义的高质量发展仍有明显差距，亟须在新发展阶段取得更加实质性的新突破。这些问题突出表现在五个方面："隐性规则劣势"制约民营企业发展潜力；"要素获取劣势"抑制民营企业竞争力；"路径锁定劣势"限制民营企业创新力；"冗余能力劣势"降低民营企业成长耐力；"综合素质劣势"削弱民营企业可持续发展能力。

第四章"新时代进一步推动民营经济高质量发展的思路、方向和路径"指出，新时代新背景新征程下，高质量发展是"十四五"时期乃至更长时期中国经济社会发展的必然选择。其中，民营经济作为最具创新力和经济活力的市场主体，是中国经济发展的"铁柱钢梁"，其必然要为我国经济的高质量发展积极奉献，成为推动新时代中国经济高质量发展的主力军力量。近几年来，中国民营经济在发展过程中面临着很多发展难题和风险挑战，要想实现高质量发展，需要结合自身的实际追寻高质量发展思路、发展方向以及选择适当的发展路径。在民营经济高质量发展的总体思路、方向指引下，是否有可供民营经济高质量发展参考的发展路径，这是本书研究的现实落脚点，这也是为民营企业高质量发展提供直接的方向指引。基于此，本章从新时代的现实背景出发，围绕民营经济高质量发展的现实问题，对民营经济如何实现稳步高质量发展进行思路及方向的设计，其中，民营经济高质量发展的思路为着力破除民营经济面临的"隐性规则""要素获取""路径锁定""冗余能力""综合素质"等多重劣势，形成支撑民营企业高质量发展的友好型发展环境、适需型发展要素、内生型发展动力、质效型发展模式和持续型发展能力；民营经济高质量发展方向为数字化、创新化、专业化、融合化、共享化、网络化、国际化、绿色化转型。在民营经济高质量发展思路及方向的基础上，结合当代经济社会发展的战略要求，按照现实逻辑和供给侧结构性改革理论逻辑，从加快企业转型升级、加大科技创新力度、持续优化营商环境、提高政府扶持强度、增强要素配置水平、建立完善现代企业制度、支持混合所有制改革等方面提出了民营经济高质量发展的路径实施方案。寄希望于能够在企业发展理论上为新时代中国经济的高质量发展提供一个研究视角，既有利于寻求理论层面的创新和发展，为新时代民营经济发展提供一定的理论支撑，也有利于进行实践层面的系统规划，为民营经济的高质量发展指明道路，进而推动中国总体经济高质量发展迈上新的台阶。

（二）新时代民营经济高质量发展的战略重点

第五章"制造强国战略视角下民营企业产业转型升级研究"阐释了制造强国的本质是一个微观企业的能力结构转型的过程。作为微观企业的重要组成，民营企业转型升级的过程也是其与产品架构相匹配的能力拓展和构建的过程。对中国制造业的实证分析显示，产品架构类型与企业产权以及相应的企业能力具有匹配性；民营企业在模块化程度高的产品上具有创新的比较优势，国有企业在架构创新上具有比较优势。民营企业应要将企业间的知识分工问题纳入公司战略考量，综合考虑产品架构特征、技术生命周期、知识基础、创新的突破性程度等因素对企业间知识分工的影响，从而在产品架构和能力谱系中更好地定位自己的转型升级方向。总体上看，产品架构的模块化程度越高，企业之间的知识分工越明确，不断深化的知识分工会促进企业技术研发的高度专业化。在模块化产品架构下，民营企业可以将有限的资源投入技术和市场确定性更高的研发活动，并积累隐性知识和组织能力。需要注意的是，产品模块化程度既可以是外生给定的，也可以是民营企业内生选择的结果，技术路线的发展并不是单一方向的，产业知识基础有可能在不同的知识系统间发生非连续性的转换，民营企业需要关注新市场需求和新技术突破，注重构建动态能力，以整合、构建和重新配置内部和外部的资源，并不断构建与产品架构相适应的组织能力，从而更有效地适应动态变化的竞争环境。

第六章"创新驱动发展战略下民营企业创新能力建设"分析了在中美科技对抗极化的大背景下，民营企业在国家创新驱动发展战略中的定位，应当是将面向国家科技自立自强的战略要求、符合民营企业自身的制度特征作为基本出发点，持续提升自身创新能力和合法性，承担起重点技术突破和产业技术领先的创新供给者、战略性新兴技术与多样化技术路线的早期探索者、新兴产业生态整体改善的网络构建者、助力我国持续深度嵌入国际创新链的全球参与者四方面的战略使命。基于这四大战略使命要求，综合考虑民营企业的资源基础和制度特征，民营企业面向国家创新驱动发展战略、加强自身创新能力建设应合理定位于六大优先领域：一是成熟复杂产品系统的模块/部件技术突破与赶超；二是突破性新兴技术和多样化技术路线探索；三是优势领域内的产业关键共性技术研发与扩散应用；四是多平台数字经济生态建设与优化；五是数字创新平台建设与本土化；六是国际性创新联合体和民间组织建设。然而，与进一步提升民营企业创新能力、促进民营企业更好支撑国家创新驱动发展战略的需求相比，当前民营企业在创新和产业化、知识产权、科技服务等方面还面临一些突出的体制机制障碍。针对这些体制机制障碍，建议强化政策制定和实施中的政企合作以及责任监督制度、持续加强知识产权保护和技术市场发展、尽快研究出台有利于中小企业和竞争性创新的信息安全法规、构建有利于民营企业新建联盟组织输出国际标准的社会团体管理制度，推动民营企业面向国家战略加快提升创新能力。

第七章"数字经济时代的民营企业数字化转型"提出，数字化转型是提升民营企业竞争力，促进民营经济高质量发展的重要抓手。尽管当前国家和地方相继出台了一系列民营企业数字化转型的支持政策，但民营企业数字化转型过程仍然存在转型速度慢、效益差等问题。出现这些问题的根本原因在于对于数字化转型的内涵和机制理解不深入，未能找到促进民营企业数字化转型的有效路径。鉴于此，本章一方面构建企业数字化转型的一般性理论，分析企业数字化转型的内涵、动力机制以及路径模式；另一方面系统总结民营企业数字化转型现状以及面临的制约因素，在此基础上提出促进民营企业高质量数字化转型的政策建议。本章通过研究认为，企业数字化转型是数字技术与企业组织、业务流程、商业模式协同演化的过程，其本质是数字知识与企业现有知识体系进行融合，进而实现知识再创造、业务再创新以及企业竞争力持续提升。在对民营企业数字化转型实践进行系统分析的基础上，本章发现，当前我国民营企业正处于数字化转型初期阶段，民营企业数字化转型的广度、深度以及成效都存在较大异质性，民营企业"数字化转型鸿沟"凸显，而企业规模、行业特征以及区域特征是造成数字化转型异质性的主要因素，民营企业数字化转型认识和战略部署不到位、数字化解决方案供给不足、数字化转型服务体系不完善是制约当前我国民营企业数字化转型的主要因素。基于以上研究结论，本章提出了加快推动民营企业数字化转型的政策建议。

第八章"构建新发展格局视角下民营企业全球化研究"指出，随着中国对外投资政策的逐步推进和企业自身能力的不断提高，中国企业"走出去"的广度和深度不断提升。在构建新发展格局的时代背景和新的国际竞争形势下，我国企业国际化面临的外部环境发生重大转向，原来WTO框架下的国际经济合作秩序遭到严重破坏。近年来，美国通过单边制裁等贸易霸凌手段，肆意破坏国际经济合作秩序，中国企业面对的中国与世界不断双向开放、不断深化合作的国际制度环境发生转向，中国企业国际化面临前所未有的严峻挑战。首先，近年来，国际贸易摩擦的形势日益严峻，贸易保护主义重新抬头，这对企业的国际化进程形成了直接冲击。其次，全球性卫生事件给企业带来了卫生防疫、国际关系等多方面的业务连续性挑战，企业缺乏全球化风险管控能力。最后，尽管我国企业在国际市场上的份额逐渐增大，但大部分企业仍缺乏核心竞争力，这表现为缺乏知名的跨国公司和超级品牌，导致在世界经济利益分配中处于不利地位。面对外部环境的骤变，企业要开拓国际化新局面，必须有所为有所不为，锤炼自身核心能力的同时，灵活匹配国际化业务与海外市场，方能实现逆境突围。本章建议企业采取"低成本开发+高端突破"双线扩张的海外战略，"贴牌与创牌并举"进行海外市场拓展，努力开拓多元化出口市场以减少出口风险，进行积极而审慎的跨国并购以获取"互补性资产"，适时建立海外研发中心以提高技术能力。在政策层面，建议加大对中小企业海外投资的融资支持，加强对境外经贸合作区的宏观指导，提高企业抱团出海的成功率，建立完备的对外直接投资风险担保体系，充分发挥行业协会等社会化服务组织的作用，推动企业有序"走出去"，增强政府对企业海外投资的信息咨询服务。

（三）推动民营经济持续健康发展的关键路径

第九章"'专精特新'企业高质量发展研究"提出，中小企业是科技创新的重要力量，"专精特新"中小企业作为我国科技自立自强的排头兵，已成为高质量发展的重要动力源、新发展格局的关键稳定器和创新型国家的生力军。近年来，我国不断加大对"专精特新"中小企业的培育力度，尤其是中美贸易摩擦加剧后，对"专精特新"中小企业发展的重视更是提到了新的高度。如何科学发挥政策扶持作用推动"专精特新"中小企业高质量发展是一个极具现实意义的研究话题。本章采取"专精特新"激励政策——2018年工业和信息化部办公厅发布的《关于开展专精特新"小巨人"企业培育工作的通知》作为准自然实验，以2015~2021年上市公司数据为研究样本，检验"专精特新"激励政策对中小企业高质量发展的推动作用。实证结果表明，"专精特新"激励政策显著提高了中小企业的全要素生产率，且年度效应滞后一年后逐年递增。具体来看，"专精特新"激励政策同时激励了中小企业提升技术创新质量和创新数量。进一步实证分析了政策的信号传递机制发现，"专精特新"激励政策主要通过促进企业技术创新和优化企业资源配置两条途径作用于中小企业的全要素生产率。基于异质性视角发现，相比国有企业，"专精特新"激励政策对民营企业的促进作用明显。本章为政府引导中小企业通过市场机制高质量发展的相关研究提供了更多的有力证据，也为推动我国中小企业"专精特新"转型和高质量发展提供了理论指引和实施方案。

第十章"新时代民营企业家精神研究"提出，弘扬民营企业家精神不仅是影响解决扩大内需、优化和稳定产业链供应链等我国中长期经济社会发展战略若干重大问题的关键变量，而且也是有效应对复杂多变国际政治经济形势下我国经济发展短期面临需求收缩、供给冲击、预期转弱三重压力的内在驱动。企业家精神具有异质性、层次性和动态性三大特征，中国企业家精神与西方企业家精神存在一些共性内容，如创新、创业的冲动、行动与能力，但同时也受中华历史文化基因传承的深刻影响，如新时代中国企业家精神，还包含了家国情怀、社会责任、诚信道德等中华优秀传统文化的印记。企业家精神驱动民营经济高质量发展理论机制可以概括为两个方面：其一，影响创新。主要通过技术进步、产品多样化、要素高级化和组织创新驱动民营经济增长以及通过影响分配、投入和要素结构来改变民营经济产业结构。其二，影响创业。主要通过企业成长、知识溢出、促进竞争、多样化、提升配置效率等驱动民营经济增长以及通过收入分配、新部门发展等途径改变民营经济结构。同时，制度变迁作为激励变化的重要诱因会推动企业家精神的配置、程度发生演进，从而对企业创新和创业行为产生巨大影响，驱动民营经济的形成、发展、演进。本章政策建议主要包括：一是营造激活企业家精神的良好氛围；二是优化人才供给；三是鼓励推动企业兼并重组；四是加强政策精准性和协调性。

第十一章"新时代民营企业代际传承研究"发现，调查统计结果显示，民营企业中近八成是家族企业，[①] 家族企业的持续经营与健康发展成为推动我国经济发展的重要力量。近年来，我国家族企业已经进入代际传承高峰期，老一代企业家年龄增大，陆续隐退、逐渐淡出管理，新一代接任者参与企业经营管理，并逐步开始接管企业。了解代际传承的关键影响因素并据此采取相应举措选取合格的接班人有助于实现传承的成功、家族企业的基业长青以及民营企业的高质量发展。本章选取 2013~2021 年民营上市企业中的家族企业为样本，对代际传承的影响因素展开研究。研究发现：第一，个体层面的影响因素主要有继任者的年龄、性别、受教育程度以及与在任者之间的血亲关系。具体来说继任者的年龄、性别以及与在任者之间的血亲关系对代际传承具有显著正向影响。而学历对代际传承具有显著负向影响。公司层面的影响因素主要有董事会规模、两职兼任、公司规模、上市年限、资产负债率、净资产收益率。其中，董事会规模、公司规模对代际传承有着显著负向影响。两职兼任、上市年限、资产负债率、净资产收益率对代际传承具有显著正向影响。第二，宏观环境层面的影响因素主要是行业集中程度。家族企业所处的行业集中程度越高，竞争程度越低，越有助于代际传承的发生。基于研究结论，本章建议代际传承过程中各参与主体要做到：重视继任者个体，培养接管能力；制订传承计划，选取传承时机；加强公司治理，优化治理机制；关注外部氛围，完善制度环境。

（四）推动新时代民营经济高质量发展的保障措施

第十二章"推动民营经济高质量发展的政策优化"提出，在中国经济进入新时代的关键时刻，民营经济作为国家经济体系的重要组成部分，其高质量发展对于实现全面建设社会主义现代化国家具有重要意义。本章系统性地回顾了自党的十八大以来，党中央、国务院为促进民营经济发展所出台的一系列重大政策文件，特别是党的二十大提出的"优化民营企业发展环境，依法保护民营企业产权和企业家权益"等政策导向。研究发现，虽然民营经济在稳定经济增长、促进科技创新等方面发挥了重要作用，但在发展过程中仍存在市场准入壁垒、融资难等问题。深入剖析了推动民营企业高质量发展的制度供给，包括中央政策的指导作用、经济体制改革的深化、发展环境的优化以及改革创新与转型升级的支持政策等。特别强调了制度环境的演进对民营企业发展的重要性，以及政策直达快享机制、产权保护、公平竞争等关键领域的制度创新。在此基础上，提出了进一步推

---

① 宋增基，曲宏懿，黄爽. 子女情况与企业创新投资——基于中国家族上市公司的实证研究［J］. 山西财经大学学报，2024，46（2）：84-96.

动民营企业高质量发展的政策优化建议：首先，强化制度建设，完善长效机制，巩固民营经济地位，包括全面落实市场准入负面清单管理制度、强化政务服务标准化、政府信用建设等；其次，加大支持力度，营造良好市场环境，如固定资产投资引导、重点领域和行业支持、普惠性政策支持等；最后，探索政策创新，优化民营经济政策体系，注重协同发展，支持国有经济和民营经济融合发展，以及加大宣传教育，形成支持民营经济发展壮大的良好社会氛围。面对国内外严峻复杂的形势，进一步的政策优化对于提振市场信心、激发民间投资活力、促进民营经济与国有经济的协同发展至关重要。通过这些政策的实施，可以为民营经济的高质量发展提供坚实的制度保障和政策支持，进而为中国式现代化贡献力量。

第十三章"推动民营经济高质量发展的营商环境优化"提出，优化营商环境是以习近平同志为核心的党中央在新时代作出的重大决策部署。党的十八大以来，在党中央坚强领导和国务院的重点部署下，各部门、各地政府发挥合力，开展营商环境建设工作，成效显著。主要体现在以国家政策为引领，形成了较为完善的营商环境政策体系；以指标评价为抓手，提升了全国地方营商环境；以降低准入门槛为手段，刺激了市场主体高速增长；以企业全生命周期为核心，减少了制度性交易成本；以减税降费为先导，降低了生产经营成本。营商环境是企业生存发展的土壤，优化营商环境工作已成为驱动民营经济高质量发展的内在要求。法治环境优化是民营经济高质量发展的基础保障，生产要素市场优化是民营经济高质量发展的内在支撑，政务服务环境优化是民营经济高质量发展的效率助力，社会环境优化是民营经济高质量发展的外在支撑。当前，全国各地要以民营经济高质量发展目标和2035年远景目标为指引，进一步深化认识，提升营商环境优化的主动性和创造性；进一步做实基础，加强营商环境优化的保障性和持续性；进一步大胆创新，丰富营商环境优化的多目标性；进一步补齐"短板"，提高营商环境优化的均衡性；进一步持续优化，发挥营商环境优化的长效性。

第十四章"推动民营经济高质量发展的社会服务体系建设"提出，随着民营经济进入高质量发展阶段，民营企业对高质量的社会服务体系的需求也更加迫切。在百年未有之大变局背景下，民营企业面临的机遇和挑战也不断发生新的变化，完善民营企业社会服务体系，提升民营企业发展韧性，推动民营企业实现高质量发展，日益成为事关构建新发展格局成败的关键。本章梳理了我国民营经济社会服务体系建设的现实和当前存在的问题，提出完善民营企业社会服务体系的思路和对策建议。民营经济社会服务体系是指向民营企业提供社会服务的机构的总和，是以服务各类民营企业为宗旨，以营造良好的发展环境为目的，为民营企业的发展提供多层次、多渠道、多功能、全方位服务的社会化公共服务网络。民营经济社会服务体系与民营经济高质量发展需求还有较大差距，具体表现在服务内容和服务方式与企业的实际需求仍存在较大差距，商业化服务平台小而弱、服务型平台经济发展迟缓，公益性服务网络不完善难以有效适配民营企业需求等方面。在对民营经济社会服务体系建设的现实和当前存在问题梳理的基础上，提出了新时代民营经济高质量发展的社会服务体系建设思路：一是要强化主体协同，构建"三位一体"服务体系；二是要丰富服务内容，解决企业个性化发展需求；三是要创新服务方式，激发民营企业发展新动能。现代数字技术可有效地解决服务机构与民营企业之间的信息不对称和有效连接问题，并能够发挥在线平台的商业运营功能和市场连接功能，有效提升民营企业服务水平，提出了以数字技术重构民营企业服务体系的具体对策建议。

综合篇

第一章　新时代民营经济高质量发展的内涵体系

自改革开放以来，我国社会主义市场经济体制经历了深刻的变革和持续的完善。在这一过程中，国家不断实施和创新了一系列支持民营经济发展的政策和方针，为民营经济的繁荣和发展提供了坚实的政策保障。随着经济体制和制度环境的不断完善，民营经济不仅实现了从小到大、由弱到强的历史性跨越，而且与国有经济、集体经济及其他经济成分形成了有效的互补关系，成为推动国家创新创业、技术创新、税收创造的重要力量。

在当前阶段，我国经济已经进入了高质量发展的新阶段，面临着需求萎缩、供给冲击、预期减弱等多重压力。在此背景下，民营经济作为推动我国经济高质量发展的重要主体，其地位和作用日益凸显，成为推动经济增长、促进社会就业、增强创新能力的关键力量。然而，民营经济的发展仍然面临着许多内部制约和外部制约因素。这些因素在一定程度上制约了民营经济的整体性突破和提升，影响了民营经济的健康发展。因此，迫切需要对新时期民营经济的高质量发展内涵体系进行归纳总结，对其在新时期下所面对的现实情境和理论逻辑进行深入梳理，并构建民营经济高质量发展的理论框架。

通过构建民营经济高质量发展的理论框架，可以更好地理解和把握民营经济发展的内在规律和外部条件，为民营经济的高质量发展提供科学指导。这将有助于有效推动民营经济驶入高质量发展轨道，进一步激发民营经济的创新活力和发展潜力，为我国经济高质量发展提供重要支撑。

由此可见，民营经济在我国社会主义市场经济体制中具有重要地位和作用。新时代要充分认识民营经济的重要性，加强对民营经济发展的研究和支持，为民营经济的高质量发展提供有力保障，进而推动我国经济实现更高质量、更有效率、更加公平、更可持续的发展。

一、民营经济的内涵

（一）民营经济的定义及范畴

"民营"一词最早出现在 20 世纪 30 年代初期，直到 90 年代中期才开始在诸多文献中频繁出现。"民营"的概念最早由王春圃（1931）提出，他在《经济救国论》一书中，首次明确提出了"民营"一词，而相对的"官营"则是指那些由政府直接管理和经营的企业。这一提法不仅为后来的经济学研究奠定了基础，也为理解中国不同所有制企业的性质和作用提供了重要的理论支持。随着时间的推移，民营经济在中国的发展日益壮大，成为推动国家经济发展的重要力量，"民营"这个概念也逐渐被更多的人所认识和接受，成为描述中国经济特色的关键词汇之一。毛泽东曾在 1942 年指出"只有实事求是地发展公营和民营的经济，才能保障财政的供给"①，进一步沿用了"民营"的概念，并且创造性地提出了"人民经济"的概念。

自中华人民共和国成立以来，中国的经济结构确实经历了深刻的变革和多次调整。在早期社会主义建设阶段，中国采取了以公有制为主体的经济模式，这一模式强调了国有经济和集体经济的主导地位。然而，即使在这一时期，仍然存在着非公有制的经济成分。个体工商业、私人资本主义经济以及城镇个体户等经济形态，尽管在当时的体制下受到限制，但它们依旧存在，并在社会经济中发挥了一定的作用。这些经济形态在一定限度上体现了市场活动和个体经营的灵活性与活力，为社会提供了必要的商品和服务，满足了人民群众多样化的需求。

改革开放政策实施以后，中国开始逐步放宽对非公有制经济的限制，并鼓励和支持其发展。这使个体经济、私营企业及其他形式的非公有制经济得以迅速发展。因此，早期的个体工商业、私人资本主义经济和城镇个体户等经济形态，尽管在当时并未被明确定义为民营经济，但它们的确包含了民营经济的基本成分和特质。可以说，它们是后来民营经济发展的雏形和基础。

改革开放以来，民营经济这一概念逐渐清晰并被广泛接受。改革开放为中国的民间经济提供了广阔的发展空间，各类民间经济实体如雨后春笋般涌现，如私营企业、合伙企业、股份制企业等。这些经济实体的共同特点是由私人或非政府

---

① 《毛泽东选集》第三卷：抗日时期的经济问题和财政问题。

组织投资经营。20 世纪 80 年代初，私营企业开始在中国的经济舞台上崭露头角，成为推动经济发展的新力量。到了 90 年代初，股份制民营企业的出现进一步丰富了中国经济的多样性。这些企业形式虽然在当时还没有被广泛地称为民营经济，但它们实质上已经具备了民营经济的核心特征，即非国有资本主导的经济活动。"民营经济""民营企业"的表述开始在各种官方文件中大量出现。

学术界对民营经济的概念和范畴进行了深入的研究和讨论。学者从不同的角度对民营经济进行了界定和解读，如生产资料所有制、经营者性质等。尽管这些研究为我们理解民营经济提供了宝贵的视角和理论支持，但由于中国经济转型的复杂性和多样性，学术界对于民营经济的确切定义和范围尚未达成一致的共识。

一是从生产资料所有制角度界定"民营经济"。黄文夫（1999）认为，除了明确界定归属的国有经济，其他类型的经济成分都应被归为民营经济，包括城乡集体经济和个体私营经济。姚先国（2005）做了类似的定义，提出广义的民营经济这一概念，并定义为所有非国有经济，包括城镇集体经济、乡镇企业、个体和外资企业。个体私营经济对应狭义的民营经济。杨浩（2001）则认为，随着1978 年的改革开放，民营经济应运而生，其范围应该进一步扩大，如改革开放初期的家庭联产承包责任制。

二是从经营者性质的角度界定"民营经济"。学者认为民营经济是经营性的概念，不应该从所有制的角度来界定。张惠忠（2001）提出，民营企业的定义应从"人民"出发，由"人民"参与生产经营管理的民营企业都可以被定义为民营企业。木志荣（2002）提出，无法评价民营经济是公有还是私有，认为民营经济是一种经济形态，提出社会经济按经营主体可分为民营经济和官营经济。晓亮（2003）对民营经济进行了进一步的界定，认为由民间主体（包括民间人士或民间机构）所经营的经济即为民营经济。广义民营经济的形式包括个体私营经济、乡镇企业、民营科技企业、股份合作制企业、外商投资企业中国家不控股的部分、股份制企业中非国家控制的部分和国有或公有民营企业。

三是采用折中观点界定"民营经济"。支持此观点的学者认为，因为民营经济既涉及经营方式，又涉及所有制形式，不能一概而论。阳小华（2000）从所有制和经营方式的角度出发，将民营企业定义为除国营和国有企业以外的所有制和经营方式。概括来说，非国有经济就是民营经济。李清亮（2012）指出，从经营方式来看，民营经济最先是由"人民"经营，但也要考虑到经营方式由何种所有制主体实施，因此，民营经济应当被定义为"非国有""人民经营"的企业。

由此可见，目前关于民营经济的内涵尚未形成一致性的观点。随着我国经济的快速发展，改革不断深入，市场体系不断完善和健全，这种情况下，我国经济主体呈现出多元化的发展趋势，经济结构也逐渐向着多元化、多层次的经济体系方向发展，民营经济的定义和外延也在不断扩大。正如单成繁（2005）指出，民营经济目前在我国还没有形成权威的、确定的定义，更多的是一种约定俗成的趋势。目前较常见的分类是从非公有制经济发展的角度出发制定民营经济政策，在我国法律法规、统计标准和政策性文件中也大多使用"非公有经济"的表述①。

（二）民营经济的地位与作用

进入新时代，民营经济的发展及其对中国经济社会发展的重要影响越来越受到重视。在 2018 年 11 月 1 日召开的民营企业座谈会上，习近平总书记高度肯定了民营经济在社会主义市场经济发展中的重要作用，更是将民营经济的地位总结为"我国经济制度的内在要素"。

学术界也普遍认同民营经济对我国宏观经济的促进作用，已经成为社会主义市场经济的重要组成部分。杨承训（2019）认为，从我国生产力发展相对落后的现实状况来看，建成完备的社会主义生产关系需要民营经济的发展。

这种促进作用表现在经济社会的各个层面，如傅孟君（2006）从就业的角度进行考察，认为民营企业可以通过吸纳大量社会闲散人员来缓解社会就业压力，同时提高了民营企业家的积极性，促进了生产力的发展；王生升（2018）指出，民营经济从各个方面促进了中国特色社会主义市场经济的建设，具体表现为有利于形成公平稳定的市场环境，有助于促进社会生产的积极性，同时在稳就业、改善民生、促进创新发挥了重要作用；庄聪生（2014）认为，民营经济是市场经济的重要力量，具有产权明晰、机制灵活、决策迅速、市场反应灵敏、创新意识强等特点；王中汝（2020）认为，改革开放以来新生的民营经济，为中国特色社会主义所有制理论和实践增添了新内容，为人们更好地实现精神追求和自身价值提供了新渠道、新载体。

（三）民营经济的发展模式

改革开放以来，民营经济的发展模式受到许多因素的影响，如历史文化因素、社会经济因素、政府监管体制因素等。因此民营经济也呈现出了不同的发展模式，如温州模式、珠江模式、苏南模式、三城模式、中关村模式等。对此，国内学者基于不同视角，对比分析了不同模式形成的原因以及影响各种发展模式的因素。

首先，从企业制度的视角分析了各种民营经济发展模式。谢健（2002）分析

---

① 国家统计局在现行《关于统计上划分经济成分的规定》中明确提出：为了反映我国经济中所有制成分的构成情况，为宏观决策和管理提供依据，将经济成分划分为公有经济和非公有经济。

了温州民营企业的制度，指出温州模式来源于个体户和私营经济，其主要制度形式是个人独资企业。产权明晰、机制灵活是温州民营企业制度的最大特点。黄少安和魏建（1999）指出，自上而下的强制性制度变迁是三城模式发展的最重要原因，没有它就不可能实现民营经济的结构调整和发展。李平（2005）认为，苏南模式形成的关键在于坚持以私营个体经济为主，构筑在市场竞争中最具活力的混合所有制经济结构，着力营造有利于民营经济发展的外部环境。查振祥（2002）认为，发挥紧靠港澳和与海外联系紧密的优势是珠三角民营企业迅速发展的关键，通过吸引外国资金，引进外国技术、人才和先进的经营方式及管理制度，逐步实现了规模经济。向江林（2001）分析了中关村模式的成功与中小型高科技民营企业发展的关系，总结得出了规范的管理制度和产权制度的重要性。许高峰和王炜（2010）以苏南等地区的民营经济发展模式为例分析了民营经济对区域发展的作用并做了差异化分析。

其次，还有一部分学者从外部条件的视角，分析民营经济不同发展模式的形成原因。史晋川和朱康对（2002）认为，在社会基本制度相同的前提下，各地区经济体制改革方式和经济发展方式呈现多元化格局，其中珠江模式、苏南模式和温州模式等受外部条件影响较大。李炳炎和唐思航（2006）从自然条件与文化传承方面分析了苏南模式与浙江模式的主要差异，肯定了外部条件对不同民营经济发展模式的重要影响作用。马力宏（2006）以比较浙江温州和义乌两地模式为出发点，分析了地方政府行为如何推动民营经济发展，总结了内在规律。方民生（2005）指出，民营经济的发展不能只依靠"内源"驱动，应与"外生"动力相融合，两种发展动力源会协同发挥作用，政府在两种动力的融合过程中至关重要。此外，根据地方政府对民营经济的影响程度大小，学者普遍认为影响最大的是三城模式，而最弱的则是温州模式。

最后，也有学者基于当前的研究，从预测和设想的视角，提出了未来民营经济的发展模式。洪银兴（2007）强调苏南地区要利用外地要素发展本地经济问题，加大制造业向外地转移的力度，突破行政限制，创建出新苏南模式。徐元明（2003）认为，民营经济需要加快建设与国际接轨的现代企业制度，积极开拓国外市场，利用外资，跨国经营，使得区域经济日趋国际化。潘忠志等（2003）分析了产业集聚对民营经济发展的重要作用，提出了更适合民营经济发展的产业集聚发展模式，并认为我国的民营经济终将走上企业组织规模化、集团化、网络化的发展道路，从而更好地适应社会经济发展的要求，激发社会经济发展的动力。

二、高质量发展的内涵

高质量发展这一概念首次出现在党的十九大报告《决胜全面建成小康社会 夺取新时代中国特色社会主义伟大胜利》中。这一概念的提出，标志着我国经济社会发展进入了一个新的阶段。在这个阶段，我们不再仅仅追求经济的快速发展，而是更加注重发展的质量和效益。

此后，"经济高质量发展"作为当前经济社会中亟须探讨的一个极为重要的时代课题，被学术界以及政府部门予以广泛关注。专家学者从理论和实践的角度深入研究和探讨了如何实现经济的高质量发展。政府部门也将其作为工作的重点，制定了一系列的政策措施，以推动我国经济实现高质量发展。

（一）高质量发展提出的背景

高质量发展的提出是中国在综合分析国内外形势基础上，为实现长远发展和对外开放而采取的重要战略。它不仅有助于中国经济的转型升级，也为全球经济的稳定与发展提供新的机遇和动力。

1. 国内经济社会发展的必然要求

中国特色社会主义已步入新时代，我国经济也同步迈向新的发展阶段。在这个关键的历史节点上，为推动经济持续、健康、稳定地发展，坚定不移地推动高质量发展成为至关重要的任务。高质量发展的提出与当今时代的背景和需求紧密相连。这一发展策略是在长期的经济实践和理论探索中逐渐形成和完善的，它体现了中国经济社会发展的必然要求。

一是经济发展阶段发生重大转变。新时代我国经济发展的主要任务已经从高速增长转向高质量发展。这一转变是对过去发展模式的深刻反思和对未来发展方向的明确指引。高质量发展强调的是经济增长的质量和效益，而不仅仅是速度。它要求我们在发展过程中更加注重结构优化、动力转换、效率提升和创新驱动，以实现更加可持续、更加公平、更加绿色的发展。

二是社会主要矛盾的变化。随着我国社会生产力的持续提升和民众生活质量的稳步改善，民众对于更高品质生活的追求已发生深刻转变。人们不仅需要更丰富的物质文化产品，而且对民主、法治、公平、正义、安全、环境等方面的期待也在持续增强。鉴于此，经济发展应更加聚焦于满足人民日益增长的美好生活需要，以及更加致力于解决发展过程中的不平衡不充分问题。

三是生态文明建设的要求。环境保护与绿色发展的重要性在全球范围内已达成共识。中国特别提出了"绿水青山就是金山银山"的发展理念,这一理念深刻阐述了节约资源和保护环境在国家发展中的核心地位。同时,这也是推动高质量发展的关键要素之一。

四是传统产业发展已经遇到了瓶颈。随着全球经济的深度融合和科技的飞速发展,科技创新已成为决定一个国家或地区竞争力的关键因素。只有通过不断的技术创新和突破,才能在激烈的国际竞争中立于不败之地。高质量发展正是要求我们在科技创新上下功夫,通过加大研发投入、优化创新环境、培育创新型人才等措施,不断提升产业核心竞争力,实现经济持续健康发展。

2. 全球经济社会面临多重挑战

全球经济社会正面临着前所未有的多重挑战,如资源环境的压力、科技创新的快速变革、国际贸易的不确定性以及公共卫生事件的频发等,如何转变发展方式积极应对是在全球化深入发展和国际竞争日益激烈的时代背景下,各国政府和企业必须面对的现实问题。在这样的大背景下,高质量发展的理念应运而生,旨在通过转变发展方式、优化经济结构、转换增长动力,实现经济的可持续发展,强调的是发展的质量和效益,而非单纯的速度和规模。

一是全球化与保护主义的博弈。在全球化深入发展的同时,保护主义和单边主义的抬头对世界经济构成了挑战。中国提出高质量发展,旨在通过内部结构调整和创新驱动,增强经济的内生增长动力,从而在复杂的国际环境中保持稳定发展。

二是国际经贸格局的变化。随着国际力量对比的变化,全球经贸格局也在发生调整。中国通过高质量发展,积极参与国际竞争与合作,推动构建开放型世界经济,为世界经济增长提供新动力。

三是全球经济正在经历深刻的转型。由传统的资源驱动型经济向创新驱动型经济转变。高质量发展成为推动经济转型升级、提高竞争力的关键要素。

四是科技创新的快速演进。科技创新是推动经济社会发展的关键力量,科技的快速发展和应用,特别是信息技术和人工智能的突破,正在改变各行各业的运作方式,中国将科技创新置于国家发展核心位置,通过高质量发展加快科技成果转化,提升产业链水平,增强国际竞争力。

五是绿色发展趋势。联合国可持续发展议程提出了一系列旨在实现经济、社会和环境的高质量可持续发展目标,旨在实现经济增长与社会进步的协调,同时保护和改善环境质量。

六是国际竞争压力剧烈。全球化使得各国企业面临更加激烈的国际竞争。高质量发展要求企业提升产品和服务的质量,加强技术创新和品牌建设,以在全球市场中立于不败之地。

综上，在当前全球经济格局深刻变化的大背景下，我国面临着诸多新的发展机遇和挑战。为了适应这一新的发展态势，推动经济高质量发展已经成为我国发展的战略选择。中国的高质量发展不仅彰显了中国经济的强大韧性和深厚潜力，更凸显了中国作为国际社会中负责任大国的战略远见。中国经济正逐步从高速增长过渡到高质量发展，这一转变不仅有助于中国在全球经济中保持领先地位，更是对当前国际经济形势的积极适应和贡献。面对全球经济的复杂多变，高质量发展要求中国既要深化内部改革，激发内需潜力，也要坚持对外开放，积极参与国际经济合作与竞争。通过促进经济、社会与环境的协调发展，实现与世界各国共同构建人类命运共同体，共同推动全球经济的繁荣与稳定的长远目标。

（二）高质量发展的逻辑阐释

我国经济已由高速增长阶段转向高质量发展阶段。在当前及未来一段时期内，推动高质量发展将作为我国确定发展策略、制定经济政策以及实施宏观调控的核心准则，因此必须全面、深入地认识和领会高质量发展的深层含义，以此为相关政策制定和实施提供精确、有力的理论支撑。目前来看，高质量发展的内涵主要从三个层次展开阐述。

第一个层次从微观、中观和宏观不同视角出发。王一鸣（2020）认为，对高质量发展可以从不同的视角进行衡量，如宏观的经济效率、中观区域间和产业间的均衡，以及微观企业提供的产品质量。王永昌和尹江燕（2019）指出，高质量发展所构建的经济体系需具备市场机制有效、宏观调控适度、微观主体有活力这几方面的要求。综合学者的观点，从宏观层面理解高质量发展是指经济增长稳定，区域城乡发展均衡，以创新为动力，实现绿色发展，让经济发展成果更多更公平惠及全体人民；中观层面高质量发展是指区域产业布局优化、结构合理，不断实现转型升级，并显著提升区域发展的效益；微观层面高质量发展是指企业一流竞争力、质量的可靠性与持续创新、品牌的影响力，以及先进的质量管理理念与方法等。

第二个层次从经济发展角度出发。任保平和文丰安（2018）认为，高质量发展是指经济发展质量达到高水平状态，具体体现在经济发展、改革开放、城乡发展和生态环境的高质量上。吕薇（2018）提出了实现高质量发展的途径，并强调提高全要素生产率是实现高质量发展的基础，同时必须坚持以人为本、持续改善和保障民生。为实现稳中求进的发展，需要保持经济运行的平稳、可持续和低风险状态。此外，关注实体经济，激发微观主体的活力，以及构建现代化经济体系也是实现高质量发展的关键。李伟（2018）也提出类似的观点，他认为高质量发展是一个综合性的概念，涵盖了多个方面，包括供给、需求、资源配置、产出、分配多个环节并形成循环。由此可见，从经济发展角度来看，高质量发展可以看作一种全面、均衡、可持续的经济增长模式，更多地追求在保障经济稳定增长的基础上，通过结构优化、效率提升、创新驱动、绿色发展和社会福祉增强，实现经济的长期稳定增长和社会的全面进步。

第三个层次从新发展理念与社会主要矛盾角度出发。高质量发展不仅契合了人民日益增长的对美好生活的向往与需求，同时也与"五大发展理念"紧密相连（何立峰，2018）。针对经济社会发展中所存在的不平衡不充分问题，高质量发展的评估依据主要聚焦于其解决能力（赵昌文，2017）。高质量发展的判定标准具有多元性，包括是否坚持"以人为本"的核心理念，能否有效缓解当前社会的核心矛盾，以及能否实质性解决发展过程中的不平衡问题等多个维度，需要进行综合考量和判断。

通过以上分析可以看出，各领域的学者对高质量发展所理解的重点不同，但总体含义大致相似，总的来说，高质量发展是一个综合性的概念，它涵盖了经济、社会、文化等多个领域，需要我们从多个角度来理解和把握。但是，无论从哪个角度去理解，高质量发展的根本要求是"高质量"发展，最终目标是推动我国经济发展方式的转变，根本目的是解决当前的社会主要矛盾。

三、民营经济高质量发展的内涵

自党的十八大以来，我国民营经济正经历着转型升级的关键时期，与此同时，推动高质量发展已逐渐成为当前阶段民营经济的首要任务。为深入理解"高质量发展"的内涵，必须紧密结合我国当前的实际情况，围绕核心目标、路径方法和战略规划构建全面系统的理论框架。这一框架的搭建，旨在通过实现"以人为本"的核心目标，优化资源配置，促进经济社会高效运转，进而推动民营经济持续健康发展。

高质量发展是当前经济社会发展阶段下的新发展模式，有别于传统的发展模式，其根本目的是追求经济和社会发展的质量和效率。虽然高质量发展最初是基于宏观经济背景提出的模式，然而宏观经济高质量发展所关注的各个方面，如经济发展方式、经济结构、增长动力，以及"三大变革"（质量变革、效率变革和动力变革），都需要通过微观经济主体的发展来实现（黄速建等，2018）。民营经济作为国民经济的重要成分，以往的传统增长模式也必须向高质量发展模式转变。改革开放 40 多年以来，民营经济的发展过程始终面临诸多困难，同时许多自身发展问题也逐步显现，内部因素和外部因素严重制约了新时代民营经济的发展，由此可见，高质量发展也能够从根本上解决制约民营经济发展的重要问题。

与传统的经济增长相比较，高质量发展被赋予了更丰富的经济、社会、政治以及生态等维度的内涵，但也需要对其理论框架进行明确以避免过度泛化。新的历史时期下，民营经济的高质量发展同样也要遵循和聚焦高质量发展的基本理论，以五大发展理念和"三大变革"为基础，构建由核心内涵、发展目标、评价体系和实现路径等构成的理论框架。

（一）高质量发展与民营经济高质量发展之间的关系

改革开放 40 多年来，中国经济发展取得了举世瞩目的成就，税收贡献率超过 50%，GDP 贡献率超过 60%，在经济与社会发展中占据重要地位。但是，过去的经济发展方式对我国经济造成了不小的影响，影响着民营经济持续健康发展，既不利于民营经济高质量发展，也不利于顺利实现建成社会主义现代化强国的目标。

1. 高质量发展的关键环节和主要路径迫切需要民营经济的发展

改革开放以来，伴随我国经济飞速发展的过程，民营经济作为中国经济一个相当重要的组成部分也经历了艰难而又曲折的发展过程，民营经济在社会主义经济中的定位从无到"必要补充"再变为现在的"重要组成部分"。可见，我国民营经济已成为转变经济发展方式和优化经济结构的重要经济形式，有效推动了经济社会的协调发展。新时代推动经济高质量发展的关键环节和主要路径，如供给侧结构性改革、创新驱动发展战略、高质量供给、高水平对外开放、生态文明建设等等，均离不开民营经济的高质量发展，没有民营经济的高质量发展，就没有整个经济的高质量发展。

2. 高质量发展的深刻内涵有利于民营经济的价值创造

从高质量发展的经济学含义来看，并不仅仅包含经济增长的高质量，更应该符合"满足人民日益增长的美好生活需要的经济发展方式"的要求。而民营经济高质量发展的目标不仅体现在经济层面，也应更广泛地体现在社会、文化和意识形态等多个层面。经济是否活跃，是否具有较高的创新力、竞争力和抗风险力，是高质量发展的根本。高质量发展是一种范围更广、要求更高的经济增长状态，更多的是追求以更高维度的新理念、新动力、新动能主导发展的路径和模式，也因此能够更加体现民营经济在生产效率、资源配置和社会责任等多个方面创造的价值。

3. 高质量发展的新发展理念有助于民营经济实现转变

经济高质量发展是新发展理念的具体体现，因此民营经济的高质量发展也必须基于新发展理念所包括的创新、协调、绿色、开放、共享五大理念进行评价和判断。实现民营经济高质量发展，意味着实现从量扩张的粗放型经济增长向注重提高经济效率和优化发展结构的转变，其中从量的扩张到质的提高是这一步的关键，即以供给侧结构性改革为主线，推动民营经济发展质量、效益和动力实现向更高质量、更有效率、更加公平、更可持续地发展转变。

4. 民营经济高质量发展必须与高质量发展的现实情境相契合

民营经济作为我国经济重要组成部分和不可或缺的市场主体，其发展思路必须契合当前经济高质量发展的现实情景，且必须在经济高质量发展的内涵的指引下，进行相关发展思路、发展战略和发展政策的制定，从而达到坚持质量为重、效率优先的目标，以优化结构、转型升级的方式实现创新驱动发展。政府也要充分重视和面对民营经济所面临的困境，积极采取应对措施，切实发挥政府作用，破除制约其发展的体制机制等制度性因素，加快建立和完善良好的创业环境、营商环境、法治环境，营造支持和鼓励民营经济发展的良好氛围。

（二）新时代民营经济高质量发展的新变化

新时代下国际形势和内部环境都在发生深刻复杂的变化，资源环境约束、新一轮科技革命剧烈变革、劳动力成本优势下降，此外"黑天鹅""灰犀牛"等风险事件接连发生，在各种因素叠加影响下，我国经济的高质量发展也面临新的形势和新的变化。

1. 开始构建以国内大循环为主体、国内国际双循环相互促进的新发展格局

2020年4月，习近平总书记在十九届中央财经委员会第七次会议上首次提出"构建以国内大循环为主体、国内国际双循环相互促进的新发展格局"。我国进入高速发展时期，经济全球化发展趋势向好，而当前中国正处于百年未有之大变局，一方面新一轮信息科技和产业结构发生剧烈变革，另一方面全球经济萎缩、贸易保护主义抬头，国际市场的开拓与发展受到一定程度的限制，产业链、供应链转移的双重压力下，以往"市场资源两头在外"的模式难以为继。

我国民营经济整体产业体系和配套体系完整，各类创新人才储备丰富，且处于新型工业化和信息化快速发展时期，产品生产、流通、运输仓储和零售消费等各个环节顺畅，具有巨大的投资需求和发展潜力。在此情况下，必须充分发挥我国国内市场的规模优势，建立和完善内需体系，补齐产业链和供应链，充分摆脱科技脱钩、出口依赖等威胁，逐渐在经济结构和供需结构的再协调、再平衡过程中构建双循环新发展格局。

2. 新型基础设施建设成为现代化经济体系的基础

我国经济增长模式由高速增长模式向高质量增长模式转变，经济体系也随之发生转变，现代化经济体系的建设成为高质量发展的关键所在。现代化经济体系建设的前提是现代化基础设施的完善，包括基础设施的信息化、数字化、智能化等。传统经济增长模式转变的关键在于创新驱动，现代化经济体系建设的关键则在于新型基础设施建设，通过"新基建"建设全面提升基础设施供给质量，促进经济转型升级，是经济高质量发展的重要支撑，也是高质量发展背景下的新的形势变化。

民营经济在新型基础设施建设过程中具有重要意义。与过去传统的基础设施建设不同，新型基础设施的建设更多基于市场和产业需求，商业模式更新换代迅速，存在投资主体多元化、形式多样化和运作市场化等特征，建设内容和模式更适合民营经济。中央也多次提出要为民营经济参与新基建提供有力保障，充分调动民营经济主体活力，激发投资热情和积极性。

3. "双碳"目标下经济社会体系发生系统性变革

《中共中央 国务院关于完整准确全面贯彻新发展理念做好碳达峰碳中和工作的意见》《2030年前碳达峰行动方案》两个文件的印发标志着中国碳达峰碳中和工作全面铺开，我国经济结构、产业结构、能源结构都将迎来广泛而深刻的系统性变革。

除了顶层设计之外，中央对重点领域和重点行业也出台了相关的政策和保障措施，目前"双碳"工作的"1+N"政策体系已经完善。但是，由于"双碳"工作的复杂性和系统性，很难一蹴而就，我国目前能源结构以化石能源为主，且对能源的需求也在不断增加，也为"双碳"工作带来了巨大挑战。"双碳"目标将引领未来新一轮的科技创新和产业结构调整，例如，如何整合产业链、布局新能源产业、升级改造高能耗高污染企业等都为民营经济的高质量发展带来了新的机遇。

4. 民营经济在发展中的公平和效率问题逐渐引发关注

民营经济在国民经济中具有重要的地位和作用，但在发展中也应注意其存在的公平与效率问题。实际上，民营经济作为私有经济，也具有市场的过度趋利性、盲目性等消极因素，这些因素的存在如果不能有效规避，将制约共同富裕目标的实现。

因此，民营经济的发展在理论和现实方面都具有重要意义，与劳动者的工作与生活有着紧密的联系。民营经济发展过程的公平与效率问题不仅出现在中国，还是市场经济国家共同面临的难题。如何通过民营经济的发展缩小收入差距，不仅是当今中国共同富裕实践的重要议题，而且对世界其他国家的反贫困斗争具有重要的指导和借鉴意义。

从民营经济的理论研究情况来看，在党的十八大之前的关注焦点主要是民营经济健康发展方面，对民营经济从业者的健康引领方面的关注稍显不足，这一研究视角的缺失会影响新时代民营经济的发展，但也留下了一定的探索空间。在当前新的形势和发展背景下，要想实现民营经济的高质量发展，有力推动共同富裕的实现，必须推进"两个健康"，即既要注重实体经济运行的健康发展，也要重视人员思想意识的健康引领，这也是顺应民营经济基本定位和发展环境变化进行路径调适的必然要求。2020年9月，中共中央首次提出，民营经济始终是坚持和发展中国特色社会主义的重要经济基础，民营经济人士始终是我们党长期执政必须团结和依靠的重要力量，由此进一步确定了"两个健康"在新时代民营经济高质量发展中的指引和领导作用。

（三）民营经济高质量发展的主要目标

高质量发展要遵循新发展理念，民营企业高质量发展的发展理念同样与以往的高速度发展和粗放型发展方式不同，而是建立在一定的数量增长基础上，进一步提高增长效率、优化增长结构、转变增长动力。由此可见，民营经济高质量发展的内涵可以界定为：强大的科技自主创新能力、协调的内外部资源配置和管理机制、绿色的生产经营方式、开放的国际化水平、高度的社会责任感。

高质量发展的逻辑起点在于社会主要矛盾的变化，即从人民日益增长的物质文化需要同落后的社会生产力之间的矛盾，转化为人民日益增长的美好生活需要和不平衡不充分的发展之间的矛盾，相应的发展目标也要从单纯的数量和速度指标为主，向质量、效益和创新等质量指标转移，通过推动经济发展的三大变革，最终达到民营经济高质量发展的目标。

一是推动质量变革。质量变革即通过传统产业调整和新兴产业培育，提升供给体系的整体质量，民营经济在我国工业经济中总量超过80%，在服务业中的比例也在逐步提升，未来实现高质量发展的首要目标就是提升产品质量，减少无效低端供给、扩大中高端供给，从而适应人民对于高质量产品和服务的需求变化。

二是推动效率变革。效率变革即通过推动要素资源的高效配置，最终形成现代化经济体系。民营经济与国有经济和集体经济相比，面临更激烈的市场竞争，在生产效率和资源配置方面具有较好的优势和潜力，能够有效促进我国市场配置效率的提升，是推动效率变革的重要力量，而民营经济的高质量发展也必须通过能否推动效率创新来实现。

三是推动动力变革。动力变革即通过改进劳动者素质、提高技术创新水平、加快商业模式创新，最终提高全要素生产率的路径，推动实现高质量发展。民营经济在科技创新中贡献了70%以上的技术创新成果，且拥有大量创新人才，人力资源基础雄厚，是在实现动力变革过程中的重要支撑力量。

（四）民营经济高质量发展的顶层设计

民营经济是我国经济高质量发展的重要主体，其高质量发展也必须树立实现三大变革的总体目标，从顶层设计层面对标准体系进行统筹设计。

我国经济已经转向高质量发展方式，发展方式发生转变的同时，现行的评价体系和评价标准也应及时进行调整，在技术创新、协调发展、绿色低碳、对外开放等方面达到高质量发展的要求。对于民营经济的评估也要从简单的经济规模和增速的模式转变为内涵更丰富、更综合、更全面的模式，符合当前经济高质量发展的目标。高质量发展具有较高的全面性和多维性，单一评价指标难以科学有效地反映经济发展质量的评价体系，必须在高质量发展目标的基础上，构建以新发展理念为维度的评价和指标体系。

1. 民营经济高质量发展的关键要素

随着改革开放的不断深入，民营经济不断发展壮大，同时也暴露了产业层次低端、体制机制不完善、融资渠道短缺等问题，距离实现高质量发展的要求还存在差距。"十四五"时期，我国民营企业发展将迎来新的机遇，应及时在明确内涵和目标的基础上，进一步明确实现高质量发展的主要路径，为实践提供理论指导。

一是产业体系、生产方式和经营模式的现代化。从民营经济高质量发展的运行机理来看，产业体系、生产方式和经营模式的现代化是民营经济实现高质量发展的有效路径。产业体系代表着民营经济高质量发展的整体竞争力，是推动民营经济高质量发展的主要动力，生产方式是先进技术和科技创新的有机结合，是民营经济质量和效率提升的关键所在，经营模式则由民营经济的微观主体和商业模式组成，促进民营经济的资源要素高效配置。

二是产业体系现代化。通过科技创新、产业创新、制度创新和战略创新等角度促进民营经济产业纵向和横向延伸拓展，是实现民营经济高质量发展的关键因素。一方面，通过产业链延伸、提升价值链推进产业深度融合，促进纵向拓展；另一方面，推进产业间各类要素的高效配置，促进产业结构的不断优化，进一步拓展民营经济的示范效应、辐射效应和文化效应，不仅为民营经济高质量发展提供新动能，同时也产生良好的正外部效应。

三是生产方式现代化。通过优化生产流程、提高技术创新，能够有效提高民营经济的生产效率和标准，促进民营经济产品质量、产品利润率和抗风险能力的提升，进而提升全要素生产率，同时能够提高资源利用率，促进民营经济生产方式绿色化，转变高能耗、高污染、高浪费的发展模式，将短视的发展理念彻底转变为长期发展和综合发展的理念，逐步通过生产体系的转型提升实现高质量发展。

四是经营模式现代化。最大限度推动民营经济的人才、资金、物资、信息等多种资源要素的流动，优化资源配置，能够满足民营经济高质量发展过程中对各类资源要素的需求，从而实现企业生产效率的最大化。同时，通过资源有效整合和动态管理，形成具有民营经济特征的资源优势与核心竞争力，降低资源成本、提高资源的使用效率，有效提升民营经济经营体系的规模化、专业化水平，从而实现民营经济的集约化、产业化、组织化水平。

2. 民营经济高质量发展的制度供给

为确保民营经济能够稳健、可持续地发展，必须尽快完善制度供给体系，为民营企业提供一个公平竞争的市场环境，切实保障企业家的合法权益，激发市场主体的活力，并促进技术创新和管理创新，从而推动民营经济实现更加健康、稳定的发展。

一是优化税收政策。降低企业税收负担，保障民营企业在税收政策上享受国有企业同等待遇，同时推进税收优惠政策改革，对税收优惠政策进行全面梳理，避免税收优惠政策过度偏移，从而实现国有企业和民营企业在税收领域的公平竞争，提高民营企业的竞争力，促进市场公平竞争。

二是构建公平竞争环境。面对民营经济的快速发展，应尽快放开投资领域的各类限制，改善民营经济发展环境。严格执行《中华人民共和国反垄断法》《中华人民共和国反不正当竞争法》，打破行业垄断，消除各种形式的不公平竞争行为，为民营企业提供公平的市场环境。将有条件的民营企业纳入国家发展战略，支持民营企业做大做强与"走出去"，让有实力的民营企业进入垄断行业和基础设施领域。

三是完善市场传导机制，促进政府与市场有效结合。政府作为渐进式改革中的关键变量，其行为举足轻重，凸显了转轨期民营经济发展的主导地位和提升效用。大力推进民营经济健康有序地发展，为民营经济发展优化各种环境，充分发挥政府有效的宏观管理职能，保证公正平等地进行市场竞争，更好地承担起市场监管并提供服务是服务型政府的重要职能。

四是加强知识产权保护制度。通过明确的法律法规、高效的执法机构以及公正的司法审判体系，为知识产权保护提供坚实的法律框架，保护民营企业的创新成果，鼓励企业加大研发投入，积极推动技术创新和成果转化。同时，制定相应的政策和措施，对自主创新的企业进行扶持和奖励，如给予一定的税收优惠、资金支持、政策扶持等。

五是完善创新激励机制。制定政策框架和积极的财政措施，通过包括税收优惠、研发资金补贴、创新贷款等多种形式，降低企业在进行科研活动时的经济负担，激发企业的创新活力，积极引导和支持民营企业增强自身的研发能力。一方面，企业能够提高生产效率、降低成本，提升在国内外市场的竞争力，从而在全球价值链中占据更有利的位置；另一方面，企业能够实现区域经济从劳动密集型或资源密集型向技术密集型或知识密集型的转变。

六是针对民营经济自身的特性及其在现实中所面临的状况，完善相关法律法规。法治化是推动营商环境优化、促进民营经济持续健康发展的核心要素。民营经济的稳健发展与其所处的营商环境和法制保障紧密相连。为了有效激发民营经济中资本与人才的活力，实现两者的协同共振，必须致力于优化法治环境，确保民营企业在市场准入、产权保护、合同执行等关键领域享有与国有企业同等的权益。同时，需要不断优化民营企业改革发展的政策环境，推动社会主义基本经济制度的成熟与完善，以更好地将基本经济制度的优势转化为国家治理效能的坚实支撑。

参考文献

［1］查振祥．珠江三角洲农村地区经济发展模式研究［J］．特区经济，2002（12）：15-19．

［2］陈永杰．充分激发中国经济持续增长的内生动力——民营经济发展"十一五"回顾与"十二五"展望［J］．经济理论与经济管理，2011（2）：100-112．

［3］崔执树．我国民营经济进一步发展的制约因素及破解之策［J］．求实，2010（5）：36-38．

［4］单成繁．"民营经济"称谓将约定俗成［J］．党史纵横，2006（1）：52-53．

［5］单东．民营经济论［J］．浙江社会科学，1998（2）：46-51．

［6］邓宏图．转轨期中国制度变迁的演进论解释——以民营经济的演化过程为例［J］．中国社会科学，2004（5）：130-140+208．

［7］丁任重，孙根紧．新时期我国民营经济的转型与发展［J］．经济理论与经济管理，2011（12）：93-100．

［8］方民生．内源与外生相融合的发展模式构架——对浙江发展模式转型的思考［J］．浙江社会科学，2005（4）：9+17-22．

［9］冯玥．优化法治环境促进新民营经济发展［J］．人民论坛，2019（25）：78-79．

［10］傅孟君. 浅谈民营企业的地位作用与可持续发展［J］. 商场现代化，2006（11）：58-60.

［11］高娜. 制约我国民营经济发展的制度因素［J］. 长春市委党校学报，2010（4）：45-47.

［12］耿成轩，鄂海涛. 民营经济制度演进中的政府行为优化与创新［J］. 中国行政管理，2013（5）：65-68.

［13］顾华详. 民营企业改革发展的政策环境优化论［J］. 统一战线学研究，2020，4（2）：72-85.

［14］何立峰. 深入贯彻新发展理念 推动中国经济迈向高质量发展［J］. 宏观经济管理，2018（4）：4-5+14.

［15］洪银兴. 苏南模式的演进及其对创新发展模式的启示［J］. 南京大学学报（哲学·人文科学·社会科学版），2007（2）：31-38.

［16］黄少安，魏建. 诸城"二次改制"的考察［J］. 改革，1999（2）：21-26.

［17］黄速建，肖红军，王欣. 论国有企业高质量发展［J］. 中国经济，2018（10）：19-41.

［18］黄文夫. 走向21世纪的中国民营经济［J］. 管理世界，1999（6）：135-143.

［19］李炳炎，唐思航. 苏南模式与浙江模式之异同［J］. 科学决策，2006（7）：51-53.

［20］李平. 新"苏南模式"给民营经济发展的启示［J］. 经济与管理研究，2005（10）：14-17.

［21］李清亮. 中国民营经济发展研究［D］. 上海：复旦大学，2012.

［22］李伟. 高质量发展的六大内涵［J］. 中国林业产业，2018（Z1）：50-51.

［23］李义平. 制约民营经济深入发展因素探析［J］. 人民论坛，2011（2）：56-57.

［24］厉以宁. 中国道路与民营企业高质量发展［J］. 宏观质量研究，2020，8（2）：1-8.

［25］林思达. 浙江省中小企业集群发展的主流模式研究［J］. 技术经济与管理研究，2001（6）：30-32.

［26］林毅夫. 解决中小企业融资难的四条路径［J］. 当代经济，2006（6）：1.

［27］刘志彪. 理解高质量发展：基本特征、支撑要素与当前重点问题

[J]．学术月刊，2018，50（7）：39-45+59.

[28] 吕薇．探索体现高质量发展的评价指标体系［J］．中国人大，2018（11）：23-24.

[29] 马力宏．地方政府管理对民营经济发展的影响——对温州和义乌地方政府管理模式的比较分析［J］．中国行政管理，2006（2）：86-90.

[30] 毛泽东选集（第三卷）［M］．北京：人民出版社，1990：850.

[31] 木志荣．对民营经济概念的修正［J］．云南财贸学院学报，2002（5）：81-85.

[32] 潘忠志，李亚云，潘忠贤．民营经济发展的新模式——产业集聚［J］．东北电力学院学报，2003（5）：16-19.

[33] 任保平，文丰安．新时代中国高质量发展的判断标准、决定因素与实现途径［J］．改革，2018（4）：5-16.

[34] 施端宁，陈乃车．制度创新与区域经济发展——温州模式和苏南模式的比较分析［J］．江西社会科学，2000（9）：88-90.

[35] 史晋川，朱康对．温州模式研究：回顾与展望［J］．浙江社会科学，2002（3）：5-17.

[36] 王德显，王大树．民营资本参与混合所有制改革的制约因素与突破路径［J］．新视野，2017（4）：27-32.

[37] 王家年．民营经济可持续发展的制约因素与对策［J］．社会科学家，2011（6）：60-62.

[38] 王生升．经济发展新时代离不开共同发展［J］．中国中小企业，2018（3）：14.

[39] 王同庆，王晓玲．企业集群与山东民营经济发展［J］．山东纺织经济，2003（6）：9-11.

[40] 王一鸣．百年大变局、高质量发展与构建新发展格局［J］．管理世界，2020，36（12）：1-13.

[41] 王永昌，尹江燕．论经济高质量发展的基本内涵及趋向［J］．浙江学刊，2019（1）：91-95.

[42] 王中汝．论当代中国非公有制经济地位与作用的重大变革［J］．中共福建省党校学报，2019（4）：142-149.

[43] 魏世梅．论我国民营经济发展的制约因素与环境优化［J］．重庆邮电大学学报（社会科学版），2009，21（3）：107-111.

[44] 向江林．中关村模式质疑［J］．信息产业报道，2001（11）：22-24.

[45] 晓亮．正确界定民营经济［J］．经贸导刊，2003（3）：7-8.

［46］谢健．民营经济发展模式比较［J］.中国工业经济,2002（10）：76-82.

［47］徐元明．乡镇企业体制创新与苏南模式的演进［J］.中国农村经济,2003（5）：45-51.

［48］许高峰,王炜．论我国民营经济对区域经济建设与发展的作用——以苏南模式、温州模式、珠江模式为例［J］.天津大学学报（社会科学版）,2010,12（6）：492-497.

［49］阳小华．民营经济内涵问题探析［J］.江汉论坛,2000（5）：38-40.

［50］杨承训．立足"最大的实际"促进多种所有制经济发展——有关非公有制经济若干理论问题释惑［J］.思想理论教育导刊,2019（8）：83-89.

［51］杨浩．民营企业性质界定及产权分析［J］.上海经济研究,2001（3）：68-71.

［52］杨青,陈柳钦．民营经济进一步发展的制约因素及其完善措施［J］.国家行政学院学报,2006（2）：47-50.

［53］姚先国．民营经济发展与劳资关系调整［J］.浙江社会科学,2005（2）：78-86.

［54］张惠忠．"民营企业"概念辨析［J］.上海统计,2001（3）：25-27.

［55］张军扩,侯永志,刘培林,等．高质量发展的目标要求和战略路径［J］.管理世界,2019,35（7）：1-7.

［56］张勤．优化民营经济发展环境是服务型政府的重要职能［J］.南京工业大学学报（社会科学版）,2007（1）：17-21.

［57］赵昌文．推动我国经济实现高质量发展［J］.先锋队,2018（2）：17-19.

［58］庄聪生．当前民营经济发展形势和未来五年发展研究重点［J］.江苏省社会主义学院学报,2014（5）：4-9.

第二章　民营经济高质量发展水平的事实刻画

本章主要基于新发展理念界定了民营经济高质量发展的基本内涵和构建了民营经济发展质量评价的基本逻辑，在此基础上利用主成分分析法构建了中国民营经济高质量发展评价指标体系并进行了评价。研究发现，中国民营经济高质量发展综合得分不高但呈上升趋势，中国民营经济的质量效益发展和共享发展得分呈下降趋势，中国民营经济的创新发展、绿色发展以及开放发展得分呈上升趋势；中国民营经济高质量发展呈现出全国、区域的不平衡状态，且各维度发展质量在全国、区域呈现出复杂的不平衡状态，但同时中国民营经济高质量发展及其各维度发展质量在全国、四大区域的绝对差异也呈现出逐步缩小的态势。

一、民营经济高质量发展评价的总体思路

在党的十九大报告明确作出"我国经济已由高速增长阶段转向高质量发展阶段"这一重大论断之后，"经济高质量发展"便成为理论界与实务界广泛关注的重要话题，剖析经济高质量发展的内涵成为亟待解决的重大问题。学者主要基于"质量、效率、公平、可持续发展""宏观、中观、微观""五大发展理念"等视角对经济高质量发展的内涵进行了解释。

（一）基于"质量、效率、公平、可持续发展"视角的解释

党的十九大报告将经济高质量发展描述为"更高质量、更有效率、更加公平、更可持续的发展"。其中，"更高质量"体现了价值理性原则，要求推动经济高质量发展的质量变革，不仅要在微观层面上提升产品和服务的质量，而且要在宏观层面上全面提升社会再生产的整体环节。"更有效率"体现了工具理性原则，要求推动经济高质量发展的效率变革，要通过技术创新和制度创新提高资源要素配置效率，从要素驱动转向创新驱动，提高全要素生产率。"更加公平"体

现了人民主体原则，要求资源配置坚持公平原则，以公平促效率，在经济发展过程中实现全体人民普遍公平获益和经济的包容性发展。"更可持续"体现了和谐永续原则，要求推动经济高质量发展的动力变革，在经济发展过程中实现全面协调和人与自然的适应性发展（洪银兴等，2018；王磊，2019）。张军扩等（2019）认为，经济高质量发展是以满足人民日益增长的美好生活需要为目标的高效率、公平和绿色可持续的发展。高培勇等（2020）认为，高质量发展是一种演化着的整体发展观，典型表现为经济系统、社会系统和制度系统的高度现代化及其演化结果。王一鸣（2020）认为，高质量发展是从"数量追赶"转向"质量追赶"，从"规模扩张"转向"结构升级"，从"要素驱动"转向"创新驱动"，从"分配失衡"转向"共同富裕"，从"高碳增长"转向"绿色发展"。中国社会科学院经济研究所课题组（2023）认为，高质量发展就是经济发展能够更高程度地体现新发展理念要求、解决发展不平衡不充分问题、满足人民日益增长的美好生活需要的发展，应该具有创新是第一动力、协调成为内生需要、绿色成为普遍形态、开放成为必由之路、共享成为根本目的的一组经济发展特性。

（二）基于"宏观、中观、微观"视角的解释

"经济高质量发展"虽然起源于宏观层面的经济高质量发展而提出，但它也必然包括中观层面的产业高质量发展和微观层面的企业高质量发展，形成涵盖宏观、中观和微观的经济高质量发展体系（黄速建等，2018；高培勇等，2019）。宏观层面的经济高质量发展意味着宏观经济供需平衡，中观层面的经济高质量发展是指产业和区域的高质量发展，微观层面的经济高质量发展是指企业提供高质量的产品和服务。王一鸣（2018）认为，发展质量应该包括微观层面的产品和服务质量、中观层面的产业和区域发展质量以及宏观层面的国民经济整体质量和效益。鲁继通（2018）认为，经济高质量发展的宏观层面包括经济发展、社会进步和生态文明，中观层面包括产业升级、结构优化和区域协调，微观层面包括动力变革、质量变革和效率变革。赵剑波等（2019）认为，经济高质量发展的内涵框架由宏观经济、产业、企业三个层面构成，宏观经济质量包括经济实力、发展效益和人民获得感，产业发展质量包括产业体系和结构优化以及产业竞争力，企业经营质量包括产品质量、品牌、管理与竞争优势。张占斌和毕照卿（2022）认为，高质量发展具有宏观、中观和微观三重视角的发展结构，宏观视角的高质量发展要求供给与需求在相互影响中实现动态平衡，中观视角的高质量发展体现在产业结构与区域协调方面，微观视角的高质量发展不仅表现在产品的种类、数量和质量，还包括一流企业的培育、具有品牌影响力的打造以及人民的幸福感指数等。

（三）基于"五大发展理念"视角的解释

经济高质量发展内涵的主流观点认为，经济高质量发展要体现新发展理念（何立峰，2018），以创新为第一动力、协调为内生特点、绿色为普遍形态、开放为必由之路、共享为根本目的的发展（郑文涛，2018；洪银兴，2021；任晓猛等，2022），是能够很好满足人民日益增长的美好生活需要的发展。[①] 创新、协调、绿色、开放、共享的新发展理念是新时代经济高质量发展的新要求，是评判经济是否实现了高质量发展的准则，经济高质量发展的"五大发展理念"要求也内在地体现了"更高质量、更有效率、更加公平、更可持续的发展"。任保平和文丰安（2018）认为，经济高质量发展是以新发展理念为指导的经济发展质量状态，经济高质量发展的判断标准应包含经济发展的有效性、充分性、协调性、创新性、持续性、分享性以及稳定性等方面的综合性水平。

民营经济是我国国民经济的重要组成部分，在稳定经济、国家税收、技术创新、金融发展、经济持续健康发展等方面发挥了重要作用，现已发展成为社会主义市场经济的重要组成部分和我国经济社会发展的重要基础（刘现伟和文丰安，2018），民营经济也是推动经济高质量发展和建设现代化经济体系的重要主体。因此，民营经济必须按照"五大发展理念"视角下经济高质量发展的内涵和要求，坚持以新发展理念为引领，通过实施质量变革、效率变革、动力变革以及环境变革（郭敬生，2019），重构民营经济发展方式、比较优势以及转型动力（任晓猛等，2022），促使民营经济转向创新驱动发展、协调共同发展、提供更高质量的产品和服务、透明开放式运营、与利益相关方共享发展，最终实现民营经济更高质量发展（戴国宝和王雅秋，2019）。

二、民营经济发展质量评价的基本逻辑

经济高质量发展的相关政策文件均强调坚持以新发展理念为指导，因此，新发展理念是新时代经济高质量发展的要求和评价准则，描绘了经济高质量发展的特征，为评价经济发展质量提供了理论依据。基于此，现有研究主要基于新发展理念从创新发展、绿色发展、协调发展、开放发展以及共享发展五个维度构建指标体系来评价经济发展质量（詹新宇和崔培培，2016；张涛，2020；王婉等，

---

① 牢牢把握高质量发展这个根本要求［N］．人民日报，2017-12-21（001）．

2022)，成为经济发展质量的重要评价标准体系。因此，新发展理念为评价民营经济发展质量提供了理论依据。根据新发展理念，借鉴现有文献关于高质量发展测度的研究成果（张涛，2020；伍中信和陈放，2022），本章从质量效益发展、创新发展、绿色发展、开放发展以及共享发展五个维度构思我国民营经济发展质量的逻辑主线①，具体如下：

（一）质量效益发展

质量效益是高质量发展的核心目标。党的十九大报告将经济高质量发展描述为"更高质量、更有效率、更加公平、更可持续的发展"。经济高质量发展必然要求进行质量变革、效率变革以及动力变革。因此，就经济质量方面而言，经济高质量发展要求坚持质量第一意识，在经济发展实现量的合理增长过程中重点提升发展质量，不仅要在微观层面上提升产品和服务的质量，而且要在宏观层面上全面提升社会再生产的整体环节。就经济效率方面而言，应注重劳动生产率、投资回报率以及资源配置效率提升，最终提升资源配置效率（张占斌和毕照卿，2022）。借鉴马宗国和曹璐（2020）等的做法，本章采用偿债能力、经营能力、盈利能力以及发展能力来衡量质量效益发展。

（二）创新发展

创新是高质量发展的动力源泉。党的十九届六中全会提出"坚持实施创新驱动发展战略，把科技自立自强作为国家发展的战略支撑"。中国进入新时代的一个重要标志就是从要素驱动、投资驱动转向创新驱动，经济发展方式由主要依靠物质资源投入驱动转向创新驱动。因此，经济高质量发展，科技创新是关键，需要通过推进科技创新抢占发展先机和优势，掌握关键核心技术，提高全要素生产率，获得可持续的竞争优势，保证我国经济社会发展具有持续的内生动力。借鉴陈景华等（2020）、张涛（2020）等的做法，本章采用创新投入来衡量创新发展。

（三）绿色发展

绿色是高质量发展的普遍形态。党的十九届六中全会提出，"保护生态环境

---

① 考虑到数据可得性，本章采用民营上市公司数据来测度民营经济发展质量，同时由于采用微观企业数据难以测度新发展理念下民营经济发展质量的协调发展维度的相关指标，如民营经济与国有经济之间的比例、民营经济内部一二三产业之间的比例等，因此本章所构建的民营经济发展质量指标体系并没有考虑协调发展。

就是保护生产力、改善生态环境就是发展生产力"。经济高质量发展对生产方式提出了环保、生态等多方面要求，绿色发展是高质量发展重要底色。经济发展不仅要谋求物质财富，还要谋求生态财富。因此，推动绿色发展是破解资源环境约束难题，不断提高我国经济发展质量，满足人民美好生活需要的客观要求。借鉴张涛（2020）、伍中信和陈放（2022）等的做法，本章采用环保投入和环保投资来衡量绿色发展。

（四）开放发展

开放是高质量发展的必由之路。开放发展有助于我国利用国际国内两个资源和两个市场获得全球化红利。因此，新时代的开放发展就是要根据人类命运共同体的思想，建立高质量的开放型经济体系，在更大范围、更宽领域、更深层次上提高开放型经济水平。借鉴马宗国和曹璐（2020）等的做法，本章采用海外收入和海外投资来衡量开放发展。

（五）共享发展

共享是高质量发展的价值导向。经济高质量发展的关键在于人，应把实现好、维护好、发展好最广大人民根本利益作为发展的出发点和落脚点。因此，经济高质量发展必须坚持全民共享、全面共享、共建共享、渐进共享，不断推进全体人民共同富裕。借鉴马宗国和曹璐（2020）、伍中信和陈放（2022）等的做法，本章采用对外捐赠和实际纳税来衡量共享发展。

三、民营经济高质量发展评价指标体系构建

（一）指标体系的构建

根据新发展理念视角下民营经济发展质量评价的逻辑，同时考虑到评价指标的层次性和数据的可得性和可比性，借鉴詹新宇和崔培培（2016）、马宗国和曹璐（2020）、欧进锋等（2020）、王伟（2020）以及程晶晶和夏永祥（2021）等的做法，本章构建了质量效益发展、创新发展、绿色发展、开放发展以及共享发展五个准则层12个测度指标的民营经济发展质量评价指标体系，具体如表2-1所示。

表 2-1 民营经济高质量发展评价指标体系

目标层	准则层	一级指标	二级指标	度量方法
民营经济高质量发展	质量效益发展	偿债能力	资产负债率 X_1	总负债/总资产
		经营能力	总资产周转率 X_2	营业收入/总资产平均余额
		盈利能力	总资产净利润率 X_3	净利润/总资产平均余额
		发展能力	营业收入增长率 X_4	（本年度营业收入-上年度营业收入）/上年度营业收入
	创新发展	创新投入	研发投入强度 X_5	研发投入/营业收入
			研发人员比率 X_6	研发人员数量/员工数量
	绿色发展	环保投入	环保投入强度 X_7	环保投入/营业收入
		环保投资	环保投资水平 X_8	环保投资额/营业收入
	开放发展	海外收入	海外业务收入水平 X_9	海外业务收入/营业收入
		海外投资	海外投资水平 X_{10}	海外关联公司投资额/营业收入
	共享发展	对外捐赠	对外捐赠水平 X_{11}	对外捐赠额/营业收入
		实际纳税	实际纳税水平 X_{12}	实际纳税额/营业收入

（二）数据来源与测度方法选择

本章研究样本选取了中国民营上市公司 2011～2022 年数据，所有数据来源于 CSMAR 数据库。自"经济高质量发展"理念提出以来，学者对经济高质量发展的评价展开了广泛的研究（陈景华等，2020），而对经济发展质量的评价方法较多地采用熵权法（魏敏和李书昊，2018；吴志军和梁晴，2020）和主成分分析法（鲁邦克等，2019；冯梅和郭红霞，2021；李志洋和朱启荣，2022）。熵权法虽然是一种客观赋权的方法，但未能很好地反映相关指标之间的相互关系；主成分分析法虽然在变量降维的过程中可能会遗漏掉某些重要信息，但该方法采用的是客观赋权方法，能够避免评价者主观因素对评价结果的影响，得到更为公正客观的评价结果。鉴于主成分分析法在确定指标权重和反映基础指标贡献方面具有一定优势，本章选择主成分分析法确定各基础指标的权重并合成分指数，最终测度 2011～2022 年中国民营经济高质量发展综合指数。

（三）评价实施

1. 评价指标数据的标准化处理

在进行民营经济发展质量主成分分析之前，由于存在不同属性和量纲的评价指标，本章对正负指标数据分别按照式（2-1）和式（2-2）进行标准化处理。

正向指标：$z_{ij} = \dfrac{x_{ij-}\min(x_{ij})}{\max(x_{ij}) - \min(x_{ij})}$ （2-1）

负向指标：$z_{ij} = \dfrac{\max(x_{ij}) - x_{ij}}{\max(x_{ij}) - \min(x_{ij})}$ （2-2）

2. 主成分提取

通过构建主成分分析模型对 2011~2022 年我国民营上市公司质量效益发展、创新发展、绿色发展、开放发展以及共享发展五个准则层分项进行评价。

设对某一事物的研究涉及 P 个指标，分别用 X_1，X_2，…，X_P 表示，这 P 个指标构成的 P 维随机向量为 $X = (X_1, X_2, \cdots, X_P)^T$。设随机变量 X 的均值为 μ，协方差矩阵为 Σ，求解出矩阵 Σ 的特征值和特征向量，记为 $\lambda_1 \geqslant \lambda_2 \geqslant \cdots \geqslant \lambda_p$，对应的特征向量为 γ_1，γ_2，…，γ_p，则第 i 个主成分为：

$$Y_i = \gamma_{1i}X_1 + \gamma_{2i}X_2 + \cdots + \gamma_{pi}X_p，（i = 1, 2, \cdots, p）$$ （2-3）

记 $\alpha_\kappa = \dfrac{\lambda_\kappa}{\lambda_1 + \lambda_2 + \cdots + \lambda_p}$（i = 1，2，…，p）为第 k 个主成分 Y_k 的方差贡献率，称 $\dfrac{\sum\limits_{i=1}^{n} \lambda_i}{\sum\limits_{i=1}^{p} \lambda_i}$ 为主成分 Y_1，Y_2，…，Y_n 的累积方差贡献率。

运用 SPSS21 对指标数据进行主成分分析，得到特征根和因子贡献率（见表 2-2），按照累计贡献率超过 50%，特征值大于 1 的原则，可以从前期的 12 个指标中提取出五个主要因子，这五个主要因子的累积方差贡献率达到 62.034%。在提取主成分后，采用每个主成分的方差贡献率与累积方差贡献率的比值作为权重对各个主成分进行加权，得到最终的综合评分，即式（2-4）。

$$Y = \dfrac{\sum\limits_{i=1}^{n} \alpha_i Y_i}{\sum\limits_{i=1}^{n} \alpha_i}$$ （2-4）

表 2-2　特征根和因子贡献率

成分	初始特征值			提取平方和载入			旋转平方和载入		
	合计	方差（%）	累积（%）	合计	方差（%）	累积（%）	合计	方差（%）	累积（%）
1	1.909	15.912	15.912	1.909	15.912	15.912	1.806	15.053	15.053
2	1.631	13.593	29.505	1.631	13.593	29.505	1.576	13.133	28.186
3	1.540	12.829	42.334	1.540	12.829	42.334	1.535	12.789	40.975

续表

成分	初始特征值			提取平方和载入			旋转平方和载入		
	合计	方差（%）	累积（%）	合计	方差（%）	累积（%）	合计	方差（%）	累积（%）
4	1.238	10.313	52.647	1.238	10.313	52.647	1.297	10.804	51.780
5	1.126	9.387	62.034	1.126	9.387	62.034	1.231	10.255	62.034
6	0.916	7.630	69.664						
7	0.876	7.299	76.963						
8	0.780	6.498	83.461						
9	0.727	6.056	89.517						
10	0.522	4.347	93.864						
11	0.398	3.314	97.179						
12	0.339	2.821	100.000						

3. 主成分得分

通过对载荷矩阵进行旋转，可得到相应的成分得分系数矩阵（见表2-3）。基于成分得分系数矩阵可以得到各成分在各变量上的载荷即影响程度。由表2-2和表2-3可以看出，第一主成分的方差贡献率为15.053%，主要包含研发投入强度和研发人员比率两个指标，反映了创新发展方面的信息，可以命名为创新发展因子（F_1）。第二主成分的方差贡献率为13.133%，主要包含对外捐赠水平和实际纳税水平两个指标，反映了共享发展方面的信息，可以命名为共享发展因子（F_2）。第三主成分的方差贡献率为12.789%，主要包含资产负债率、总资产周转率、总资产净利润率、营业收入增长率四个指标，反映了质量效益发展方面的信息，可以命名为质量效益发展因子（F_3）。第四主成分的方差贡献率为10.804%，主要包含海外业务收入水平和海外投资水平两个指标，反映了开放发展方面的信息，可以命名为开放发展因子（F_4）。第五主成分的方差贡献率为10.255%，主要包含环保投入强度和环保投资水平两个指标，反映了绿色发展方面的信息，可以命名为绿色发展因子（F_5）。因此，五个主成分 $F_1 \sim F_5$ 可用式（2-5）至式（2-9）予以表示。

$$F_1 = -0.193X_1 - 0.104X_2 - 0.014X_3 - 0.096X_4 + 0.491X_5 + 0.497X_6 - 0.006X_7 + 0.011X_8 - 0.009X_9 - 0.085X_{10} - 0.035X_{11} - 0.117X_{12} \quad (2-5)$$

$$F_2 = -0.135X_1 - 0.414X_2 + 0.000X_3 - 0.009X_4 + 0.012X_5 - 0.108X_6 + 0.021X_7 + 0.009X_8 - 0.157X_9 + 0.276X_{10} + 0.353X_{11} + 0.472X_{12} \quad (2-6)$$

$$F_3 = -0.417X_1 + 0.236X_2 + 0.554X_3 + 0.297X_4 - 0.026X_5 - 0.047X_6 - 0.039X_7 - 0.017X_8 + 0.087X_9 - 0.040X_{10} + 0.109X_{11} + 0.064X_{12} \quad (2-7)$$

$$F_4 = -0.042X_1 - 0.074X_2 - 0.010X_3 + 0.036X_4 - 0.030X_5 - 0.071X_6 -$$

$$0.030X_7 + 0.004X_8 + 0.576X_9 + 0.621X_{10} + 0.155X_{11} - 0.192X_{12} \qquad (2-8)$$

$$F_5 = -0.025X_1 + 0.009X_2 + 0.045X_3 - 0.105X_4 - 0.009X_5 + 0.000X_6 +$$

$$0.629X_7 + 0.629X_8 + 0.029X_9 - 0.057X_{10} + 0.059X_{11} - 0.028X_{12} \qquad (2-9)$$

根据表 2-2 特征根和因子贡献率，对五个因子的方差贡献率进行加权，可以得到民营经济发展质量综合得分，如式（2-10）所示。

$$F = (0.151 \times F_1 + 0.131 \times F_2 + 0.128 \times F_3 + 0.108 \times F_4 + 0.103 \times F_5) / 0.620 \qquad (2-10)$$

表 2-3　成分得分系数矩阵

指标	成分				
	1	2	3	4	5
资产负债率 X_1	−0.193	−0.135	−0.417	−0.042	−0.025
总资产周转率 X_2	−0.104	−0.414	0.236	−0.074	0.009
总资产净利润率 X_3	−0.014	0.000	0.554	−0.010	0.045
营业收入增长率 X_4	−0.096	−0.009	0.297	0.036	−0.105
研发投入强度 X_5	0.491	0.012	−0.026	−0.030	−0.009
研发人员比率 X_6	0.497	−0.108	−0.047	−0.071	0.000
环保投入强度 X_7	−0.006	0.021	−0.039	−0.030	0.629
环保投资水平 X_8	0.011	0.009	−0.017	0.004	0.629
海外业务收入水平 X_9	−0.009	−0.157	0.087	0.576	0.029
海外投资水平 X_{10}	−0.085	0.276	−0.040	0.621	−0.057
对外捐赠水平 X_{11}	−0.035	0.353	0.109	0.155	0.059
实际纳税水平 X_{12}	−0.117	0.472	0.064	−0.192	−0.028

四、中国民营经济发展质量评价结果与分析

（一）中国民营经济高质量发展与各维度发展趋势

图 2-1 为我国民营经济高质量发展和各维度发展得分情况及其发展趋势。可

以看出，2011 年以来，我国民营经济高质量发展水平呈现波动上升趋势，且总体增幅稳定。民营经济高质量发展得分从 2011 年的 -0.064 提升到 2022 年的 0.044，增长 168.75%。从高质量发展的各维度发展得分情况来看，质量效益发展和共享发展得分整体上呈现下降趋势，创新发展、绿色发展以及开放发展得分整体上呈现出波动上升趋势。由此可知，质量效益发展和共享发展是民营经济高质量发展的薄弱环节，而创新发展、绿色发展以及开放发展三个维度对民营经济高质量发展贡献率相对较高。

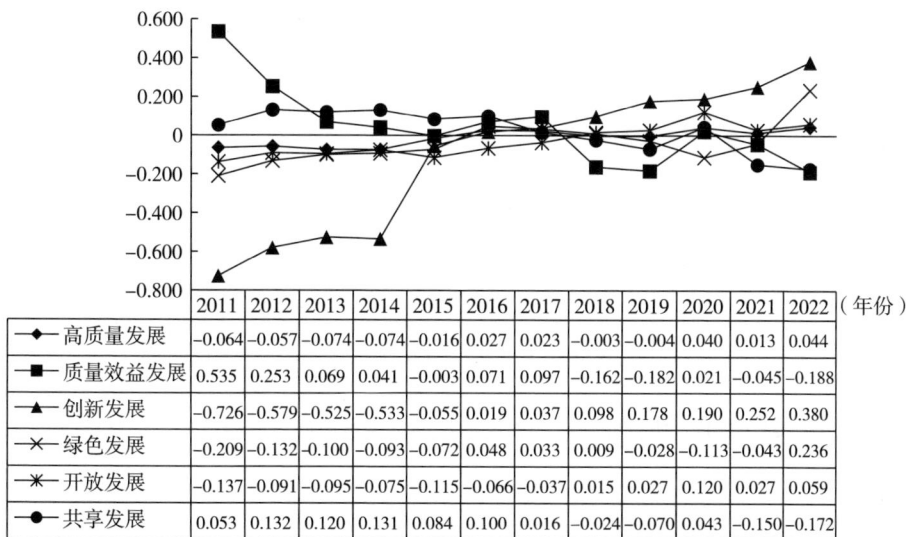

	2011	2012	2013	2014	2015	2016	2017	2018	2019	2020	2021	2022 （年份）
◆ 高质量发展	-0.064	-0.057	-0.074	-0.074	-0.016	0.027	0.023	-0.003	-0.004	0.040	0.013	0.044
■ 质量效益发展	0.535	0.253	0.069	0.041	-0.003	0.071	0.097	-0.162	-0.182	0.021	-0.045	-0.188
▲ 创新发展	-0.726	-0.579	-0.525	-0.533	-0.055	0.019	0.037	0.098	0.178	0.190	0.252	0.380
✕ 绿色发展	-0.209	-0.132	-0.100	-0.093	-0.072	0.048	0.033	0.009	-0.028	-0.113	-0.043	0.236
✳ 开放发展	-0.137	-0.091	-0.095	-0.075	-0.115	-0.066	-0.037	0.015	0.027	0.120	0.027	0.059
● 共享发展	0.053	0.132	0.120	0.131	0.084	0.100	0.016	-0.024	-0.070	0.043	-0.150	-0.172

图 2-1　2011~2022 年中国民营经济高质量发展与各维度得分变化趋势

（二）中国区域民营经济高质量发展的变化趋势分析

1. 四大区域民营经济高质量发展的变化趋势分析

图 2-2 显示了四大区域 2011~2022 年民营经济高质量发展得分的变化趋势[①]。可以看出，四大区域民营经济高质量发展的走势基本相同，均呈现出增长

---

① 根据国家统计局 2011 年 6 月 13 日公布的划分办法，将我国的经济区域划分为东部、东北、中部和西部四大地区。东部地区包括北京、天津、河北、上海、江苏、浙江、福建、山东、广东和海南共 10 个省份；东北地区包括辽宁、吉林和黑龙江共 3 个省份；中部地区包括山西、安徽、江西、河南、湖北和湖南共 6 个省份；西部地区包括内蒙古、广西、重庆、四川、贵州、云南、西藏、陕西、甘肃、青海、宁夏和新疆共 12 个省份。

趋势，表明我国民营经济转型升级呈现向好趋势。从民营经济高质量发展的区域差异来看，东部、东北、中部和西部地区的民营经济高质量发展得分分别从 2011 年的 -0.041、-0.123、-0.110、-0.118 上升至 2022 年的 0.058、-0.031、-0.001、0.018，东部地区增幅最大，西部地区次之，东北地区增幅最小，四大区域之间的差距在逐渐缩小。

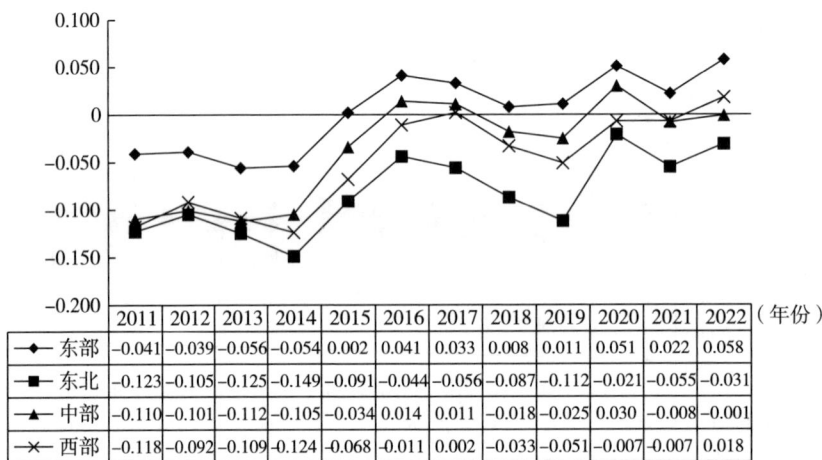

	2011	2012	2013	2014	2015	2016	2017	2018	2019	2020	2021	2022（年份）
东部	-0.041	-0.039	-0.056	-0.054	0.002	0.041	0.033	0.008	0.011	0.051	0.022	0.058
东北	-0.123	-0.105	-0.125	-0.149	-0.091	-0.044	-0.056	-0.087	-0.112	-0.021	-0.055	-0.031
中部	-0.110	-0.101	-0.112	-0.105	-0.034	0.014	0.011	-0.018	-0.025	0.030	-0.008	-0.001
西部	-0.118	-0.092	-0.109	-0.124	-0.068	-0.011	0.002	-0.033	-0.051	-0.007	-0.007	0.018

图 2-2　2011~2022 年中国四大区域民营经济高质量发展得分的变化趋势

2. 四大区域民营经济质量效益发展变化趋势分析

图 2-3 显示了四大区域 2011~2022 年民营经济质量效益发展得分的变化趋势。可以看出，四大区域民营经济质量效益发展的走势基本相同，均呈现出下降趋势，说明民营经济质量效益发展情况严重影响了民营经济整体的高质量发展。从民营经济质量效益发展的区域差异来看，东部、东北、中部和西部地区的民营经济质量效益发展得分分别从 2011 年的 0.638、0.165、0.510、0.159 下降至 2022 年的 -0.178、-0.535、-0.140、-0.221，中部地区降幅最大，东部地区次之，东北地区降幅最小。

3. 四大区域民营经济创新发展的变化趋势分析

图 2-4 显示了四大区域 2011~2022 年民营经济创新发展得分的变化趋势。可以看出，四大区域民营经济创新发展的走势基本相同，均呈现出上升趋势，说明民营经济创新发展能力的提升促进了民营经济整体的高质量发展。从民营经济创新发展的区域差异来看，东部、东北、中部和西部地区的民营经济创新发展得分分别从 2011 年的 -0.664、-0.926、-0.803、-0.897 上升至 2022 年的 0.462、

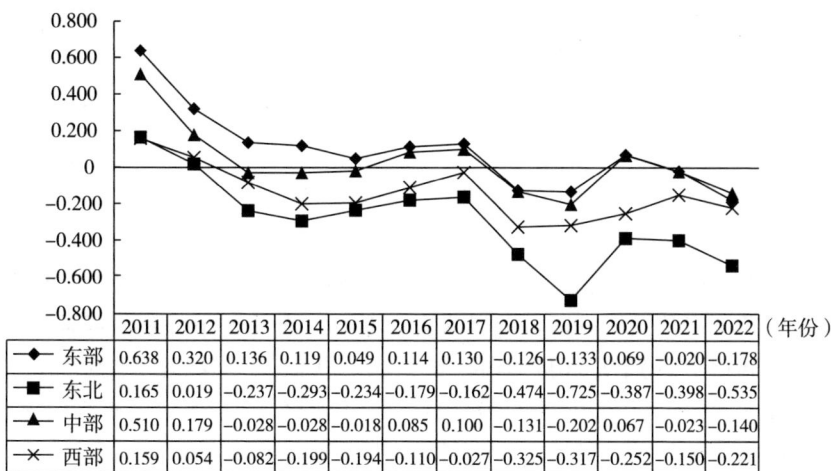

	2011	2012	2013	2014	2015	2016	2017	2018	2019	2020	2021	2022	（年份）
◆ 东部	0.638	0.320	0.136	0.119	0.049	0.114	0.130	-0.126	-0.133	0.069	-0.020	-0.178	
■ 东北	0.165	0.019	-0.237	-0.293	-0.234	-0.179	-0.162	-0.474	-0.725	-0.387	-0.398	-0.535	
▲ 中部	0.510	0.179	-0.028	-0.028	-0.018	0.085	0.100	-0.131	-0.202	0.067	-0.023	-0.140	
✕ 西部	0.159	0.054	-0.082	-0.199	-0.194	-0.110	-0.027	-0.325	-0.317	-0.252	-0.150	-0.221	

图 2-3　2011~2022 年中国四大区域民营经济质量效益发展得分的变化趋势

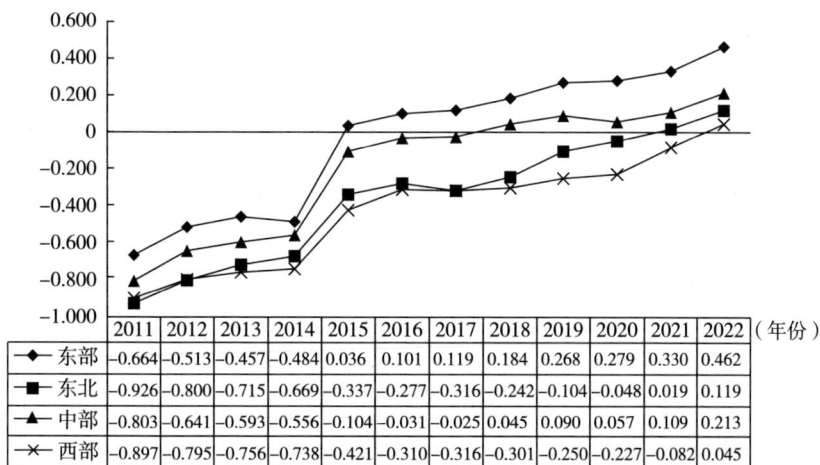

	2011	2012	2013	2014	2015	2016	2017	2018	2019	2020	2021	2022	（年份）
◆ 东部	-0.664	-0.513	-0.457	-0.484	0.036	0.101	0.119	0.184	0.268	0.279	0.330	0.462	
■ 东北	-0.926	-0.800	-0.715	-0.669	-0.337	-0.277	-0.316	-0.242	-0.104	-0.048	0.019	0.119	
▲ 中部	-0.803	-0.641	-0.593	-0.556	-0.104	-0.031	-0.025	0.045	0.090	0.057	0.109	0.213	
✕ 西部	-0.897	-0.795	-0.756	-0.738	-0.421	-0.310	-0.316	-0.301	-0.250	-0.227	-0.082	0.045	

图 2-4　2011~2022 年中国四大区域民营经济创新发展得分的变化趋势

0.119、0.213、0.045，东部地区增幅最大，中部地区次之，西部地区增幅最小。此外，东部地区民营经济创新发展得分在 2011~2014 年均为负数，而在 2015~2022 年均为正数；中部地区民营经济创新发展得分在 2011~2017 年均为负数，而在 2018~2022 年均为正数，说明东部和中部地区的民营上市公司较早地加大了研发投入，从而显著促进了创新发展；而西部地区民营经济创新发展得分在 2011~2021 年一直处于负数状态，东北地区民营经济创新发展得分也是在 2021

年才转为正数状态，说明西部和东北地区的民营上市公司在研发投入方面还相对不足，还需要进一步加大创新投入，以促进民营经济创新更高质量的发展。因此，从整体上而言，我国民营经济创新发展质量呈现出东部和中部地区高，而西部和东北地区低的态势。

4. 四大区域民营经济绿色发展的变化趋势分析

图 2-5 显示了四大区域 2011~2022 年民营经济绿色发展得分的变化趋势。可以看出，四大区域民营经济绿色发展的走势基本相同，均呈现出波动上升趋势。从民营经济绿色发展的区域差异来看，东部、东北、中部和西部地区的民营经济绿色发展得分分别从 2011 年的 -0.214、-0.288、-0.263、-0.088 上升至 2022 年的 0.234、0.230、0.199、0.297，西部地区增幅最大，东部地区次之，中部地区增幅最小，四大区域之间的差距在逐渐缩小。总体而言，四大区域的生态环境得到了较大程度的改善，但还需要进一步加大环保投入，以促进更高质量的绿色发展。

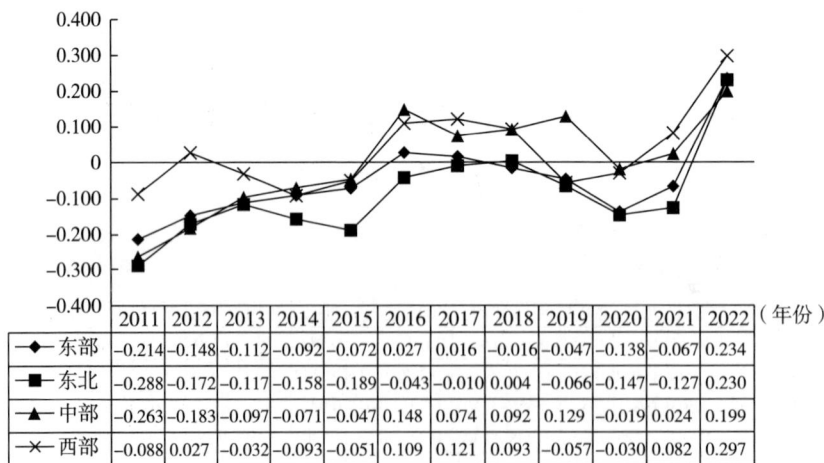

	2011	2012	2013	2014	2015	2016	2017	2018	2019	2020	2021	2022
东部	-0.214	-0.148	-0.112	-0.092	-0.072	0.027	0.016	-0.016	-0.047	-0.138	-0.067	0.234
东北	-0.288	-0.172	-0.117	-0.158	-0.189	-0.043	-0.010	0.004	-0.066	-0.147	-0.127	0.230
中部	-0.263	-0.183	-0.097	-0.071	-0.047	0.148	0.074	0.092	0.129	-0.019	0.024	0.199
西部	-0.088	0.027	-0.032	-0.093	-0.051	0.109	0.121	0.093	-0.057	-0.030	0.082	0.297

图 2-5　2011~2022 年中国四大区域民营经济绿色发展得分的变化趋势

5. 四大区域民营经济开放发展的变化趋势分析

图 2-6 显示了四大区域 2011~2022 年民营经济开放发展得分的变化趋势。可以看出，四大区域民营经济开放发展的走势基本相同，均呈现出波动上升趋势。从民营经济开放发展的区域差异来看，东部、东北、中部和西部地区的民营经济开放发展得分分别从 2011 年的 -0.037、-0.293、-0.298、-0.438 上升至 2022 年的 0.118、-0.112、-0.100、-0.146，东部地区增幅最大，中部和西部

地区次之，东北地区增幅最小。此外，东部地区的民营经济开放发展基本处于高质量发展状态，其得分在 2016~2022 年保持正数状态，相比于其他三大区域而言，东部地区的民营经济开放发展质量最高，说明东部地区的对外开放程度相对较高；而中部、西部以及东北地区的民营经济开放发展均处于负数状态，说明这三大区域的对外开放程度虽然在逐步加强，但还有很大的提升空间。

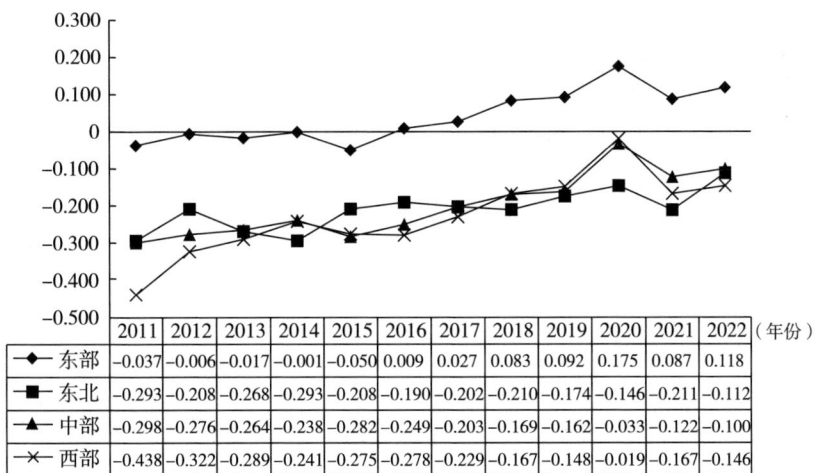

	2011	2012	2013	2014	2015	2016	2017	2018	2019	2020	2021	2022 (年份)
东部	-0.037	-0.006	-0.017	-0.001	-0.050	0.009	0.027	0.083	0.092	0.175	0.087	0.118
东北	-0.293	-0.208	-0.268	-0.293	-0.208	-0.190	-0.202	-0.210	-0.174	-0.146	-0.211	-0.112
中部	-0.298	-0.276	-0.264	-0.238	-0.282	-0.249	-0.203	-0.169	-0.162	-0.033	-0.122	-0.100
西部	-0.438	-0.322	-0.289	-0.241	-0.275	-0.278	-0.229	-0.167	-0.148	-0.019	-0.167	-0.146

图 2-6　2011~2022 年中国四大区域民营经济开放发展得分的变化趋势

6. 四大区域民营经济共享发展的变化趋势分析

图 2-7 显示了四大区域 2011~2022 年民营经济共享发展得分的变化趋势。可以看出，四大区域民营经济共享发展的走势基本相同，均呈现出下降趋势。从民营经济共享发展的区域差异来看，说明民营经济共享发展情况严重影响了民营经济整体的高质量发展。从民营经济共享发展的区域差异来看，东部、东北、中部和西部地区的民营经济共享发展得分分别从 2011 年的 -0.021、0.386、0.006、0.368 下降至 2022 年的 -0.223、0.039、-0.209、0.189，东北地区降幅最大，中部地区次之，东部地区降幅最小，但西部和东北地区民营经济共享发展得分在 2011~2022 年一直处于正数态势，共享发展取得了较为高质量的发展。总体而言，民营经济共享发展的区域分布态势基本呈现为西部地区>东北地区>中部地区>东部地区，四大区域的共享发展环境还需要进行较大程度的改善以促进共同富裕的实现。

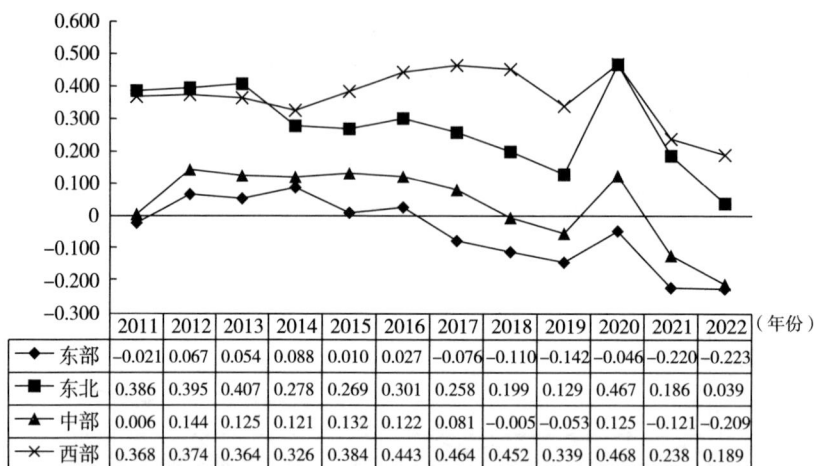

（年份）	2011	2012	2013	2014	2015	2016	2017	2018	2019	2020	2021	2022
东部	-0.021	0.067	0.054	0.088	0.010	0.027	-0.076	-0.110	-0.142	-0.046	-0.220	-0.223
东北	0.386	0.395	0.407	0.278	0.269	0.301	0.258	0.199	0.129	0.467	0.186	0.039
中部	0.006	0.144	0.125	0.121	0.132	0.122	0.081	-0.005	-0.053	0.125	-0.121	-0.209
西部	0.368	0.374	0.364	0.326	0.384	0.443	0.464	0.452	0.339	0.468	0.238	0.189

图 2-7　2011~2022 年中国四大区域民营经济共享发展得分的变化趋势

参考文献

[1] 陈景华，陈姚，陈敏敏. 中国经济高质量发展水平、区域差异及分布动态演进 [J]. 数量经济技术经济研究，2020（12）：108-126.

[2] 程晶晶，夏永祥. 基于新发展理念的我国省域经济高质量发展水平测度与比较 [J]. 工业技术经济，2021（6）：153-160.

[3] 戴国宝，王雅秋. 民营中小微企业高质量发展：内涵、困境与路径 [J]. 经济问题，2019（8）：54-61.

[4] 冯梅，郭红霞. 基于新发展理念的北京经济高质量发展评价 [J]. 城市问题，2021（7）：4-11.

[5] 高培勇，杜创，刘霞辉，等. 高质量发展背景下的现代化经济体系建设：一个逻辑框架 [J]. 经济研究，2019（4）：4-17.

[6] 高培勇，袁富华，胡怀国，等. 高质量发展的动力、机制与治理 [J]. 经济研究，2020（4）：4-19.

[7] 郭敬生. 论民营经济高质量发展：价值、遵循、机遇和路径 [J]. 经济问题，2019（3）：8-16.

[8] 何立峰. 深入贯彻新发展理念推动中国经济迈向高质量发展 [J]. 宏观经济管理，2018（4）：4-5.

[9] 洪银兴，刘伟，高培勇，等. "习近平新时代中国特色社会主义经济思

想"笔谈 [J]. 中国社会科学, 2018 (9)：4-73+204-205.

[10] 洪银兴. 经济发展的中国道路和习近平经济思想的贡献 [J]. 经济学动态, 2021 (12)：10-15.

[11] 黄速建, 肖红军, 王欣. 论国有企业高质量发展 [J]. 中国工业经济, 2018 (10)：19-41.

[12] 李志洋, 朱启荣. 中国经济高质量发展水平的时空特征及其影响因素 [J]. 统计与决策, 2022 (6)：95-99.

[13] 刘现伟, 文丰安. 新时代民营经济高质量发展的难点与策略 [J]. 改革, 2018 (9)：5-14.

[14] 鲁邦克, 邢茂源, 杨青龙. 中国经济高质量发展水平的测度与时空差异分析 [J]. 统计与决策, 2019 (21)：113-117.

[15] 鲁继通. 我国高质量发展指标体系初探 [J]. 中国经贸导刊 (中), 2018 (20)：4-7.

[16] 马宗国, 曹璐. 制造企业高质量发展评价体系构建与测度——2015—2018 年 1881 家上市公司数据分析 [J]. 科技进步与对策, 2020 (17)：126-133.

[17] 欧进锋, 许抄军, 刘雨骐. 基于"五大发展理念"的经济高质量发展水平测度——广东省 21 个地级市的实证分析 [J]. 经济地理, 2020 (6)：77-86.

[18] 任保平, 文丰安. 新时代中国高质量发展的判断标准、决定因素与实现途径 [J]. 改革, 2018 (4)：5-16.

[19] 任晓猛, 钱滔, 潘士远, 等. 新时代推进民营经济高质量发展：问题、思路与举措 [J]. 管理世界, 2022 (8)：40-54.

[20] 王磊. 推动民营经济高质量发展的制度创新研究 [D]. 北京：中国社会科学院大学, 2019.

[21] 王婉, 范志鹏, 秦艺根. 经济高质量发展指标体系构建及实证测度 [J]. 统计与决策, 2022 (3)：124-128.

[22] 王伟. 我国经济高质量发展评价体系构建与测度研究 [J]. 宁夏社会科学, 2020 (6)：82-92.

[23] 王一鸣. 百年大变局、高质量发展与构建新发展格局 [J]. 管理世界, 2020 (12)：1-13.

[24] 王一鸣. 向高质量发展转型要突破哪些关口 [N]. 联合时报, 2018-04-13 (004).

[25] 魏敏, 李书昊. 新时代中国经济高质量发展水平的测度研究 [J]. 数量经济技术经济研究, 2018 (11)：3-20.

［26］吴志军，梁晴．中国经济高质量发展的测度、比较与战略路径［J］.当代财经，2020（4）：17-26.

［27］伍中信，陈放．基于新发展理念的高质量发展评价指标体系构建［J］.会计之友，2022（9）：146-150.

［28］詹新宇，崔培培．中国省际经济增长质量的测度与评价——基于"五大发展理念"的实证分析［J］.财政研究，2016（8）：40-53+39.

［29］张军扩，侯永志，刘培林，等．高质量发展的目标要求和战略路径［J］.管理世界，2019（7）：1-7.

［30］张涛．高质量发展的理论阐释及测度方法研究［J］.数量经济技术经济研究，2020（5）：23-43.

［31］张占斌，毕照卿．经济高质量发展［J］.经济研究，2022（4）：21-32.

［32］赵剑波，史丹，邓洲．高质量发展的内涵研究［J］.经济与管理研究，2019（11）：15-31.

［33］郑文涛．用好推动高质量发展的辩证法［N］.经济日报，2018-07-12（014）.

［34］中国社会科学院经济研究所课题组．新征程推动经济高质量发展的任务与政策［J］.经济研究，2023（9）：4-21.

第三章　新时代民营经济高质量发展的成效与问题

民营经济是我国经济制度的内在要素，是坚持和发展中国特色社会主义的重要经济基础。经济高质量发展最终需要通过企业高质量发展予以实现（黄速建等，2018），民营企业作为构成中国经济微观基础的规模最大的主体，其高质量发展对于支撑中国经济高质量发展至为关键。党的十八大以来，国家对推进民营企业高质量发展高度重视，通过持续的制度供给和制度创新不断激发民营企业发展活力，民营企业高质量发展取得巨大成就，但在新时代也面临诸多困难和挑战，需要以更高站位、更大力度、更多力量、更实举措予以应对和破解，切实推动民营企业高质量发展走深走实和迈上新台阶。

一、成就刻画：民营企业发展呈现"量""质""能""位"齐升的新格局

由于公有制与非公有制并非完全排斥，而是必然并存于市场经济体制（杨春学和杨新铭，2020），因此多种所有制经济共同发展既有公有制经济和非公有制经济各自独立发展，又有国有资本和非国有资本交叉持股、相互融合（中国社会科学院经济研究所课题组，2020）。这意味着对民营经济、民营企业发展轨迹与成就的刻画不能仅仅采取切片式观察，而是应当进行全景式透视（盖凯程等，2019），即不仅要刻画民营经济、民营企业自身的发展演变，更要立足于宏观层面和结构层面透视民营经济、民营企业的地位作用（中国社会科学院工业经济研究所课题组，2020）。党的十八大以来，随着中国经济由高速增长阶段转向高质量发展阶段，民营企业在数量规模、发展质量、发展动能、地位贡献上都取得显著进步，呈现出"量""质""能""位"齐升的新格局。

（一）"量"的持续增长彰显民营企业发展势头总体向好

党的十八大以来，民营企业无论是在数量上还是规模上，都保持稳中有进的良好发展态势。与此同时，民营企业区域结构和产业结构也在不断优化。

一是民营企业数量迅猛增加。从企业数量来看，国家市场监督管理总局披露的数据显示，2023年前三季度，全国新设民营企业706.5万户，同比增长15.3%。近十年来，民营企业数量保持快速增长态势。2012年底全国民营企业数量刚刚超过1000万户，截至2023年9月底，民营企业总数超过5200万户，十年之间翻了两番多，民营企业占企业总数的比重相应地由79.4%提高到92.3%。

二是民营企业规模稳步提升。根据国家统计局公布的数据，2023年我国规模以上私营工业企业营业收入48.8万亿元，比2022年小幅增长0.6%。2023年9月，中华全国工商业联合会（以下简称全国工商联）发布的《2023中国民营企业500强调研分析报告》数据显示，2022年民营企业500强的营业收入总额39.83万亿元，比2021年增长3.94%；资产总额46.31万亿元，比2021年增长11.21%。有17家500强企业营业收入超3000亿元，其中有8家企业营业收入超过5000亿元。2022年民营企业500强入围门槛达到275.78亿元，比2022年增加12.11亿元。

三是民营企业结构不断优化。国家市场监督管理总局披露的数据显示，民营企业数量增长的同时，结构也持续优化。从区域结构来看，2023年前三季度，东、中、西、东北四大区域新设民营企业分别为351.0万户、176.6万户、149.0万户和29.9万户，其中西部地区和中部地区增速最快，分别达到23.3%和16.0%。从产业结构来看，2023年前三季度，第一、第二、第三产业新设民营企业分别为28.4万户、111.6万户和566.5万户，第三产业占比超过八成。

（二）"质"的稳步提升凸显民营企业发展层次得到提升

随着中国转变经济发展方式的进程不断加快，高质量发展成为宏观经济和微观企业的时代主题。在此背景下，民营企业更加重视质量变革、效率变革和动力变革，更加强调集约高效，民营企业发展质量和发展层次得到稳步提升。

一是经营效益总体保持稳健。根据国家统计局公布的数据，2023年我国规模以上私营工业企业实现利润总额2.34万亿元，比2022年增长2%。相比而言，同期全国规模以上工业企业利润总额比2022年降低2.3%；营业收入利润率为4.8%，每百元资产实现的营业收入为106.2元，人均营业收入达到183.1万元/人。2023年9月，全国工商联发布的《2023中国民营企业500强调研分析报告》数据显示，2022年民营企业500强税后净利润1.64万亿元；销售净利率、资产净利率、净资产收益率分别为4.13%、3.67%、10.81%；人均营业收入、人均净利润分别为 363.04 万元/人、14.98 万元/人；总资产周转率为 88.86%。

二是成长起一批有较强竞争力的大型民营企业。在 2023 年《财富》世界 500 强榜单中，中国内地民营企业入围的有 38 家，比 2022 年增加了 4 家，在上榜的中国内地企业中占比 28%。其中，鸿海精密以 2225 亿元营业收入成为民营企业"领头羊"，在世界 500 强榜单中排名最为靠前（第 27 位）。2024 年 1 月，胡润研究院发布的《2023 胡润世界 500 强》报告显示，按企业市值或估值排名的世界 500 强非国有企业中，中国共有 33 家企业进入榜单，以台湾的台积电为首，然后是腾讯和阿里巴巴，这三家公司分别居榜单第 7、17 和 38 位。此外，在品牌金融（Brand Finance）发布的 2023 年全球品牌价值 500 强榜单中，有 35 个中国民营企业品牌入围，其中抖音排名最为靠前（第 10 位），品牌价值达到 656.96 亿美元。

三是涌现出一批"专精特新"企业和"小巨人"企业。按照优质中小企业梯度培育的思路，自 2018 年起国家加大对"专精特新"企业的培育工作，涌现出一批优质的"专精特新"企业。根据工业和信息化部披露的数据，截至 2024 年 3 月，我国已经培育了 12.4 万家"专精特新"企业，其中专精特新"小巨人"企业达到 1.2 万家，其中绝大多数为中小民营企业。2023 年 8 月，智慧芽创新研究中心发布的《2023 年专精特新"小巨人"企业科创力报告》显示，我国专精特新"小巨人"企业平均拥有约 115 件专利申请量，发明专利占比近一半，累计得到 200 余次专利引用，并有 1~2 件走向海外的 PCT 专利；累计已有 852 家"小巨人"成功上市，其中北交所的"小巨人"占比约 46.2%；"小巨人"企业每千名员工掌握 78.9 件有效发明专利，分别是科创板和北交所上市企业的 1.1 倍和 3 倍；2020~2022 年，"小巨人"企业申请 PCT 专利数量复合增长率达 22.6%，表明"小巨人"企业高度重视创新国际化与海外专利布局。

（三）"能"的不断增强展现民营企业发展后劲更加有力

党的十八大以来，在国家实施创新驱动发展战略的引领下，顺应经济发展新旧动能转换的大趋势，民营企业加快了创新发展、转型升级的步伐，并取得积极进展，发展动能的可持续性得到增强，发展后劲变得更加有力。

一是民营企业创新能力显著增强。近年来，全国掀起一场"大众创业、万众创新"的热潮，而民营企业成为实践创新驱动发展的主要力量。国家知识产权局数据显示，民营企业作为科技创新的重要主体，贡献了全社会 70% 的技术创新成果，涵盖了 80% 的国家专精特新"小巨人"和 90% 的高新技术企业。从大企业来看，中国民营企业 500 强不仅在经济价值创造水平上持续提升，而且创新能力也大幅跃升，极大增强了企业核心竞争力。2023 年 9 月，全国工商联发布的

《2023中国民营企业500强调研分析报告》数据显示，2022年民营企业500强中，研发人员占员工总数超过3%的企业326家，超过10%的企业175家；研发经费投入强度超过3%的企业86家，超过10%的企业8家；腾讯控股有限公司以614.01亿元的研发投入位居第一。民营企业500强中，414家企业的关键技术主要来源于自主开发与研制，432家企业通过自筹资金完成科技成果转化。从中小企业来看，根据工业和信息化部披露的数据，截至2024年3月，我国已经培育了21.5万家创新型中小企业，遴选中小企业特色产业集群200个，在强链、补链、延链中发挥了重要作用。

二是涌现出大批"四新经济"民营企业。我国步入经济高质量发展的新时代，以新技术、新产业、新业态、新模式为导向的"四新经济"成为新的增长引擎。根据国家市场监督管理总局发布的数据，党的十八大以来，全国新设"四新经济"企业2545.4万户，占全国新设企业的41.7%，且呈逐年上升态势。其中，"现代技术服务与创新创业服务""现代生产性服务活动""新型生活性服务活动"占比较高，分别为24.5%、19.5%和19%。尤其是2020年以来，"四新经济"企业增速高于同期企业总体增长水平，成为我国市场经济新的增长点。近年来，民营企业成为发展"四新经济"的重要主体，这也推动民营企业加快新旧发展动能转换，"四新经济"成为民营经济发展的新优势。根据国家市场监督管理总局披露的数据，2023年前三季度，我国新设"四新经济"民营企业300.4万户，在同期新设企业中占比超过40%。截至2023年9月底，我国"四新经济"民营企业已经超过2087.3万户，新经济新业态保持强劲发展态势。

三是稳步推进绿色转型和低碳发展。民营企业以落实国家碳达峰、碳中和战略为契机，着眼推动产业转型升级和发展方式转变，积极进行绿色转型，加快推进低碳发展，探索构建资源节约、环境友好的企业发展模式。一方面，民营企业加快实施绿色化改造，开展能效提升、清洁生产、综合利用，节能减排成效显著。《中国民营企业社会责任报告（2021）》课题组对12省份100余家民营企业的调查数据显示，62.3%的企业采用节能环保原材料，注重源头治理，61.4%的企业进行了设施设备节能减排升级改造，55.5%的企业开展清洁生产（高云龙和徐乐江，2022）。另一方面，民营企业积极投入节能环保产业，加快推动生产方式绿色化转型，以绿色产品、绿色工厂、绿色园区、绿色供应链建设为重点，探索构建绿色制造体系。《中国民营企业社会责任报告（2023）》指出，在参与调研的民营企业中，有873家企业获得绿色食品认证，同比增长75%，有758家企业获得国家环境标志认证，356家企业入选"国家节能产品目录"，1244家企业获得其他产品绿色标识或认证。工业和信息化部数据显示，截至2024年3月，国家层面累计培育绿色工厂5095家、绿色工业园区371家、绿色供应链管理企业 605 家、绿色产品近 3.5 万个，其中大部分都来自民营企业。

（四）"位"的日益突出反映民营企业发展价值获得认可

改革开放的过程也是民营企业不断发展壮大的过程，更是民营企业在国家经济社会发展中的地位不断提升的过程。党的十八大以来，民营企业对经济社会发展的贡献更加突出，在支撑国家重大发展战略落地中的角色功能更加重要，民营企业存在的价值和发挥的作用被社会广泛认可。

一是成为经济社会发展的"七个最大"贡献者。从市场主体来看，民营企业是中国经济微观主体的最大贡献者。根据国家市场监督管理总局发布的数据，2022 年全国新增民营企业 243.6 万户，同比增长 5.5%，2022 年底民营企业数量为 4701.1 万户，占全部企业数量的 93.3%，成为中国经济微观基础不折不扣的最大主体。从经济总量来看，民营企业是中国国内生产总值的最大贡献者。民营经济占 GDP 的比重在 60% 以上，近些年来基本维持在 60%~65%（汪立鑫和左川，2019）。从投资来看，民间投资是全社会固定资产投资的最大贡献者。根据国家统计局发布的数据计算，2012 年以来，民间固定资产（不含农户）投资额占固定资产投资（不含农户）的比重均保持在 55% 以上；2022 年民间固定资产投资将近 29 万亿元，占固定资产投资比重为 54.2%。从对外贸易来看，民营企业是中国进出口的最大贡献者。海关总署披露的数据显示，2019 年民营企业进出口额首次超过外商投资企业，成为我国第一大外贸主体；2022 年民营企业进出口额 21.4 万亿元，同比增长 12.9%，占全国进出口总额比重高达 50.9%，对外贸增长的贡献度达 80.8%。从科技创新来看，民营企业是技术创新成果的最大贡献者。民营企业已经成为我国科技创新的主力军。根据全国工商联发布的《中国民营企业社会责任报告（2023）》，2022 年民营企业专利申请数、发明专利数量、有效发明专利数量占比均在 80% 左右；2022 年我国发明专利授权量前 10 名中，民营企业占据 7 名，其中前 2 名为民营企业。从税收来看，民营企业是政府税收和国家财力的最大贡献者。近年来，民营企业对税收的贡献均超过 50%，成为中国最主要的税收主体来源。另据全国工商联发布的《中国民营企业社会责任报告（2023）》，2022 年民营企业贡献税收收入 9.5 万亿元，占全国企业税收总量的 56.9%。从就业来看，民营企业是城镇就业的最大贡献者。民营企业数量的快速增长，为巩固存量就业和吸纳新增就业提供了有力的支撑。根据国家统计局公布的数据计算，2019 年末城镇私营企业和城镇个体就业人员分别为 14567 万人和 11692 万人，占城镇就业人员的比重为 59.3%。尽管国家统计局未公布城镇私营个体就业人数，但是通过计算城镇就业人员与非私营单位就业人员和失业人员的差额得出，2022 年末城镇私营个体就业人数占比约为 61%。

二是成为落实国家重大战略的重要参与者。民营企业尤其是大型民营企业积极投身国家重大战略决策部署，将自身发展与国家重大战略紧密结合起来，对国家重大战略的有效落实形成有力支撑。2023 年 9 月，全国工商联发布的《2023 中国民营企业 500 强调研分析报告》数据显示，2022 年民营企业 500 强积极参与国家重大决策部署。有 470 家企业积极参与防范化解重大风险，425 家企业参与污染防治攻坚战。有 354 家企业参与区域协调发展战略，其中，参与长三角区域一体化发展、长江经济带发展、粤港澳大湾区建设、京津冀协同发展、西部大开发的企业数量分别为 167 家、147 家、115 家、113 家、109 家。有 358 家企业参与乡村振兴，其中，促进产业兴旺带动农民增收、巩固脱贫成果改善民生保障的企业占 500 强比例分别为 47.80%、45.00%。329 家企业参与"万企兴万村"行动，47.20%的 500 强企业继续推进产业帮扶项目、巩固拓展脱贫攻坚成果。

二、问题透视：民营企业高质量发展面临外部制约与内生不足的双重挑战

民营企业发展质量是由民营企业与宏观环境、中观产业和微观要素共同演化决定的。尽管党的十八大以来，民营企业发展呈现"量""质""能""位"齐升的新格局，但囿于宏观中观环境的外部制约和企业微观要素的内生不足，当前民营企业高质量发展面临内外双重挑战，离真正意义的高质量发展仍有明显差距，亟须在新发展阶段取得更加实质性的新突破。

（一）"隐性规则劣势"制约民营企业发展潜力

民营企业发展潜能的充分释放不仅高度依赖于制度层面的显性政策创新，也离不开操作层面的隐性规则优化。尽管国家通过持续深化"放管服"改革和优化企业营商环境，不断强化支持民营企业健康发展的专门性制度供给，但现实中民营企业高质量发展仍然面临着制度执行偏差和政策效能错位的障碍，由此导致民营企业需要面对不同形式、不同程度的"隐性规则劣势"，对民营企业充分释放发展潜力形成制约。

从市场进入和参与竞争来看，虽然国家持续放开民营企业的市场准入，不断优化公平竞争的市场环境，推动不同所有制企业公平参与市场竞争，但由于对民营企业的认知偏见仍然存在（赵丽，2022），实际操作中民营企业还面临着各种市场准入的"暗规则"（杨晓琰等，2021）。一方面，对于国有企业占主导地位

的重要产业部门，如自然垄断行业的竞争性领域和环节，民营企业进入这些产业部门仍然面临障碍，在与国有企业竞争中处于天然的劣势地位。另一方面，各地对"非禁即入""非限即入"的市场准入负面清单制度执行程度不一，一些地方尚未有效破解审批许可的"最后一公里"问题，招投标隐性壁垒依然存在，地方保护主义、行政干预行为仍有发生，挫伤了民营企业进入市场的积极性，事实上阻碍了民营企业的市场准入，限制了民营企业市场拓展空间。

从惠企政策与营商环境来看，存在政策供给精准性不足、政策落地实施困难的现象，与民营企业的实际需求和期盼不够匹配，民营企业对惠企政策和营商环境改善的获得感不强。特别是一些地方的惠企政策设置较高准入门槛，中小民营企业难以享受政策红利。一方面，在财政收入硬约束下，地方政府对于企业的服务往往与其所能够创造的税收高度相关，一些地方政府以税收定服务，对税收大户重点服务，对中小民营企业的服务相对不足。另一方面，除了已经享受的土地使用税、企业社保费率、用电成本等普惠性降税政策外，中小民营企业希望能更多地争取到创新创业、融资贷款、科技研发、技术改造等方面的单项政策。但是，单项优惠政策总是受到额度的限制，往往需要设定较高的门槛，申报条件限制较为严格，使得单项政策通常集中到了少数大企业、大集团和具备一定规模的中型企业，其他的中小民营企业因规模较小而达不到申请标准，无法享受这些单项政策。此外，一些地方在征地拆迁、环境生态保护中屡屡出现侵害民营企业和民营企业家的行为，严重挫伤民营企业和民营企业家干事创业的热情，甚至可能对民营企业发展造成致命打击。

（二）"要素获取劣势"抑制民营企业竞争力

按照资源基础理论（Wernerfelt，1984）和成本领先战略理论（Porter，1980），民营企业的成长和竞争力高度依赖于资源的可获得性以及生产要素成本，特别是对于民营企业发展壮大至为关键的异质性资源和战略性要素，其可获得性和获取成本更是极为重要。尽管国家通过加快构建更加完善的要素市场化配置体制机制、推进全国统一大市场建设和针对民营企业出台要素获取保障的相关政策，以确保民营企业平等获得资源要素和降低企业生产经营成本，但现实中资源要素分配方面仍然存在"所有制歧视"和"规模歧视"（杨晓琰等，2021），民营企业尤其是中小民营企业的资源要素获取难度较大、成本较高。民营企业遭受的要素制约和"要素获取劣势"对企业健康发展造成困扰，也对民营企业竞争力形成抑制。

从资源要素获取和保障水平来看，民营企业尤其是中小民营企业面临着不同程度的土地、资金、人才等要素制约问题，对民营企业的生存发展产生较大影响。首先是土地获取困难。受到国家对土地加强宏观调控的影响，许多地方出现用地指标的缺口，增加了民营企业获取土地指标、征用土地的难度，制约了民营企业扩大生产规模和产业转型升级。很多地方用地手续办理困难、土地审批办证时间长的问题尚未根本解决，不仅挫伤了民营企业用地的积极性，而且影响了民营企业开工建设进度。其次是融资难问题依然突出。中小民营企业由于规模较小、资信不足、缺乏不动产抵押物，从银行获得贷款的难度较大，从资本市场融资受到较高门槛限制，风险投资和创业投资发展相对滞后，直接融资依然困难。中国中小企业协会公布的中国中小企业发展指数（SMEDI）显示，2023 年，第四季度中小企业融资指数为 90.6，与上季度持平，低于景气临界值 100。最后是人才的结构性供给不足。一方面，受到需求收缩和存量市场竞争压力的影响，较多民营企业因为业务调整而进行了部门裁撤和人员裁减。另一方面，民营企业尤其是中小民营企业对于高层次的技术和管理人才吸引力较弱，引进难度大，劳动密集型民营企业的招工难、留工难问题仍然较为突出。

从资源要素成本来看，相对国有企业，民营企业尤其是中小民营企业由于吸引力弱、规模经济性差、议价能力低、成本敏感性强，因此资源要素获取成本往往更高，对经营成本上涨的承受能力更弱，严重削弱民营企业的市场竞争力。比如，民营企业除了面临融资难的困境外，融资贵的问题仍然未能完全破解。根据银保监会公布的数据，截至 2021 年末，民营企业贷款年化利率为 5.26%，明显高于中国人民银行公布的 2021 年企业贷款平均利率 4.61%；2022 年上半年，新发放民营企业贷款年化利率 4.74%，同比下降 0.57 个百分点，但是仍然高于中国人民银行公布的 2022 年新发放企业贷款加权平均利率 4.17%。与此同时，民营企业不仅需要承受人工成本持续增加、原材料价格上涨的压力，还要新增更多的环保投入、检验检疫费用等，结果是企业的经营成本不断增加，挤压企业的利润空间，部分民营企业甚至不堪成本重负。国家统计局数据显示，2023 年我国私营工业企业每百元营业收入中的成本为 85.9 元，高于全国平均水平。以福建省为例，福建省工商联对 1602 家民营企业的调查数据显示，2022 年第一季度 57.2% 的企业综合成本同比增长，且成本压力主要来自原材料成本和用工成本，两项占比均超过七成。根据中国中小企业协会公布的数据，2023 年第四季度中小企业成本指数为 112.6，比上季度下降 0.2 点，但仍在高位运行，处于不景气区间。

（三）"路径锁定劣势"限制民营企业创新力

根据路径依赖理论（David，1985；Arthur，1989），路径依赖是企业成长和技术演进中的一种普遍现象。路径依赖通过不断的自我强化机制，在经历一定发展过程后将会形成路径锁定（Arthur，1989），由此企业成长和技术演进中经常会出现路径锁定现象。路径锁定容易对企业技术创新和高质量发展形成羁绊，导致企业最终走向衰败甚至死亡的不归路。民营企业绝大多数为狭义的家族企业（邢隽清和胡安宁，2018），家族烙印和企业家个人的思维惯性更容易催生企业成长的路径依赖，而民营企业成长初期尤其是早期成功的模式极易在后续不断被复制，呈现出显性或隐性的路径锁定。特别是，许多民营企业的产业布局表现出在产业链上的低端锁定，叠加企业对成长初期或长期形成的粗放式发展模式的路径依赖，企业路径锁定劣势凸显，严重制约民营企业创造力、创新力和高质量发展。

从产业链低端锁定来看，虽然从国家产业分工的角度，中国已经形成国有企业多分布于产业链上游、民营企业多分布于产业链中下游、两者共同形成完整产业链的较为合理布局。但就民营企业自身发展而言，处于并锁定于技术含量低、附加值低的产业链中下游位置，仅仅为价值链顶端企业提供配套服务，相当程度上制约了民营企业的发展潜力。受到民营经济起步和发展惯性的影响（周黎华，2021），民营企业产业布局的锁定效应也对其产业转型升级步伐形成阻碍。借鉴中国社会科学院经济研究所课题组（2020）依据产业链的产业分类，2020年规模以上私营工业企业资产分布仍有近20%处于低技术产业，而规模以上国有控股工业企业和规模以上外商及港澳台商投资工业企业的这一比重分别为5.4%和14.2%。处于低端产业和价值链低端环节导致很多民营企业缺乏差异化优势，抗风险能力和市场竞争力都普遍偏弱。

从企业发展模式锁定来看，很多民营企业尤其是中小民营企业习惯于传统发展道路，对于创新驱动发展重视不足，技术创新能力和水平相对较低。虽然从民营企业整体来看，科技创新取得了突飞猛进的成效，贡献了70%以上的技术创新成果，但民营企业群体内部的科技创新投入和产出极不平衡，绝大多数民营企业的技术创新仍然处于较低水平。半数左右的民营企业被认为在科技创新上无所作为，还有1/4左右的民营企业的科技创新保持在较低水平层次上（杨晓琰等，2021）。相关调查数据显示，民营企业中仅有26.94%设有专职科研团队和科研人员，而在这些企业中，仅6.68%具有国家级认定的人才，18.15%具有省部级认定的人才，而无任何认定的人才的企业比例高达75.17%（陈建辉，2022）。由此可见，大量民营企业还存在着创新意识薄弱、创新能力不强、创新投入不足、创新人才匮乏等问题。

（四）"冗余能力劣势"降低民营企业成长耐力

冗余资源与能力可以对企业的环境变化发挥吸收与缓冲功能（李晓翔和刘春

林，2011），是动态复杂环境下企业成长耐力和发展韧性的重要决定因素。一般而言，民营企业尤其是中小民营企业相对国有企业的冗余资源与能力更少，在受到持续强烈的外部冲击下，企业的抗风险能力将难以经受考验，成长耐力和发展韧性将会显得更为脆弱。自 2020 年以来，受到新冠疫情的系统性冲击而非局部影响，民营企业的灵活性优势、中小民营企业"船小好调头"的优势不但没能彰显，反而是其冗余资源与能力劣势被放大，结果是企业的脆弱性被凸显，发展韧性和生存空间受到严重制约（中国社会科学院工业经济研究所课题组，2022）。

从生产经营来看，民营企业受需求收缩、供给冲击、预期转弱三重压力的冲击更大，企业生产经营总体上面临较大困难，多项经营数据的增长速度不及国有企业和全国企业平均值。根据国家统计局数据计算，2023 年规模以上工业增加值同比增长 4.6%，其中国有控股企业同比增长 5.0%，私营工业企业同比增长 3.1%；规模以上工业企业实现营业收入同比增长 1.1%，其中国有控股企业营业收入同比增长 0.8%，私营工业企业营业收入同比增长 0.6%；规模以上工业企业营业收入利润率为 5.8%，国有控股工业企业营业收入利润率为 6.2%，私营工业企业营业收入利润率为 4.8%。另外，福建省工商联对 1602 家福建民营企业的调查数据显示，2022 年第一季度约四成企业营业收入同比下降，有 23.2% 的企业是处于亏损状态。在市场需求与生产活动方面，根据中国物流与采购联合会、国家统计局服务业调查中心发布的 PMI 数据，小型企业（主要是民营企业）的新订单指数和生产指数自 2021 年 5 月以来一直处于荣枯线以下，2022 年 6 月，反映需求不足的小型企业占比接近 50%，表明需求收缩和生产收缩压力均很大。

从成长预期来看，受外部环境不确定性、国内经济发展复杂性与严峻性的影响，民营企业对于未来发展的预期趋弱，企业信心受挫，亟须提振。根据中国人民银行调查统计司对包括民营企业在内的 5000 户企业家的调查，2022 年第二季度企业家宏观经济热度指数降至 26.5%，为 2020 年第三季度以来最低，表明企业家对宏观经济形势判断较为悲观，预期趋弱影响民营企业扩大生产的意愿。进一步来看，虽然 2021 年民间固定资产（不含农户）投资额较 2020 年增长 7%，但 2020~2021 年平均增长仅为 3.8%，低于 2019 年增速，2022 年前 5 个月民间固定资产（不含农户）投资额增速逐月放缓，5 月份只增长 4.1%，表明民营企业对未来经济发展和企业经营的信心与预期不足（中国社会科学院工业经济研究所课题组，2022）。

（五）"综合素质劣势"削弱民营企业可持续发展能力

如果说制度环境和外部冲击是影响企业生存发展的外生变量，那么企业自身的内在素质能力就是决定企业成长的内生变量。在中国经济由高速增长阶段转向高质量发展阶段之后，企业能否可持续发展、能否长期健康发展在更大程度上取决于企业的综合素质能力。随着改革开放的不断推进和深入，尤其是党的十八大以来，民营企业的内在素质能力有了显著提升，民营企业的草根性得到极大改善，但囿于经营理念局限、成长初级阶段、人才匮乏、路径依赖等多重因素，民营企业的综合素质仍然普遍不高，与国有企业相比总体上还有较大差距。民营企业的综合素质劣势既反映为个体层面的企业家素质整体不高，更体现在组织层面的企业本体素质亟待提高，它们共同削弱了民营企业可持续发展能力。

从企业家素质来看，民营企业家对民营企业的高控制度意味着，民营企业家自身的素质往往决定着民营企业的成败。在中国民营企业成长壮大过程中，民营企业家的素质总体上不断提高，涌现出一批非常出色的民营企业家，但也应该看到，当前许多民营企业都还面临着企业家自身素质不高和企业家代际传承难题。对于前者，许多民营企业家个人文化素质和修养不高，合规诚信意识不强，缺乏现代化经营理念、知识和管理能力，对数字化、高技术工具掌握不足，环境认知、洞察与适应能力存在短板，严重缺乏现代意义和真正的企业家精神。对于后者，民营企业家的代际传承一直是困扰民营企业生存和可持续发展的一大难题，而目前正是中国民营企业"青蓝接力"的传承高峰期。根据中国企业家调查系统的《2020·中国企业家成长与发展专题报告》，63%的民营企业正在进行企业传承，仅有7.5%的民营企业已经完成交接，而民营企业已经培养好接班人的比例只有8.7%，远远低于国有企业的20.5%（李兰等，2021）。

从企业本体素质来看，民营企业尤其是中小民营企业自身的观念素质、要素素质、管理素质、工具素质都普遍存在不足，许多民营企业在公司治理、企业管理、风险应对、社会责任、数字化等方面的素质能力甚至令人担忧。在公司治理方面，民营企业普遍存在治理结构不合理、治理机制不健全、治理效果不佳的问题，难以发挥公司治理的有效制衡和科学决策功能。"一股独大"、"三会一层"不健全、董事长与总经理合二为一、"三权"（决策权、执行权、监督权）分离不彻底、内部控制薄弱甚至形同虚设、外部参与治理缺失等现象在民营企业较多存在，尤其是许多民营企业在发展壮大以后未能建立匹配性、适应性的治理结构和机制，抑制了企业进一步发展。在企业管理方面，民营企业更为重视市场拓展和技术业务，对于企业管理缺乏重视，管理理念、管理投入、管理方法、管理工具都较为滞后，基础管理水平较低（杨晓琰等，2021）。特别是，许多民营企业缺乏风险管理意识和能力，难以应对越来越频繁的"黑天鹅"事件所带来的外部冲击。根据中国企业家调查系统发布的《2021·中国企业家成长与发展专题报告》，当发生紧急事件时，只有49.6%的民营企业有应对危机的书面计划，远远低于国有企业70%的比例（李兰等，2022）。在企业社会责任方面，虽然越来越多的民营企业开始重视承担社会责任，但民营企业履行社会责任的整体水平仍有待提高，社会责任缺失和异化现象依然大量存在。根据《中国企业社会责任研究报告（2021）》披露的数据，2021 年民营企业 100 强的社会责任发展指数仅为 33.7 分，远远低于国有企业 100 强的 55.4 分（黄群慧等，2021）。另外，《中国企业社会责任研究报告（2023）》研究发现，2023 年民营企业 100 强社会责任发展指数为 40.5 分，较 2022 年提高 7.1 分，但是仍然低于国有企业 100 强社会责任发展指数，整体处于追赶者阶段（黄群慧等，2023）。在企业数字化方面，民营企业的数字化转型总体上进展不快，数字化的广度和深度都亟须拓展。2022年 1 月，腾讯研究院针对民营企业数字化转型的问卷调查结果显示，4877 家被调查企业中有 38.16%无主营业务数字化转型计划，38.81%处于主营业务数字化转型初步探索阶段（数字化改造占比小于 20%）（林泽炎和林晨阳子，2022）。

参考文献

［1］Arthur W B. Competing technologies，increasing returns and lock-in by historical events［J］. Economic Journal，1989，99（3）：116-131.

［2］David P. Clio and the economics of QWERTY［J］. American Economic Review，1985，75（2）：332-337.

［3］Porter M E. Competitive Strategy［M］. New York：The Free Press，1980.

［4］Wernerfelt B. A Resource-based view of the firm［J］. Strategic Management Journal，1984，5（2）：171-180.

［5］陈建辉. 持续优化营商环境激发民企创新活力［N］. 中华工商时报，2022-05-19.

［6］盖凯程，周永昇，刘璐.“国进民进”：中国所有制结构演进的历时性特征［J］. 当代经济研究，2019（10）：15-27.

［7］高云龙，徐乐江. 中国民营企业社会责任报告（2021）［M］. 北京：中华工商联合出版社，2022.

［8］高云龙，徐乐江. 中国民营企业社会责任报告（2023）［M］. 北京：中华工商联合出版社，2023.

［9］黄群慧，钟宏武，张蒽. 中国企业社会责任研究报告（2021）［M］. 北京：社会科学文献出版社，2021.

［10］黄群慧，钟宏武，张蒽. 中国企业社会责任研究报告（2023）［M］. 北京：社会科学文献出版社，2023.

［11］黄速建，肖红军，王欣. 论国有企业高质量发展［J］. 中国工业经济，

2018（10）：19-41.

[12] 李兰，仲为国，彭泗清，等．企业家精神与事业传承：现状、影响因素及建议——2020·中国企业家成长与发展专题调查报告 [J].南开管理评论，2021（1）：213-226.

[13] 李兰，仲为国，彭泗清，等．新冠肺炎疫情危机下的企业韧性与企业家精神——2021·中国企业家成长与发展专题调查报告 [J].南开管理评论，2022（1）：50-64.

[14] 李晓翔，刘春林．冗余资源与企业绩效关系的情境研究——兼谈冗余资源的数量变化 [J].南开管理评论，2011（3）：4-14.

[15] 林泽炎，林晨阳子．新发展阶段民营企业创新发展的逻辑及政策 [J].经济研究参考，2022（6）：57-64.

[16] 刘菁婉，张克．民营企业家犯罪分析与防范研究 [J].辽宁公安司法管理干部学院学报，2021（4）：1-6.

[17] 汪立鑫，左川．国有经济与民营经济的共生发展关系 [J].复旦学报（社会科学版），2019（4）：159-168.

[18] 邢隽清，胡安宁．家族主义、法治环境与职业经理人——基于全国私营企业调查的实证研究 [J].社会发展研究，2018（3）：121-140+244-245.

[19] 杨春学，杨新铭．所有制适度结构：理论分析、推断与经验事实 [J].中国社会科学，2020（4）：46-65.

[20] 杨晓琰，郭朝先，张雪琪．"十三五"民营企业发展回顾与"十四五"高质量发展对策 [J].经济与管理，2021（1）：20-29.

[21] 赵丽．"十四五"时期我国民营经济高质量发展面临的问题与应对策略 [J].中州学刊，2022（2）：13-19.

[22] 中国社会科学院工业经济研究所课题组．工业稳增长：国际经验、现实挑战与政策导向 [J].中国工业经济，2022（2）：5-26.

[23] 中国社会科学院工业经济研究所课题组．我国多种所有制企业共同发展的时代内涵与"十四五"政策措施 [J].经济管理，2020（6）：5-24.

[24] 中国社会科学院经济研究所课题组．"十四五"时期我国所有制结构的变化趋势及优化政策研究 [J].经济学动态，2020（3）：3-21.

[25] 周黎华．民营经济高质量发展的瓶颈与现实路径 [J].改革与战略，2021（7）：81-87.

第四章　新时代进一步推动民营经济高质量发展的思路、方向和路径

新时代新背景新征程下，高质量发展是"十四五"乃至更长时期中国经济社会发展的必然选择。其中，民营经济作为最具创新力和经济活力的市场主体，是中国经济发展的"铁柱钢梁"，其必然要为我国经济的高质量发展积极奉献，成为推动新时代中国经济高质量发展的主力军力量。近年来，受到国内外形势复杂多变的影响，中国民营经济在发展过程中面临着比以前更多的发展难题和风险挑战，要想实现高质量发展，需要结合自身的实际追寻高质量发展思路、发展方向以及选择适当的发展路径。在民营经济高质量发展的总体思路、方向指引下，是否有可供民营经济高质量发展参考的发展路径，这是本章研究的现实落脚点，这也是为民营企业高质量发展提供直接的方向指引。基于此，本章从新时代的现实背景出发，围绕民营经济高质量发展的现实问题，对民营经济如何实现稳步高质量发展进行思路及方向的设计，并在此基础上提出民营经济实现高质量发展的路径实施方案，寄希望于能够在企业发展理论上为新时代中国经济的高质量发展提供一个研究视角，既有利于寻求理论层面的创新和发展，为新时代民营经济理论发展提供一定的理论支撑，也有利于进行实践层面的系统规划，为民营经济的高质量发展指明道路，进而推动中国总体经济高质量发展迈入新的台阶。

一、新时代进一步推动民营经济高质量发展的思路

党的十八大以来，在党中央的领导和支持下，政府对我国非公有制经济的发展坚持实行"鼓励、支持和引导"政策，大大激发了我国民营经济的发展活力，做强做大民营经济，实现民营经济高质量发展，使得民营经济在全面建设社会主义现代化国家新征程中作出积极贡献。根据国家市场监督管理总局发布的数据可知，我国民营企业数量从 2012 年的 1085.7 万户提高到 2021 年的 4457.5 万户，

民营企业在全国所有企业总量中的占比也由 2012 年的 79.4% 增长到 2021 年的 92.1%，作为我国企业主要组成部分的民营企业在推动我国经济增长中正发挥着越来越重要的作用。全国工商联《2021 中国民营企业 500 强调研分析报告》显示，中国民营企业 500 强纳税额占全国纳税总额的 8.84%，高达 1.36 万亿元，员工总数占全国就业总人口的 1.48%，人数达到 1109.11 万人。由此可见，民营企业在改善民生、稳定经济增长、增加就业等方面发挥着极大的作用，民营企业已成为维持社会稳定、推动经济发展的根本力量。推动民营经济高质量发展，做强做大民营经济既是新发展阶段实现经济高质量发展的内在需要，也是实现第二个百年奋斗目标的客观要求，同时还是一项紧迫而艰巨的任务。鉴于当前民营经济高质量发展所面临的外部制约与内生不足，未来推动民营企业高质量发展需要深入贯彻新发展理念，坚持"两个毫不动摇"，从宏观制度、中观产业和微观要素等层面进行全面施策，着力破除民营企业的多重劣势，形成支撑民营企业高质量发展的友好型发展环境、适需型发展要素、内生型发展动力、质效型发展模式和持续型发展能力。

（一）聚焦破除"隐性规则劣势"，以高效能制度供给构建友好型发展环境

构建友好型发展环境是未来推动民营经济高质量发展的重要前提，其关键是要推动对民营企业认识的观念变革，以及在此基础上的高效能制度供给。高效能制度供给既要着眼于进一步完善支持民营企业高质量发展的显性制度，更要聚焦破除隐性规则，以强化制度执行和提升制度效能为重点，扭转民营企业面临的"隐性规则劣势"，进一步拓展民营企业发展空间，将制度红利真正转化成为企业红利。

一是进一步营造公平竞争市场环境。着眼于最大限度地破除"暗规则"，要把清理和执行置于完善市场准入的突出位置。严格落实和全面执行市场准入负面清单制度，对清单之外所设立的各种违规准入许可和隐性门槛予以全面清除，对负面清单制度的执行情况进行强化监督。加大力度破解招投标隐性壁垒问题，既要在招投标资质条件设置上不得歧视民营企业，更要增强招投标过程的透明度，让招投标中的隐性壁垒和潜规则失去存在的空间。进一步破除行政垄断，打破市场垄断，既要拓宽民营资本投资领域，更要在已经放开的行业领域公平、公正、透明地对待民营企业进入。更大力度地破除地方保护主义，坚决制止对民营企业市场竞争行为进行行政干预，彻底消除审批许可的"最后一公里"不畅问题。建立健全以"双随机、一公开"监管为基本手段、以重点监管为补充、以信用监管为基础的新型监管机制，推动形成公平统一的市场监管体系。

二是进一步优化营商环境与服务机制。科学把握政府与市场、政府与企业的关系，按照建设阳光、诚信、法治、服务型政府的要求，持续深化"放管服"改革，对包括民营企业在内的市场主体真正做到"该放的放彻底，该管的管到位，该服的服到家"。围绕打造市场化、法治化、便利化、国际化的营商环境，聚焦短板领域和突出问题，以精简环节、精简时间、精简成本、增加透明度为重点，继续深化商事制度改革和涉企许可制度改革，依托数字智能技术改进服务质量与效率，全方位提升针对民营企业的营商服务效能。特别是要深化商事登记确认制改革，推动登记注册进一步简约高效，最大限度尊重民营企业登记注册自主权；探索建立市场主体强制退出制度，破解民营企业"注销难"问题，实现民营企业"能进能退"。构建"亲""清"新型政商关系，依法依规保护好民营企业和民营企业家的合法权益。进一步健全民营企业服务体系，完善对民营企业全生命周期的服务模式和服务链条，构建多元化民营企业服务平台，创新民营企业服务机制，切实为民营企业高质量发展提供高水平的服务支撑。

三是进一步增强民营企业政策获得感。将民营企业的体验感和获得感作为政策制定与执行的"指挥棒"和"坐标"，全面提升民营企业对助企惠企政策的满意度和获得感。各级各部门尤其是地方政府的财政、金融、税务等涉企部门要加强协同，针对民营企业、中小微企业的助企惠企政策在部门间要统一标准，加强政府部门之间、政企之间的沟通交流，形成多部门联动的政策协同效能（Li and Zhou，2005；胡锋和黄速建，2016）。提高政策供给的精准性，政策出台要与企业需求匹配，针对大型、中型、小微民营企业应当分类制定助企惠企政策，对于特殊类型的小微民营企业甚至可以"量身定制"政策，切实让不同类型民营企业能够最大限度地享受到政策红利。全面评估针对民营企业、中小微企业的助企惠企政策落实情况，通过精准直达企业主体、优化政策落地程序、提高政策兑现程度、加大政策宣传力度等多种方式，确保各类助企惠企政策能够真正落地。

（二）聚力消除"要素获取劣势"，以高精度供给服务形成适需型发展要素

形成适需型发展要素是未来推动民营企业高质量发展的重要基础，其重点是要深化供给侧结构性改革，完善要素市场化配置机制，针对民营企业尤其是中小民营企业提供更加精准的资源要素供给和服务。高精度供给服务，一方面要确保民营企业能够有效获得企业发展所需的各类资源要素，另一方面要推动降低民营企业资源要素获取和使用成本，进而消除民营企业面临的"要素获取劣势"，增强民营企业整体竞争力。

一是破解融资难融资贵问题。进一步健全服务于民营企业的融资体系，加强

对民营企业的金融支持，推动民营企业资金融通。重点是要推动银行业金融机构考核机制改革，构建形成对民营企业"敢贷、愿贷、能贷"的金融长效机制（Fujimoto and Yoshinori，2011；刘现伟和文丰安，2018）。继续加大普惠小微企业贷款力度，扩面增量同步推进，真正让更多小微企业享受普惠金融的益处。进一步拓宽融资渠道，鼓励更多民营企业采用直接融资方式，支持不同类型、不同条件的民营企业采取天使投资、风险投资、上市融资和发行企业债、公司债、中小企业私募债、可转换为股票的公司债券等适宜的方式进行融资。积极推进金融产品和服务创新，稳步推进票据、订单等多种形式的动产质押融资模式，探索应收账款、知识产权等各种无形资产融资模式。加大对民营企业的增信支持力度，充分发挥政府性融资担保基金的功能作用，以政府性融资担保为民营企业增信。

二是破解招才难引才贵问题。从政府层面来看，一方面，需要针对民营企业的不同层次人才需求，多措并举优化人才供给。既要着眼于民营企业高质量发展所需的高端人才培养，又要通过产教融合、校企合作培育复合型应用型人才，同时还要依托职业技术培训培养技能人才，为民营企业提供多元化人才供给（刘迎秋等，2009；刘志彪，2019）。另一方面，各地政府应结合当地实际，对于民营企业引才和育才提供更大力度的支持，既要对人才引进给予落户、教育、医疗、住房等服务保障，也要对民营企业的人才引进提供不同形式的优惠政策，还应当构建服务于民营企业的人才招引平台，增强民营企业的人才保障和降低用人成本压力。从企业层面来看，民营企业应树立科学的人才观，尊重人才、爱惜人才、善用人才，将招才、用才、留才一体化推进，从待遇、事业、环境、文化等多个方面增强民营企业对人才的吸引力，最大限度地增加人才的潜能。

三是破除土地及其他要素瓶颈。继续深化土地出让制度改革，更大力度推行"亩均论英雄"和"标准地"，消除民营企业尤其是优质中小民营企业的规模劣势，强化对成长型民营企业的用地保障。充分考虑民营企业特点，积极创新产业用地供地方式，对于民营企业新增产业用地，可以采取长期租赁、先租后让、租让结合、弹性年期等多种灵活方式供应，切实控制和降低民营企业用地成本。支持民营企业对低效存量用地进行改造提升，提高土地利用率，增进产业用地的产出效能。全面落实优化土地相关的营商环境政策措施，对用地手续办理、土地审批办证等简化流程、压缩时间、增加透明度，确保民营企业产业项目能够及时开工建设。进一步降低民营企业的用能成本、物流成本等，强化对民营企业的环境容量支撑，采取多种方式缓解原材料价格对民营企业带来的经营压力。加强数据开放，增强民营企业对数据资源的可获取性。

（三）聚能突破"路径锁定劣势"，以高水平创新引领培育内生型发展动力

培育内生型发展动力是未来推动民营企业高质量发展的重要方向，其根本是要深入实施创新驱动发展战略，全面提升民营企业创新能力和水平，以高水平创新引领实现路径创造和动力变革。高水平创新引领意味着要聚合政府、社会、企业等多方力量，推动民营企业在技术创新、商业模式创新、管理创新上提能提级，让创新成为推动民营企业发展的第一动力，通过创新突破民营企业面临的"路径锁定劣势"，打造民营企业源源不断的发展活力。

一是提升民营企业创新意识和投入水平。引导民营企业尤其是中小民营企业转变思维，由将创新视作纯粹成本投入转变为企业发展动力和机遇，使创新成为企业家精神的核心要素，全面增强民营企业创新意识，推动民营企业由"要我创新"转向"我要创新"（魏江和王诗翔，2017）。鼓励民营企业加大创新的资金、人才、管理投入，提高创新投入的质效水平，克服盲目投入和无效投入的误区。加大普惠型科技创新投入力度，扩大覆盖面，让更多中小民营企业享受益处。进一步落实完善对民营企业创新投入的激励和支持政策，切实增强民营企业加大创新投入的积极性，为民营企业创新发展带来实实在在的好处。在全社会进一步营造创新创造的浓厚氛围，增强社会对创新失败的宽容度，以尊重创新、崇尚创新、支持创新的社会文化激励民营企业主动投入创新（叶紫青等，2022；付奎和张杰，2022）。

二是优化民营企业创新模式和创新机制。紧紧抓住新一轮科技革命的机遇，推动民营企业以市场需求和国家重大战略需要为导向，提升技术创新与用户需求和社会需要的契合度，增强技术创新的有效性。深化产学研用合作，鼓励民营企业与高校、研究机构建立多种形式的合作创新，打通基础研究与成果转化之间的"创新链"，通过借智、借力、借台增强民营企业创新能力。鼓励大型民营企业参与国家重大科研项目的"揭榜挂帅"，引导民营企业与其他企业和机构建立创新联盟，针对重点创新项目开展联合攻关（林毅夫和李永军，2001；Ferreira et al.，2014；李政和任妍，2015）。依托产业链供应链构建创新链，推动中小民营企业融入创新链，既发挥中小民营企业的灵活创新优势，又为中小民营企业提供创新资源共享。引导大型、中型、小微民营企业选择适合自身特点的创新模式，着力提升自主创新能力，将突破关键核心技术作为自主创新的重点。顺应数字技术智能技术高度渗透的趋势，鼓励民营企业探索实施数字化创新，提升技术创新水平和质量。民营企业应在内部建立完善技术创新的激励机制和管理体系，形成鼓励创新和深化创新的长效机制。

三是完善民营企业创新生态和服务体系。围绕民营企业创新需求和短板，建立健全针对民营企业尤其是中小民营企业的创新服务体系，构建适宜民营企业发挥创新活力的生态系统。重点要将民营企业创新纳入国家创新系统和区域创新系统，强化民营企业对国家科技自立自强的战略支撑作用（锁箭等，2014；侯宝锋等，2022；赵颖，2022）。加强民营企业与国有企业的协同创新，推动大中小企业融通创新。进一步构建民营企业技术创新的公共服务平台，改造提升既有服务平台，充分发挥平台对民营企业技术创新的支撑作用。进一步加强知识产权保护，对民营企业技术创新成果加大保护力度，催生民营企业创新的积极性和价值性。进一步完善科技中介服务体系，大力发展科技中介机构，规范中介服务行为，提高对民营企业的科技服务水平。

（四）聚势扭转"冗余能力劣势"，以高层次转型升级打造质效型发展模式

打造质效型发展模式是未来推动民营企业高质量发展的重要内容，其核心是要转变民营企业发展方式，推动民营企业进行高层次转型升级，打破低端锁定和冗余能力不足的限制，全面提升民营企业发展的质量和效果。高层次转型升级要求民营企业必须抓住新一轮产业革命的机遇，顺应全球企业发展和技术演变的新趋势，树立"二次创新""三次创业"的思维，在发展方式、产业层次、企业本体等多个层面进行变革，通过转型升级扭转民营企业所面临的"冗余能力劣势"，增强民营企业发展韧性、成长耐力和抗风险能力。

一是推动民营企业实施产业转型升级。对于从事传统产业的民营企业，引导和推动民营企业通过技术改造、工艺创新等对传统产业进行改造升级，提高传统产业的技术含量和全要素生产率。鼓励和支持民营企业加大战略性新兴产业和高技术产业投资，扩大新兴产业和高技术产业的比重，推动民营企业新老产业的升级更替。特别是要大力支持民营企业深度参与"新基建"，前瞻布局数字技术智能技术等新兴产业，拓展民营企业的产业升级空间（杨勃，2019）。推动民营企业在产业链价值链的布局优化，引导民营企业向产业链价值链的中高端迈进，提高产品和服务的附加值。立足于强链补链延链的需要，加强民营企业与产业链供应链"链长"企业的分工协同，在提升产业链供应链韧性和整体竞争力的同时，增强民营企业在产业链供应链的价值攀升。

二是推动民营企业向"专精特新"方向发展。差异化是企业获取竞争优势的重要来源，也是企业价值创新（Value Innovation）的重要因素，拥有差异化特质的企业通常具有更强的竞争力和更优的成长性。"专精特新"本质上是不同形式和不同特点的差异化，因此"专精特新"企业是拥有差异化特质的中小企业。

在遭受外部环境深刻变化引致的系统冲击时，"专精特新"企业的差异化优势可以进一步凸显。"专精特新"是量大面广的中小民营企业转型发展的方向，也是梯度培育中小企业的客观要求（熊军和章凯，2009；王爱群和唐文萍，2017；李雯博和张芯蕊，2019）。一方面，各级政府部门应当结合本地实际和中小企业特点，制定专项扶持政策，大力支持优质中小企业发展，扩大"专精特新"企业规模。另一方面，中小民营企业自身应当树立差异化竞争思维，通过定位差异化、行业深耕、创新引领等方式，积极向"专精特新"企业转变和发展。

三是推动民营企业加快数字化转型。通过多种方式深化民营企业对数字化转型重要意义的认识，推动民营企业树立和强化数字化转型理念，增强民营企业开展数字化转型的意愿和自觉性。鼓励民营企业加强数字化基础设施建设，尤其是要构建以新一代信息技术为依托、适合企业业务特点和发展需要的基础数字技术平台。引导民营企业加快推进产业数字化，积极推动产品和服务的数字化创新，具备条件的民营企业应当推进生产运营智能化（Herbert，2009；罗仲伟和贺俊，2014）。大力支持民营企业加快推进数字产业化，推动民营企业发展数字技术应用的新业态，促进民营企业发展平台经济，拓展民营企业发展空间。构建和优化数字生态，打通民营企业数字化转型链条，推动数字资源共享，最大限度发挥不同主体在民营企业数字化转型中的联动效应。

（五）聚心改变"综合素质劣势"，以高标准素质强基锻造持续型发展能力

锻造持续型发展能力是未来推动民营企业高质量发展的重要支撑，其任务是要凝聚民营企业全体员工的共识，实施综合素质再造工程，推动高标准素质强基，从根本上增强民营企业可持续发展的内生性。高标准素质强基要求民营企业将"练好内功"置于更加突出的位置，从个体和组织两个层面全面提升内在素质，改变民营企业所面临的"综合素质劣势"，进而结合机制的灵活性而转变成"综合素质优势"。

一是培育高素质企业家群体。就企业家个体而言，民营企业家要惯于学习、勤于学习、善于学习，从自身基本素质提升着手，更新思想观念、经营理念，把握经济社会发展和技术演变的最新趋势，提升企业运营能力；要弘扬企业家精神，自我培养和努力升华企业家精神，将对国家、社会和企业的使命感、责任感与个人的自我修养有机结合起来，既要发挥创新创业精神，又要勇于承担社会责任。就政府和社会而言，要开展高素质企业家培育的统筹规划和专项行动，加大对优秀民营企业家的正向激励，建立完善对民营企业家的关爱机制，在全社会进一步营造尊重企业家的浓厚氛围。就企业层面而言，要建立健全民营企业家的接

班人机制，着眼于有利民营企业可持续发展角度，创新接班人模式，推动新生代企业家做好政治传承、事业传承和精神传承，确保企业能够安全平稳、高质量地实现代际传承（黄速建和余菁，2008；David，2010；Xu，2011；程俊杰，2016；洪功翔等，2018）。

二是健全民营企业公司治理体系。鼓励民营企业转变高度"家族化"治理模式，探索构建"控制权家族化、管理层社会化、股权激励普遍化"新模式（赵丽，2022），加快建立结构合理、运行高效、有效制衡的现代公司治理体系。重点是要优化民营企业股权结构，最大限度改变"一股独大"的格局，为构建有效制衡的公司治理结构奠定基础；健全民营企业治理结构，规范建立和设置"三会一层"，将"三会一层"的责权利落到实处；完善民营企业治理机制，严格决策、执行、监督程序，将科学性、规范性与效率性有机结合起来；推动外部利益相关方参与治理，加强对民营企业决策和运营的外部治理；建立健全民营企业的内部控制程序和制度，加强内部监审，确保内审工作的独立性和有效性。

三是提升民营企业现代化管理水平。引导民营企业从思想认识上加强对企业管理的重视，鼓励民营企业借鉴和学习国内外优秀企业的经营理念和管理经验，系统提升民营企业的管理能力（Domadenik et al.，2008；贺俊，2016；魏江等，2020）。推动民营企业转变粗放的管理模式，从战略管理、基础管理、业务管理、职能管理等方面实行精细化管理，提高管理效率和效能。支持民营企业构建和完善有效的内部激励约束机制，既规范全员的行为，又能最大限度激发员工的创造潜能。鼓励民营企业建立健全风险管理体系和机制，全面提升民营企业的危机应对能力，确保企业在受到重大外部冲击时能够有效应对。推动民营企业加强企业文化建设，形成健康向上、充满活力的企业文化，充分发挥企业文化凝心聚力的功能。引导民营企业加强企业社会责任管理和实践，切实自觉承担社会责任，提升企业的社会形象，赢得利益相关方和社会的认同。

二、新时代进一步推动民营经济高质量发展的方向

2021 年 3 月 12 日，《中华人民共和国国民经济和社会发展第十四个五年规划和 2035 年远景目标纲要》正式发布，其中提出了优化民营企业发展环境，促进民营企业高质量发展的重要论述。2021 年 12 月 11~12 日，中央经济工作会议召开，会议从营造良好营商环境、加大金融支持、减税降费等方面对民营经济工作做出了更为详细具体的部署。新时代发展背景下，民营企业要想实现高质量发

展应主动化危为机，以更高质量的发展理念，从根本上重构企业自身成长观念，实现企业从数量规模增长转向质量提升观念的转变，专注于在某一细分市场拥有独特的竞争力，支持企业自身的高质量发展，数字化、创新化、专业化、融合化、共享化、网络化、国际化、绿色化等是民营企业高质量发展的基本路径。

（一）向数字化转型，发展新质生产力

数字经济背景下，以人工智能、物联网等为主导的新一轮科技革命席卷全球，数字经济对我国民营经济高质量发展提出更高要求，推动民营经济高端化、智能化以及绿色化发展，为民营经济高质量发展带来新动能。对于民营企业而言，能否抓住新一代数字技术赋能转型升级，加快发展新质生产力，着力发挥好民营经济在新质生产力的生力军作用，有利于推动民营企业抓住机遇进行科技创新，抢占信息化战略制高点和高水平科技的承担者，为构筑全球竞争优势以及赢得主动权注入新动力，是我国民营经济高质量发展的关键所在（Domadenik et al.，2008；贺俊，2016；魏江等，2020）。

（1）把握技术创新主导权，抢占战略机遇布局发展前沿。建设数字中国、质量强国、网络强国、制造强国的当务之急是以新质生产力支持我国民营经济高质量发展，新质生产力之"质"的核心在于智能化、数字化、智慧化，以智能制造为核心建设新兴工业化体系。民营经济应与时俱进，始终坚持创新，以立体思维进行产品创新、技术与科研创新等，紧紧抓住新一代数字技术等，全力突破"卡脖子"技术，打造原创技术策源地，激发我国民营企业创新主体的活力，实现民营经济高质量、可持续性发展。

（2）培育新型战略科技人才，推动产业转型发展迭代升级。人才驱动是民营经济形成、发展、培育新质生产力的本质要求，民营经济发展新质生产力的重心是推动企业战略科技人才从 0 到 1，从弱到强，把人才红利注入民营企业高质量发展进程，以"新"提"质"，以"质"催"新"，为我国民营经济发展注入新动能、新优势，实现战略性赶超。

（3）畅通产业互促主动脉，有效激发内生动力。要着力发挥好民营经济在发展新质生产力中的生力军，民营经济要围绕新质生产力重新布局产业链，以智能化、绿色化、数字化推动我国传统产业和新兴产业融合互促的同时，着力发展、培育未来新兴产业，培育大中小企业系统、上中下游衔接、产学研结合的创新格局，打造民营创新增长极，实现民营经济高质量发展。

（二）向创新化转型，提升企业素质

党的十八大以来，我国始终坚持认为创新是引领经济发展的第一要素，是企

业生存和发展的根本动力。在学术研究界，各国现代学者都坚持将创新置于较高的地位，将其视为经济进步和财富增长的源泉（Caverlee et al.，2007；陈思等，2017；韦浪和赵劲松，2021）。对于供给侧结构性改革背景下的中小企业来说，创新发展是其转型的必要条件，以创新化实现转型是中小企业转型的重要路径。对于高质量发展背景下的民营企业来说，创新发展是其转型的必要条件，以创新化实现转型是民营企业转型的重要路径。坚持创新驱动发展战略，加快民营企业转型升级的步伐，是我国民营企业获得持久盈利能力和核心市场竞争力的重要途径。特别是对于从事新材料、新信息、新技术等战略性新兴产业领域的民营企业来说，更要增强创新意识和创新观念，加大与学校、政府、科研院所之间的联系，构建"协同、高效、开放"的交流平台，形成创新联合体。在科学技术飞速发展、科技日新月异的今天，民营企业要适时而变，顺应市场发展的潮流，积极运用互联网大数据、人工智能等新一代数字技术，逐步实现从"中国制造"到"中国智造"，进而推动民营企业实现高质量稳步发展。以广西玉柴机器股份有限公司为例，该公司是国内发动机行业的领军者，但其并未故步自封，而是不断积极探索、加强创新，像公司研发出的 3D 打印技术、数字化无模铸造成形技术等新型科学技术的使用大大降低了企业的各项生产成本，提高了民营企业绩效。另外，对于民营企业家而言，要努力培养自身的远见卓识和开拓国际视野，"敢闯""敢创"（郑文博，2004；刘世锦，2017），进而带领企业从理论创新、技术创新、产品创新、管理创新以及外部的市场创新五个维度加快创新转型的步伐，最终力求实现民营企业在经营管理全过程和全方位实现创新性发展，为企业高质量稳步发展奠定坚实基础。

（1）理论创新，即将创新发展理念融入企业日常运营过程中，将企业创新性发展作为企业经营过程中的一项日常基本活动，根据不同条件的外部市场环境适时而变，选择构建不同的企业运营体系，为构建新时代下的创新型和创业型民营企业打下坚实的理论基础。

（2）技术创新，这里的技术指的是宏观层面的技术，它不仅包括科学技术的工艺改进、研究开发等，还包括运营方式和管理方式等经营技术的创新。通过技术创新，有利于将理论创新的成果实践化，进一步深化理论创新意义，降低生产成本，提高企业经济效益。

（3）产品创新，产品创新是对于技术创新的成果进一步深化的过程，它不仅指利用新兴技术研究开发富有新功能、新性能的产品，也指在保持原有产品的功能上对其进行改善和丰富，力求打造出具有独特性的企业产品，从而有利于保持企业核心竞争力的提升。

（4）管理创新，管理创新是技术创新在经营管理层面的深化，在我国民营企业自身运营过程中，可以通过制度创新、战略创新、激励创新等管理制度方面的创新，合理安排企业内部用人岗位，以此来提升企业工作效率，达到降低用人成本、增强企业经济效益的目的。

（5）市场创新，市场创新主要是针对企业面向的外部目标市场而言，近些年，受国际经济大形势的影响，民营企业面临着动荡多变的外部市场环境，如何在不稳定的市场条件下保持企业的核心竞争力已成为各民营企业家需要考虑和解决的问题。所谓的市场创新就是民营企业在保持原有市场的基础上，努力开拓新市场，形成动态化目标市场，以此更加灵活地应对复杂多变的外部市场环境。

（三）向专业化转型，打造隐形冠军

根据历史经验可知，我国民营企业大多数都是由乡镇企业转变发展而来，因此，民营企业的经营规模相对较小，其自身拥有的资源和形成的优势也相对有限。而资源投入是一个企业生存发展的必要前提条件，因此，民营企业如何合理利用有限的资源投入实现最大化的经济总体效益就成为民营企业家应该考虑并解决的问题。这一问题的解决就要求民营企业要"术业有专攻"，即不断加强企业的专业化，利用技术创新成果提升民营企业精细化管理能力，打造和提供具有企业自身特色产品和服务，实现民营企业的专业性转型（Khwaja and Mian，2005；张璠等，2022）。因此，民营企业可以通过专业化市场定位、专业化资源配置、专业化生产、专业化产品供给等方式促进民营企业的专业化转型发展，打造"隐形冠军"。

（1）定位专业化市场，明确企业自身的专业化优势，然后针对不同的市场类型选择不同的市场战略，并利用高新技术不断挖掘市场的广度和深度建设，以此更加灵活地应对复杂多变的外部市场环境。

（2）企业资源配置专业化，企业着力利用好数字经济时代特有的资源整合平台，在资源整合平台上及时、精确、有效地获取企业经营所需的物资资源和人力资源，降低物力人力成本。

（3）专业化生产，民营企业要利用有利的人力物力资源和广阔的目标市场，加强技术创新和产品创新，力求打造出具有独特性的企业产品，从而有利于保持企业核心竞争力的提升。

（4）民营企业对产品进行专业化市场定位后，能够进行专业化生产和专业化资源配置，这样民营企业能够在市场上提供专业化产品，进而利于企业自身的专业化转型与发展。

（四）向融合化转型，获取跨界优势

在实现专业化和创新化转型的基础上，民营企业需要进一步深化专业化和创新化转型的成果，将其融合发展，实现企业向融合化的转型升级（刘晓燕等，2022；张娆等，2022）。融合化转型主要包括"技术融合""产业融合""区域融合"三条基本路径。

（1）技术融合。民营企业通过技术融合进行融合转型主要是指改变企业以往的商业模式，将信息通信技术和生产制造技术融入企业的日常管理和生产经营活动中，实现科学技术与管理技术的深度融合，进而提高企业的生产效率和管理能力。例如，技术融合驱动企业从线下市场向线上市场（offline to online）转变，或者驱动企业从流水线生产向自动化生产转变。

（2）产业融合。随着商业模式的创新和新技术的扩散，产业融合已经成为产业发展的必然态势。我国民营企业主要集中在以传统加工制造业为主的第一产业，产业结构较为单一且分配不够合理。因此，对于供给侧结构性改革背景下的民营企业来说，一方面，对于从事高新技术产业的民营企业来说，要通过微观个体向其他产业延伸，推广自身技术，保持自身核心竞争力和竞争优势；另一方面，对于传统生产制造型民营企业来说，要继续提升创新观念和能力，加强政企合作，利用自身在生产经营过程中累积的知识体系，积极向绿色、高效、可持续发展产业（如服务业）转型发展，以推动服务业和制造业融合，实现产业动态化融合高效发展。

（3）区域融合。民营企业要想为未来长远发展奠定坚实基础，企业发展战略必须与企业所在地区区域战略、产业政策相结合，尽可能地发挥企业所在区域的市场优势和资源优势，通过本地化经营稳固企业在目前行业的市场地位。

（五）向共享化转型，发掘冗余价值

传统视角下，民营企业的发展主要是个体以及外部力量主导下的民营企业群体（如企业集群）的发展，这主要取决于民营企业的交易成本。近些年，随着网络技术的飞速发展，网络信息越来越丰富，像一些共享商业平台也随之兴起。因此，在信息互联基础之上，民营企业可以通过新一代数字技术实现平台共享、资源共享和市场共享，能够在市场上精准、高效、快速地获取企业经营相关的信息，实现企业在新时代下的转型发展（戴克清，2020）。具体来看，民营企业在当前技术经济背景下的共享化转型，可选择如下几种模式：

（1）资源共享。在互联网大数据信息飞速发展的条件下，民营企业可以利用新一代数字技术背景下共享交易平台，精准、快速、高效地获取企业在经营管理过程中所需的物力、人力、资本等资源。一方面能够缓解民营企业资源供需瓶颈问题，另一方面民营企业可以在共享交易平台上与其他企业进行学习和交流。例如，通过众筹、P2P 等方式可以拓宽企业融资渠道；通过网络招聘、居家办公、零工经济等方式可以扩大企业的人才来源，方便各类人才更加灵活地处理工作事务。

（2）能力共享。民营企业可在共享交易平台中相互学习，共同交流，这在很大程度上有利于帮助企业快速获取相关能力，包括研究开发、生产制造、营销、内部管理等。例如，企业可以通过学习平台中高效、专业的模块化解决方案，使得企业的管理能力和运营能力获得极大水平的提升。

（3）市场共享。民营企业可以通过共享交易平台进行合作，并在此基础上以合作促进民营企业群体实现规模效益，有利于各企业之间实现共赢。例如，平台内的民营企业可以通过品牌合作、上下游合作、海外合作等方式，共同分享互联网市场，有利于实现各企业在更广阔的全球和互联网市场中的共同发展。

（六）向网络化转型，获取协同优势

民营企业个体的资源禀赋和能力相较大企业存在着较大的差距，这也成为制约民营企业成长和转型过程中的重要问题。随着市场的不断扩张，这些问题对企业的影响也越来越明显。近些年来，随着网络技术的飞速发展，网络信息越来越丰富，像人力、资本、市场、技术等资源的合理运用都可以为网络内企业的成长提供有力的支撑（王花蕾，2014；谢家平等，2019）。因此，融入市场网络已成为民营企业解决这些问题的重要方法。近些年，我国正大力推行供给侧结构性改革，在此背景下，民营企业要想快速高效地实现网络化转型，可以通过横向和纵向两条路径来实现：一是积极融入区域内的横向产业集群网络，像自由贸易试验区、跨境电子商务综合试验区、战略性新兴产业集聚区等产业集群网络，发挥集群的创新优势和范围经济优势。二是积极构建跨区域的纵向供应链网络。民营企业首先需要正确寻求自身的准确定位，然后发挥自身优势，抓住机遇，积极融入纵向供应链网络。民营企业通过嵌入这些横向和纵向的产业网络，可以更加快速高效地获取市场信息，在与其他企业的合作交流中积累经验知识，实现自身成长，打造自身独特品牌，进而提升企业自身的核心竞争力，最终实现企业的高质量发展目标。

（七）向国际化转型，深拓全球市场

1978 年以来，中国大力推行实施出口导向型发展战略，在此战略的引导下，中国民营企业积极开发国家市场，打造出"中国制造"的世界品牌。近些年来，民营企业主要的国际市场面临较大的压力，传统低端产品出口的发展战略面临严峻的挑战。然而，在长期的国际化经营过程中，民营企业积累了丰富的海外经营经验，且随着共建"一带一路"倡议的推进，民营企业的国际化发展也面临新的机遇，民营企业要主动融入"一带一路"建设，着力打造境外工业园区。在国内供给侧结构性改革不断推进的背景下，民营企业需要主动融入"一带一路"建设，主动向周边国家和地区产业转移，着力打造境外工业园区和边境经贸合作区，做足"边"的文章，激发"江"的活力，释放"海"的潜力，逐步形成"东融、西合、南向、北联"的全方位发展新格局（许晖和单宇，2019；许晖等，2022），并在传统劳动密集型产业的基础上升级，促进"中国制造"向"中国创造"和"中国智造"转型发展。作为第一货物贸易大国的中国，中国企业的对外贸易市场拥有广阔的前景，且作为中国对外贸易的主力军的民营企业出口额已经占到中国出口总额的45%。因此，民营企业要正确把握新时代机遇，找准自身定位，积极开发海外市场，打造国际竞争新优势。具体来看，民营企业在当前背景下的国际化发展可遵循如下几条路径：

（1）实现输出市场转型。我国传统民营企业针对的国际市场主要在欧美国家，新时期以来，我国大力推行"一带一路"建设，不断加强与共建"一带一路"国家和地区的经济交流。因此，民营企业可以顺应我国新时期中国对外开放的主导战略，积极参与"一带一路"大项目建设，将目标市场有序、逐步地向共建"一带一路"国家和地区转移，发掘新市场机会，实现新的经济效益。

（2）实现输出内容转型。受国内外形势影响，各企业市场都在一定程度上有所缩减，如何更好、更稳定地寻找目标市场是我们需要考虑和解决的问题。因此，民营企业可以发挥比较优势，加快技术创新，并利用新技术不断完善和提升产品质量，逐步打造自身优秀独特品牌，实现从以往只依靠产品出口到向资本、品牌、技术等多元化输出内容转型。尤其是对于共建"一带一路"的亚非国家，充分发挥民营企业经营的学习效应和比较优势，实现企业国家化内容输出的转型。

（3）实现输出方式转型。为最大限度地发挥民营企业数量优势，民营企业需要进行输出方式转型以改变以往民营在海外市场传统单打独斗的竞争模式，实现从单独进入国际市场向抱团进入国际市场转型，以此获取海外市场红利，更好地提升经济效益。

（4）实现输出战略转型。一方面，民营企业要继续坚持执行"请进来""走出去"战略；另一方面，民营企业还应积极借鉴海外市场其他国家在"技术创新和人才管理"方面的经验，加强合作交流，推动中外合作和资源共享。

（八）向绿色化转型，共促绿色发展

随着消费者环保意识增强、资源环境瓶颈压力加剧，在由褐色经济逐渐向绿色经济转变的过程中，越发凸显生态环境的经济价值，且会促生新的绿色行业和新的利润点。习近平总书记曾指出，"绿水青山"就是"金山银山"。"十四五"以来，国家坚持以绿色化发展为目标，正式出台了与企业绿色转型相关的政策性文件。因此，民营企业要正确认识自身资源优势，顺应时代发展趋势，积极响应国家政策，在绿色发展目标下，打造生态化产品，参与生态康养等特色产业发展，在发展理念、产业选择、生产过程中向绿色化转型，以绿色供给共促中国绿色发展目标的实现（Moini et al.，2014；潘持春和王菲，2022）。由上述可知，我国民营企业主要集中在以传统加工制造业为主的第二产业，因此面临着较大的生态压力。在新时代新背景新征程下，传统民营企业要正确把握市场发展方向，紧抓绿色转型的机会，加快程序化发展，打造适合企业自身特点的生态工业、生态农业、生态服务业。

（1）企业要根据自身情况树立可持续发展观。目前，中国的生态和资源压力剧增，民营企业以往依赖的传统粗放式模式面临着严峻的挑战，而我国民营企业因为大多起家于乡镇企业，绿色化发展意识和发展水平都相对较低，因此需要充分转变经济观念，结合企业实际树立可持续发展观，助力企业能够向绿色化转型。

（2）向绿色环保产业转型。一方面，查阅相关资料可知，目前我国的绿色环保产业正处于起步发展阶段，市场发展空间较为广阔。另一方面，我国的民营企业大多集中在以加工制造业为主的第二产业，生态压力较大。因此，民营企业应正确认识和把握产业发展趋势，积极向绿色、高效、可持续发展产业转变。

（3）将绿色发展融入企业生产过程中。近些年来，国家及政府相关部门制定并出台了一系列相关政策以推动企业向绿色化转型发展。在此背景下，民营企业可以积极加快技术创新，并将绿色发展融入企业整个生产过程中，实现清洁生产，减少污染排放。

三、新时代进一步推进民营经济高质量发展的路径

"十四五"时期是提升我国经济发展质量的关键时期，结合当代经济社会发展的战略要求，按照现实逻辑和供给侧结构性改革理论逻辑，从加快实施转型升

级、推动创新发展力度、持续优化营商环境、提高政府扶持强度、增强要素配置水平、建立完善现代企业制度、支持混合所有制改革等方面提出了民营企业高质量发展的路径实施方案。

（一）加快实施转型升级，提高民营企业发展效力

目前，民营企业进入转型升级的历史新阶段，转型升级高质量发展的关键是要突破民营企业发展中的重大难题，营造良好环境推动各项政策措施真正落地、落细、落实，让中国民营企业真正从各种利好政策中有所获得，提振企业家信心，提高企业发展效力（Jacobides et al.，2018；陶建群等，2021）。

第一，推动产业转型升级。由上述可知，我国民营企业大都集中在传统的加工制造和医药医疗产业，从事新兴技术产业的企业相对较少。因此，民营企业应加大技术改造，顺应互联网大数据的发展趋势，向智能、绿色、高端方向迈进，将新兴数字技术与企业生产、运营、服务等深度融合，实现产业数字化和数字产业化。

第二，合理布局产业结构。民营企业应优化产业结构，逐步向技术密集型的第二、三产业拓展，积极开拓像现代物流、科技服务、智慧居家等战略新兴和高端服务业领域，推动民营企业向专业化、高品质领域进军。

第三，围绕"双碳"目标推动民营企业绿色发展。习近平总书记曾提出，"绿水青山就是金山银山"。"十四五"以来，国家及时出台了相关产业政策，一律禁止高排放、高耗能、高污染项目立项。对于民营企业而言，应顺应发展潮流和趋势，积极响应国家政策，开展绿色环保建设，进一步提高企业管理水平，促进企业绿色可持续发展。

第四，打造中小民营企业融通发展的生态系统。围绕行业内的龙头企业进行延链补链，各民营企业应加强与政府相关部门和其他企业的交流与合作，共享资源、融通发展，更好地增强自身核心竞争力，提升行业内产业链水平。

（二）推动创新发展力度，激发民营企业发展动力

从历史经验来看，我国民营企业大都具有底子薄、规模小、抗风险能力差等方面的不足，为应对国内外复杂多变的形势，作为主要创新主体的民营企业应进一步推动创新力度，激发民营企业发展动力。

第一，优化我国政策环境和创建一流的创新生态环境。在优化政策环境方面，政府应充分落实市场准入负面清单制度，竞争审查机制公平、公正；政府应持续完善对科技型中小民营企业税收优惠政策，加大扶持力度以鼓励民营企业进行新产品的开发。在优化创新生态环境方面，首先，从企业自身角度，要以人为

本完善科研人员成果权益共享机制，加强对优秀科研人员的支持和奖励；其次，从企业外部创新环境角度，要加强与高等院校、科研机构、政府部门的进一步合作，并在此基础上推动健全我国科技成果交易平台，共享开放科研资源。

第二，建立健全协同创新机制，进一步提升企业科技转化能力。由龙头企业牵头打造产学研协同创新联合体和创新联盟，以带动产业链上下游、大中小企业进行融通创新；积极引导科研机构、高校能够主动对接企业进行技术创新，科研机构和高校人员联合企业一起承担国家或省级科研项目，科研机构、高校人员利用业余时间参与创新技术攻关活动，支持科研成果在民营企业进行效益转化。

第三，建立人才共享、合伙人及人才培养机制。新时代推动人才强国战略的主要路径是深化人才发展体制机制改革，多年来，虽然我国在人才工作方面取得一定成就，但民营企业在引进、培养、使用、评价和激励人才方面还存在一定欠缺，应着力从以下几方面入手：建立人才共享机制，鼓励高校及科研院所人员多企业挂职锻炼、科技攻关和项目孵化，对于这些人员优先评定职称，让民营企业共享创新人才，为持续增强民营企业核心竞争力提供智力支撑；建立合伙人机制，企业内部优秀人才或其所在团队认缴一定比例的出资额，在企业业绩或者指标达到后，合伙人可以享受相应的分红，以此激励优秀人才创新意愿，提高企业创新能力；健全人才培养机制，支持引导民营企业设立人才培训专项基金，鼓励民营企业加大人才培训经费投入，企业根据所在行业分布、企业自身人才队伍现状，有计划有目的地组织各类培训，并加强与高等院校、党校、社会机构的联系，聘请专家教授对员工进行岗位职能、专业知识的培训，切实提高员工技能水平，为民营企业储备优秀人才。

（三）持续优化营商环境，激发民营企业发展活力

当前民营企业特别是中小微企业发展压力比较大，优质的营商环境是保证我国民营企业高质量发展的沃土，能够激发民营企业发展活力，助力民营企业顺利爬坡过坎（Tian et al.，2019；周泽将等，2022）。

第一，提升政务服务能力和水平，在为民服务上做加法，在办事流程上做减法。各地方政府全面落实我国党中央有关持续优化营商环境的会议精神，以"最大限度服务企业发展、最大限度减少项目审批数量、最简完成审批流程"为基本原则，在继续深入推进"多证合一""多审合一"改革的基础上，取消、整合、下放审批项目，打通政府服务的"最后一公里"。另外，利用新一代数字技术建设一体化在线政务平台，形成能够覆盖区域内所有线上线下服务体系，建立信息共享平台，实现数据共享，提升审批效率。

第二，优化市场环境，打破隐性壁垒，为民营企业塑造公平的营商环境。为

我国民营企业提供公平的市场准入标准，对于公共服务领域必须改变以前由政府投资的惯性思维，政府出台相关政策提高民营资本进入公共服务领域的意愿。落实负面清单制度，对于公益性较强以及涉及国家社会发展重大问题的项目，列入负面清单，凡在负面清单之外的各行各业民营企业都可以依法进入，不能因为企业所有制的不同而区别对待国有企业和民营企业，禁止一些不正当竞争手段，减少不公平竞争对民营企业发展的影响。

第三，优化法治环境。在立法、执法、司法层面保障市场主体权益，优化营商法治环境。明确立法平等原则，以宪法为指引，以民法典为依托，为我国中小民营企业提供高效、全面、精准的法律服务，确保与国有企业平等的财产保护权利。提高依法行政能力，进一步规范处罚、行政检查等行为，力争做到"无事不扰、有求必应"。树立平等司法理念，提升司法服务水平，为民营企业高质量发展提供精准法治服务。只有营造公平公正的营商环境，才能让民营企业不断创造活力并充分迸发，努力成为新时代推进我国经济高质量发展的主力军。

（四）提高政府扶持强度，形成民营企业发展合力

民营企业是我国经济发展的开路先锋，对我国经济发展具有推动作用，政府应以民营企业需求为导向，进一步加大对民营企业的扶持强度，形成民营企业发展合力，促进民营企业在发展质量和综合实力方面均有新的突破。民营企业在发展过程中面临的困难较多，除了企业自身情况能够影响高质量发展路径选择外，规范政府引导、政府支持及相关政府服务能力，都能对企业高质量发展路径选择有一定的影响。民营企业因为规模较小、起步较晚、拥有资源有限，因此在发展过程中仍面临着较多的问题需要解决。而在企业实现高质量发展路径的过程中，用单一的路径解决民营企业在发展过程中面临的所有问题是不可能的。因此，企业在高质量发展路径选择的过程中，往往遵循"两害相较取其轻"的原则，导致企业高质量发展过程无限延长。如果政府能够适当给予一定的政策及资金支持，放宽企业融资渠道、利率优惠等，能够有效解决经济成分歧视、融资约束等伴生性问题。

第一，增强民营企业扶助政策的协同性和可行性。中央政府和各地政府先后出台了多项民营企业扶助政策，取得了比较好的效果，但政策所涉及部门多、面广，有部分政策存在交叉或重复，也有部分政策对民营企业的实际效用较低，且存在跨区域、跨省协作联动性不足，因此应加强中央政府各部门、各省份政策的协同性，提高扶助政策发布和应用的效应。

第二，精细落实落细各项减税降费政策。减税降费是推动民营企业高质量发展的重要举措，能够减轻企业负担，激发民营企业活力，民营企业通过减负增效

实现"轻装快跑"。因此，税务部门发挥税收大数据效能，以贴心服务助力民营企业在高质量发展的道路上"加速奔跑"。

第三，加大政府财政资金支持力度。政府合理规划资金安排，有效使用相关财政资金，发挥政府财政资金"四两拨千斤"的示范和引导作用，最大限度地支持民营企业实现专业化转型升级，推动企业高质量发展。

（五）增强要素配置水平，提升民营企业发展实力

增强要素配置水平，除了发挥市场的决定性作用，还要更好发挥政府的"有为"作用，对那些不能自发产生的要素市场，需要政府创造和维护，合理畅通各个要素的有序流动，提高全要素生产率，增强民营企业发展实力。

第一，畅通民营企业融资渠道。扩大直接融资规模，加强我国民营企业上市的培育工作，鼓励民营企业通过科创板、新三板、创业板、中小板等进行股权市场融资，对成功上市的民营企业政府给予一定奖励；鼓励支持经营稳健、信用优良的民营企业发行企业债券、中期票据、短期融资券等债券融资工具；搭建银企对接平台，健全信贷风险政府担保机制，鼓励金融机构加大对我国民营企业的信贷支持力度。

第二，降低民营企业融资成本。灵活运用多种金融政策工具，加强再贷款再贴现政策工具能够精准"滴灌"中小民营企业，特别是小微企业；加强对原材料价格上涨等影响严重的民营企业的流动贷款资金支持，实施贷款延期还本付息政策；鼓励各地建立"政银担"合作模式，设立过桥转贷和知识产权质押融资风险补偿资金等，严格规范资产评估、会计等中介机构的收费行为。

第三，提升民营企业人才素质。民营企业要定时开展高层管理人员、小微企业主等专题培训，培养创新精神和远见卓识，提高企业管理者的能力和素质；要鼓励民营企业加强与高等院校、科研机构、社会部门的合作联系，合理配置劳动力要素，搭建多层次人才供需平台，支持民营企业招才引智，激发人才创业、创新活力。

第四，优化土地要素供给。为提高民营企业已有土地利用率，民营企业可以使用原有的工业用地进行新产业和新业态的开发。另外，政府部门还要完善土地资源要素的配置，为民营企业扩大产业发展提供有力的政策支持。

第五，完善数据要素资源配置。民营企业要积极发挥政府在数据要素配置中的引导调节作用，政府有效推动个人数据、企业数据以及各类公共数据的分类确权使用，明确完善数据要素交易和流通制度，完善数据监管规则和流程合规体系。

（六）积极引入国有资本，增强民营企业发展能力

在深化国有企业混合所有制改革的同时，政府应积极制定出台相关政策，鼓励民营企业积极引入国有资本，实施混合所有制改革。在此措施下，能够助于民营资本与国有资本的深度融合，多种资本的交互作用，能够在一定程度上提高民营企业资本的流动性，实现双方互相监督，进而形成民营企业内部规范、高效的经营机制，增强民营企业管理水平和发展能力，进而促进民营企业高质量发展。因此推进民营企业引入国有资本进行混合所有制改革已成为民营企业改革的重点领域和重要方向。为推动民营企业混合所有制改革顺利推进，促进民营企业高质量发展，对于政府而言，完善混合所有制改革的配套政策与协同机制，应该进一步优化民营企业混合所有制改革的相应政策供给，对不同产业行业及不同地区的民营企业提供具有针对性的混合所有制改革政策，避免政策的"一刀切"和简单套用导致的混合所有制改革效果不明显和效率低下问题；对于民营企业而言，应更加积极进行混合所有制改革，通过国有资本和民营资本的融合和治理机制的完善提升企业竞争力和抗风险能力。企业层面上应结合自身所在行业与地域等特征，构建现代企业制度和治理结构与机制并搭建混合所有制改革的有效基本路径。

（七）建立完善现代企业制度，释放民营企业发展潜力

现代企业制度的建立能够从更高、更深层次激发民营企业市场主体活力。因此，对于民营企业而言，应该加快规范企业内部治理结构、加强企业内部财务管理、完善企业信息披露制度。

第一，规范法人治理结构。为适应高质量发展要求，民营企业应加快构建合理有序的内部治理结构，强化权责对等，严格按照企业章程和法律法规规范公司内部各个部门的权利和职责，形成相互制衡的决策执行和监督机制。

第二，加强企业财务管理。首先要建立健全企业各项有关财务管理方面的制度，使得财务制度真正实现透明、真实、精确，以此来规范企业财务行为，促进企业高质量发展；其次要加强债务风险防控，明确企业自身的财务承受能力和企业发展稳健性，并在此基础上合理确定企业投资规模，切实做到从实际出发，不能盲目进行举债投资。

第三，完善信息披露制度。厘清民营企业必须披露信息的标准，防止企业信息披露过少而失去信息披露的作用，又要防止信息披露过多而导致投资者判断信息困难；民营企业应树立良好的信用观念，按照规定提供企业有关资产、经营及财务相关的信息，确保所提供信息完整、准确、真实的同时，信息披露更加通俗易懂、简明清晰，提高企业信息披露质量。

参考文献

[1] Caverlee J, Bae J, Wu Q, et al. Workflow management for enterprise transformation [J]. Information Knowledge Systems Management, 2007, 6 (12): 61-80.

[2] David S. Internationalization and SME development in transition economies: An international comparison [J]. Journal of Small Business and Enterprise Development, 2010 (5): 363-375.

[3] Domadenik P J, Prasnikar J. Svejnar. Restructuring of firms in transition: Ownership, institutions and openness to trade [J]. Journal of International Business Studies, 2008, 39 (4): 725-746.

[4] Ferreira D, Manso G, Silva A C. Incentives to innovate and the decision to go public or private [J]. Review of Financial Studies, 2014, 27 (1): 256-300.

[5] Fujimoto T, Yoshinori S. Inter and intra company competition in the age of global competition: A micro and macro interpretation of ricardian trade theory [J]. Evolutionary and Institutional Economic Review, 2011, 8 (1): 521-534.

[6] Herbert I. Business transformation through empowerment and the implications for management control systems [J]. Journal of Human Resource Costing & Accounting, 2009, 13 (3): 221-244.

[7] Jacobides M G, Cennamo C, Gawer A. Towards a theory of ecosystems [J]. Strategic Management Journal, 2018, 39 (6): 2255-2276.

[8] Khwaja A I, Mian A. Do lenders favor politically connected firms? Rent provision in an emerging financial market [J]. Quarterly Journal of Economics, 2005, 120 (4): 1371-1411.

[9] Li H, Zhou L. Political turnover and economic performance: The incentive role of personnel control in China [J]. Journal of Public Economics, 2005, 89: 1743-1762.

[10] Moini H, Sorensen O J, Szuchy-Kristiansen E. Adoption of green strategy by Danish firms [J]. Sustainability Accounting Management & Policy Journal, 2014, 5 (2): 197-223.

[11] Tian Y, Wang Y, Xie X, et al. The impact of business-government relations on firms' innovation: Evidence from Chinese manufacturing industry [J]. Technological Forecasting and Social Change, 2019, 143 (3): 1-8.

[12] Xu C. The fundamental institutions of China's reforms and development

[J]. Journal of Economic Literature，2011，49：1076-1151.

　　[13] 陈思，何文龙，张然．风险投资与企业创新：影响和潜在机制 [J].管理世界，2017（1）：158-169.

　　[14] 程俊杰．制度变迁、企业家精神与民营经济发展 [J]. 经济管理，2016，38（8）：39-54.

　　[15] 戴克清．共享式服务创新的基因遗传、表达与成长——基于制造业纵向案例的扎根分析 [J]. 管理评论，2020，32（10）：324-336.

　　[16] 付奎，张杰．国家全面创新改革如何引领企业高质量发展——基于政策驱动和制度激励双重视角 [J]. 现代经济探讨，2022（8）：102-114.

　　[17] 贺俊．当前我国中小企业促进政策的缺陷与调整方向 [J]. 中州学刊，2016（10）：31-36.

　　[18] 洪功翔，顾青青，董梅生．国有经济与民营经济共生发展的理论与实证研究——基于中国 2000—2015 年省级面板数据 [J]. 政治经济学评论，2018，9（5）：68-100.

　　[19] 侯宝锋，苏治，史建平．融资难、融资贵与小微经营者信心——基于全国工商联和蚂蚁金服小微企业联合问卷调查的分析 [J]. 中央财经大学学报，2022（7）：25-36.

　　[20] 胡锋，黄速建．混合所有制经济的优势、改革困境与上海实践 [J].经济体制改革，2016（5）：100-105.

　　[21] 黄速建，余菁．"浙派制造"：浙江民营制造企业的成长与变迁 [J].财贸经济，2008（12）：102-108.

　　[22] 李雯博，张芯蕊．新时代民营经济正走向更广阔舞台——温州调研的一点思考 [J]. 红旗文稿，2019（9）：17-19.

　　[23] 李政，任妍．"新常态"下民营企业的创新驱动发展战略 [J]. 理论学刊，2015（10）：32-39.

　　[24] 林毅夫，李永军．中小金融机构发展与中小企业融资 [J]. 经济研究，2001（1）：10-18+53-93.

　　[25] 刘世锦．推动经济发展质量变革、效率变革、动力变革 [J]. 中国发展观察，2017（21）：5-6+9.

　　[26] 刘现伟，文丰安．新时代民营经济高质量发展的难点与策略 [J]. 改革，2018（9）：5-14.

　　[27] 刘晓燕，张淑伟，单晓红．企业技术融合程度提升路径：基于模糊集定性比较分析方法 [J]. 科技管理研究，2022，42（6）：97-103.

　　[28] 刘迎秋，张亮，魏政．中国民营企业"走出去"竞争力 50 强研

究——基于2008年中国民营企业"走出去"与竞争力数据库的分析 [J]. 中国工业经济, 2009（2）：5-14.

[29] 刘志彪. 平等竞争：中国民营企业营商环境优化之本 [J]. 社会科学战线, 2019（4）：41-47.

[30] 罗仲伟, 贺俊. 国外优化小微企业发展环境的实践 [J]. 求是, 2014（11）：28-29.

[31] 潘持春, 王菲. 数字赋能如何影响企业绿色转型？——绿色创新能力与组织惰性的双重影响分析 [J]. 南京工业大学学报（社会科学版）, 2022（4）：89-100+116.

[32] 锁箭, 李先军, 毛剑梅. 创新驱动：中国中小企业转型的理论逻辑及路径设计 [J]. 经济管理, 2014（9）：55-66.

[33] 陶建群, 吴祺, 周艳. 民企转型升级与高质量发展——疫情大考中的"康尔泰"探索 [J]. 人民论坛, 2021（1）：126-129.

[34] 王爱群, 唐文萍. 环境不确定性对财务柔性与企业成长性关系的影响研究 [J]. 中国软科学, 2017（3）：186-192.

[35] 王花蕾. 论制造业的网络化转型 [J]. 开放导报, 2014（2）：52-55.

[36] 韦浪, 赵劲松. 非控股国有股权对民营企业创新水平的影响研究 [J]. 财政研究, 2021（10）：114-129.

[37] 魏江, 王丁, 刘洋. 来源国劣势与合法化战略——新兴经济企业跨国并购的案例研究 [J]. 管理世界, 2020, 36（3）：101-120.

[38] 魏江, 王诗翔. 从"反应"到"前摄"：万向在美国的合法性战略演化（1994~2015）[J]. 管理世界, 2017（8）：136-153+188.

[39] 谢家平, 夏宇, 梁玲, 等. 产品后市场服务渠道选择：垂直式或网络化？[J]. 管理科学学报, 2019, 22（5）：31-46.

[40] 熊军, 章凯. 中国民营企业动态环境下的适应性成长路径：一项追踪案例研究 [J]. 管理世界, 2009（S1）：27-36+130.

[41] 许晖, 单宇. 打破资源束缚的魔咒：新兴市场跨国企业机会识别与资源"巧"配策略选择 [J]. 管理世界, 2019, 35（3）：127-141+168+207.

[42] 许晖, 丁超, 刘田田, 等. 中国民营企业国际化的适应性成长路径与机制——基于华源集团的探索性案例研究 [J]. 经济管理, 2022（7）：1-21.

[43] 杨勃. 新兴经济体跨国企业国际化双重劣势研究 [J]. 经济管理, 2019, 41（1）：56-70.

[44] 叶紫青, 刘怡君, 王鹏飞. 大数据促进旅游业高质量发展的作用机制与政策建议 [J]. 企业经济, 2022（8）：132-141.

［45］张璠，王竹泉，于小悦．政府扶持与民营中小企业"专精特新"转型——来自省级政策文本量化的经验证据［J］．财经科学，2022（1）：116-132.

［46］张娆，宋丽娟，杨小伟．数字化转型与资本配置效率——基于"两化"融合准自然实验的证据［J］．工业技术经济，2022，41（8）：36-45.

［47］赵丽．"十四五"时期我国民营经济高质量发展面临的问题与应对策略［J］．中州学刊，2022（2）13-19.

［48］赵颖．减税激励与小微企业发展——基于所得税减半征收的证据［J］．经济学动态，2022（5）：110-126.

［49］郑文博．民营银行"所有制歧视"的低效分析［J］．山西财经大学学报，2004（1）：105-108.

［50］周泽将，胡梦菡，王浩然．优化营商环境与抑制民营企业高管职务消费实证研究［J］．中央财经大学学报，2022（1）：99-109.

战略篇

第五章 制造强国战略视角下民营企业产业转型升级研究

中国由制造大国向制造强国跃迁的过程，也是微观企业主体不断向更能够发挥自身组织优势的领域转型升级的过程。过去我们对产业结构的定义和对产业的划分已经很难反映近年来中国不同所有制经济的结构性特征，在制造强国的背景下，研究民营企业转型升级更有意义的视角在于聚焦民营企业的内部能力和知识分工。以日本东京大学 Fujimoto 教授为代表的经济学家开创的基于知识的产品架构理论为讨论我国民营企业（相对于国有企业）的产业转型升级问题提供了新的角度。本章的实证研究结果显示，以创新产出作为企业绩效的衡量标准，中国制造业内整体上存在显著的产品架构与企业产权性质的匹配关系，总体上看，民营企业在模块化程度高的产品上具有创新的比较优势，国有企业在架构创新上更有比较优势。研究结果对如何布局民营企业、更好地发挥中国的多种所有制协同竞争优势具有启示作用。

一、制造强国建设与民营企业产业转型升级

未来我国制造强国建设面临着三个基本事实：一是随着中国经济的服务化趋势，制造业的增速由高速向中高速转变，制造业相对比重呈下降趋势；二是我国的技术水平越来越接近全球技术前沿；三是我国的工业结构已经高度完备，根据联合国划分，国际工业体系包含 39 个大类、191 个中类和 525 个小类，我国工业体系覆盖了所有 525 个小类的生产制造能力，美国的覆盖率约在 94%，欧盟作为整体的制造业覆盖率超过 85%，日本的工业体系覆盖率也不到 80%。制造业相对比重下降和技术水平接近前沿意味着，我国制造业在国民经济中的功能和作用正在发生深刻转变。自 2013 年第三产业比重超过第二产业以后，制造业对中国国民经济的主要意义正逐渐由国民经济"增长"的主要动力向国民经济"发展"的核心动力转变。而我国制造业体系的高度完备性则提醒我们，在研究制造强国

问题方面居于主流地位的"产业结构"视角是否仍然具有很高的学术价值。

总体上看，大量有关产业结构的研究发现，分析的时期越接近转型后期，产业分析的层次越细，"结构红利"效应越不显著。例如，郑玉歆和罗斯基（1993）对转轨初期（1980~1990年）中国制造业行业结构变动的研究发现，制造业结构变动对全要素生产率增长具有显著的积极影响。然而针对转轨中后期的制造业产业结构的多数研究却得出了不同的结论。例如，吕铁（2002）利用1980~1997年数据的研究显示，制造业行业间的劳动力流动对劳动生产率增长的影响并不大，李小平和卢现祥（2007）利用1985~2003年数据的研究也表明，中国制造业结构变动并没有导致显著的"结构红利"现象。理论上讲，"结构红利"减弱可以有两种竞争性的解释：一种比较直观的解释是，随着我国产业结构日益完备，通过资源在产业间再配置提升总体生产效率的空间越来越小，中国经济增长的主要动力正快速由产业间配置效率向动态效率转变。这种解释可以说是目前国内产业结构研究的主流观点。另一种可能的解释是，传统产业结构研究的"结构划分"本身存在问题——传统产业结构研究的"结构划分"很可能已经不能很好地反映近年来中国经济真正的结构性特点。结构红利是否显著，不仅取决于配置效率和动态效率之间的相对重要性，同时也取决于我们如何定义"结构"或如何划分产业，不同的结构下，配置效率提升的空间很可能是不同的。

Hausmann等（2011）的研究同样为我们提出第二种可能的解释提供了重要启发。他们的研究显示，在过去60多年，由工业产品复杂性所反映的一国制造业能力是所有预测性经济指标中最能解释国家长期增长前景的，该指标甚至能够解释国家间收入差异的至少70%，"虽然制造业的比重在发达国家并不高，但制造业特别是那些复杂性制造业所体现的知识能力决定了一国长期发展水平"。这意味着，决定制造强国的关键结构维度不是传统的产业间比例关系，而是产业内部的知识分工。基于这样的逻辑推理，本章提出的一个基本问题是，在制造强国背景下，研究民营企业的转型升级问题更有意义的视角，不是传统的民营企业产业分布问题，而是民营企业的产业内部能力或知识布局问题。而以日本东京大学Fujimoto教授为代表的经济学家开创的基于产品架构概念的产业内企业分工为揭示我国民营企业（相对于国有企业）产业转型升级提供了重要的理论工具。

中国由制造大国向制造强国跃迁的过程，也是微观企业主体不断向更能够发挥自身组织优势的领域转型升级的过程。然而，传统的民营企业产业结构分析已经很难为观察民营企业产业转型升级的结构性特征提供足够的洞见。事实上，在2011年、2014年和2017年工业营收中，国有企业占比分别为27.2%、23.7%和23.4%；民营企业占比分别为29.4%、33.6%和33.6%；外资企业占比分别为25.7%、22.8%和21.9%（见图5-1）。从图5-1可以看出，各所有制经济在工业中所占的比重趋于稳定，同时在细分行业内不同所有制经济的规模也呈稳定趋势（见图5-2）。鉴于此，本章基于产品架构理论，从民营企业的组织效率和产品架构的匹配性分析民营企业产业转型升级的结构性特征。

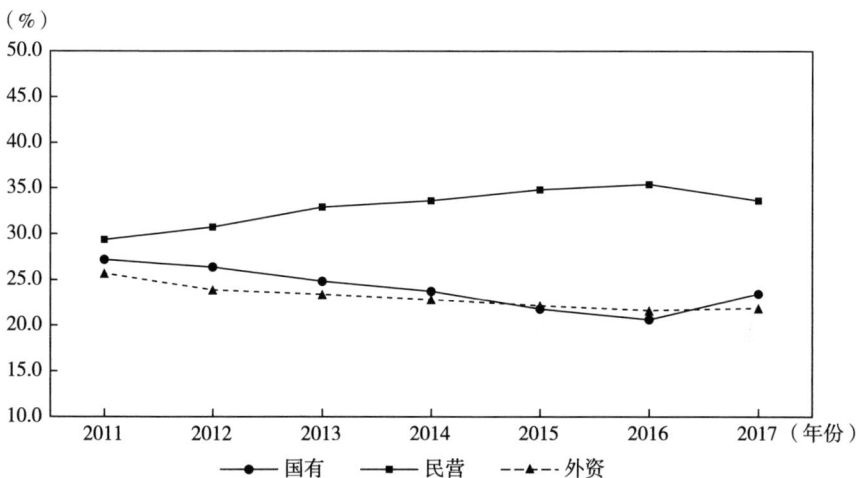

图 5-1　各所有制企业在工业营收中的占比

资料来源：历年《中国统计年鉴》。

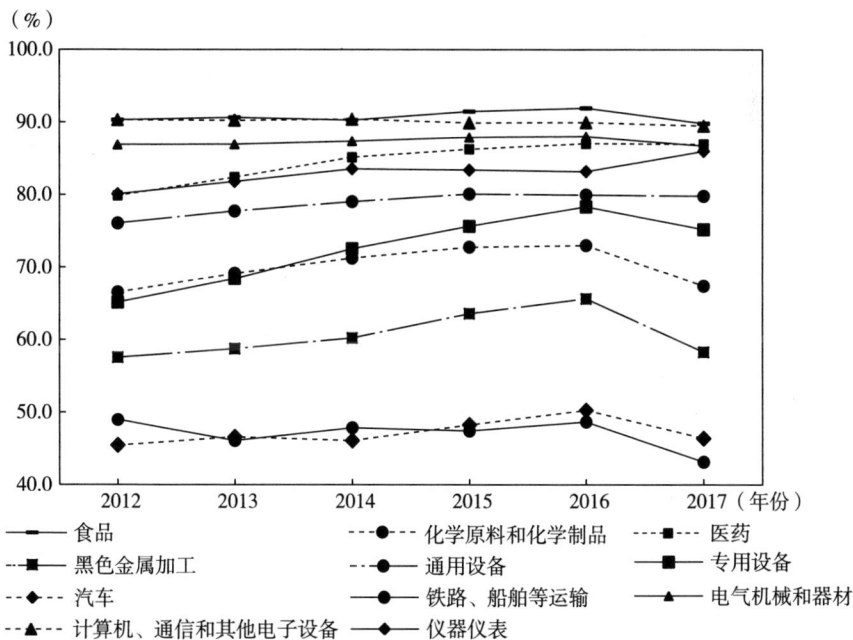

图 5-2　制造业各行业非国有企业营收占比

资料来源：历年《中国统计年鉴》。

二、民营企业产业转型升级的产品架构理论视角

为什么按照一般的产业结构评价标准，中国制造业的产业结构已经达到了高级化程度，但实际竞争力仍与发达工业国家存在一定的差距？我们需要不同于传统统计意义上的、多维度的产业结构视角来观察经济发展过程，从更加微观的知识和技术分工的角度来观察产业结构转变和经济发展的过程，文献回顾主要涉及创新企业理论、部门创新理论和产品架构理论。

(一) 创新企业和产业创新

1. 基于知识的创新

知识在创新过程中起核心作用。知识在企业层面是高度异质的，不会在企业间自动和自由地传播，必须通过企业随时间积累的差异化能力而被企业吸收。在知识经济时代，知识的积累和分配过程重塑了工业创新活动，并极大地影响了企业内部的管理方式。受知识库和技术的影响，产品和组织活动之间相互依赖和反馈，两者之间的联系和互补性成为企业或产业部门转型和增长的主要来源，对于创新和动态演化的良性循环至关重要。这种联系和互补性会随着时间的推移而变化，并极大地影响企业创新系统的各种变量，如公司战略、创新和生产活动、组织和企业绩效、技术变革的速度和方向、行业竞争环境以及各行为主体之间的互动等。

知识具有累积性，即新知识的产生建立在现有知识之上。公司及其组织能力是累积性的来源之一，组织能力是企业特有的，并产生高度依赖路径的知识。学习过程和过去的知识既是当前创新研究的"限制"，也是产生新问题和新知识的基石，它们隐含了"公司学到了什么""公司希望在未来实现什么"的信息。高累积性意味着创新的高度专用性，它在一定程度上限制知识的溢出，公司层面的知识累积性为公司创造了先发优势，这些优势会显著提高其竞争力，并成为阻碍新创新者进入的强大壁垒。领先的公司在现有的知识基础上开发新知识，可以保持持续的"渐进式创新"。

2. 创新型企业

Lazonick（2001）认为战略化、融资和组织活动是创新型公司的三种必不可少的活动，据此提出创新型企业理论。该理论的核心观点是：第一，创新过程具有不确定性，相关方不可能在缔约前就获得所有的信息，试图改变技术和市场条

件以产生更高质量、更低成本产品的过程是未知的，投资回报具有不确定性；第二，创新是累积性的，因为现在和未来改变技术和市场条件的可能性取决于过去的发展情况；第三，创新过程是集体性的，因为技术和市场条件的转变需要整合大量具有专门知识和技能的人，使他们合作、互动、开发和利用生产资源。Lazonick（2003）从产业、组织和制度条件方面提出能够促进或限制创新过程的社会条件，在这个理论框架下，确定了创新型企业的三个社会条件：财务承诺、组织整合和战略控制。财务承诺是分配金融资源以维持开发和利用生产性资源，直到产品能够产生财务回报，财务承诺源于创新过程的累积性，即学习的需要，对于已经积累了一定能力的企业，在企业实施创新但还未取得财务回报的阶段中，金融支持必须能持续一定的时间，以维持累积创新过程。组织整合是为参与等级和职能分工的个体创造激励，促进他们运用技能和互动学习以追求组织目标，组织整合的需求源于创新过程的集体性。战略控制的需要源于创新过程中技术和市场转型的不确定性，战略控制影响企业内对财务承诺和组织整合有控制权的人，即战略决策者，使他们能够以有利于创新的方式分配资源。

创新型企业的产权基础和治理机制。相对于企业的实物资产投资，企业的创新性投资具有更强的专用性、不确定性、累积性、集体性等经济属性，这就决定了以技术创新为特征的创新型企业对产权和治理安排有不同的要求。相关的理论有委托代理理论、产权理论、调节型科层理论和组织控制理论，这些理论主要从两个维度来分析制度结构对企业创新活动和绩效的影响：一是所有权维度，即控制权和收益权的分配如何影响企业对创新活动的投资激励；二是人力资源和劳动维度，即雇主与雇员的关系如何影响个体和组织的创新行为。不同企业理论的分析视角存在一定的差异，委托代理理论强调激励机制对创新的影响，产权理论强调所有权安排对创新的影响，调节型科层理论强调独立法人实体对共同专用性投资的影响，组织控制理论强调特定经济社会条件下的战略性控制对创新的影响。这些理论为理解创新型企业的制度基础提供了不同的理论视角。

3. 产业部门创新理论

一个产业部门是一系列共享相同知识的活动，不同部门的创新在知识基础、技术特征、技术来源、参与创新的行为体、行为体之间的边界和联系以及相关组织方面存在差异。在知识库和学习过程方面，一个产业部门的创新活动有其特定的科学和技术基础。技术机会的来源因行业而异（Freeman，1982；Rosenberg，1982），在一些行业，创新机会与大学的重大科学突破有关；在另一些行业，创新机会可能来自研发或设备和仪器的进步；而在某些部门，供应商或用户方面的外部知识来源可能发挥关键作用。部门之间的差异也与技术体制（Technological Regime）有关，Malerba 和 Orsenigo（2000）提出，一种技术体制由技术机会和专用性条件、技术知识的积累程度以及相关知识库的特征组成。技术机会反映了投入任何资金的创新可能性,高技术机会会强力激励创新活动的开展。创新的专用性保护创新不被模仿,确保创新者从创新活动中获取更多利润。高专用性意味着能够成功保护创新不被模仿,低专用性意味着一个外部性较强的经济环境。知识库的属性与支撑企业创新活动的知识性质有关,技术知识具有不同程度的专用性、缄默性、互补性和独立性,在不同产业和技术之间可能存在较大差异。

针对产业部门的市场结构和行业动态的差异,熊彼特提出产业部门的两种创新模式——熊彼特马克 I 型和 II 型产业部门。熊彼特马克 I 型产业部门特点是"创造性破坏",这种产业领域技术门槛较低,企业家和新公司在创新活动中发挥重要作用,如机械或生物技术产业。熊彼特马克 II 型产业部门的特征是"创造性积累",强调大公司的普遍存在,少数大公司作为稳定的核心主导者,新的创业者很难进入。两种产业模式可以相互转化,创新活动的熊彼特马克 I 型模式可能会转向 II 型,在行业发展早期,知识变化迅速,不确定程度高,进入门槛低,此时新公司是主要的创新者。当行业逐渐发展成熟,技术路线渐渐明晰,规模经济、学习曲线、进入壁垒和金融资源这些因素在竞争过程中越来越重要,具有垄断势力的大公司将成为创新前沿的开拓者(Gort and Klepper,1982)。另外,当知识、技术出现重大突破或市场剧烈变化时,创新活动的熊彼特马克 II 型模式可能会被 I 型取代,因为关注新技术或新市场需求的新企业可能颠覆稳定的垄断企业。

(二)产品架构与组织能力的匹配性研究

"产品架构"指的是设计者对产品的功能和结构元素如何分割和组合的基本构想(Henderson and Clark,1990;Ulrich,1995)。20 世纪,人工产品日益复杂化,人工产品为了消除其复杂性而被分层,然后设计任务被分割成更小的单位(Von Hippel,1990),被分解后的各个组件的创新形式也不相同。Henderson 和 Clark(1990)指出,创新不仅可以通过组件本身的技术创新来实现,还可以通过组件之间连接方式的变化即架构创新来实现,Henderson 和 Clark(1990)通过引入"构成要素""构成要素之间的关系",呈现了区别于以往对技术进步进行"渐进的"(incremental)还是"激进的"(radical)二分的创新概念。

根据结构元素与功能元素对应的稀疏程度,产品架构可以分为集成型架构和模块型架构。"集成型架构"功能要素群和实现该功能的结构组件群之间的对应关系是多对多,组件之间的相互依赖性强;在"模块型架构"中,结构和功能的对应关系接近一对一,构成要素之间的相互作用较低。Henderson 和 Clark(1990)将产品模块分解和组合的相关知识称作"架构知识",将各个模块包含的技术知识定义为"组件知识"，产品架构发生变化时，架构知识也会产生变化。由于企业的组织结构有固化的倾向，所以当架构创新发生时，一些现有的企业可能会因为跟不上架构知识的变化而无法很好地适应。架构理论探索产品设计的分割组合与产业和企业分工协作状态之间的关系，架构理论的一个重要问题是"公司或产业应该采取什么样的形态，才能实现基于架构的子组织之间的理想分工协作"。

关于产品架构与组织能力的匹配性有许多案例研究。Fujimoto（2003）认为，一个国家正是根据其特有的组织能力参与国际化分工、形成比较优势的。Robertson（1992）对立体声音响和微型计算机产业进行了案例分析，认为模块化架构的产品促进了以组件为基础的创新，带来了企业的垂直专业化。Fine（1998）从产品架构的角度分析了计算机和自行车产业，发现产品是整合型架构时，企业组织倾向于垂直一体化的结构，产品是模块型架构时，企业组织倾向于水平分割型结构。当然也有研究认为不存在匹配关系，Hoetker（2006）发现液晶显示器的产品架构和产品竞争力之间并不存在很强的关系，影响产品竞争力的主要因素是技术实力的强弱。Shibata 等（2005）的机器人数控装置案例说明，产品架构是模块型还是集成型与组件是在内部制造还是外包无关，影响交易的主要因素是制造商的战略判断。藤本隆宏（2003）的研究表明，"二战"后，面对人力、物力、资金的短缺和市场的急速增长，日本的制造业企业以长期雇佣、长期交易为基础的整合型制造组织能力得到发展，其结果就是日本在一体化架构的产品上具有了设计比较优势。

调整方式论认为产品架构与企业的垂直整合度之间存在匹配关系。如果架构是模块化的，那么在水平方向或垂直方向专业化的企业或业务组织将获得产品竞争力。如果架构是一体化的，那么在垂直方向或水平方向上实现一体化的企业或业务组织将获得产品竞争力。一个追求竞争绩效的理性公司，应当根据产品架构选择适当的调整方式，以更好地实现组件负责部门之间的分工协作。这种观点隐含的前提是，企业之间不存在调整能力的差异，企业能够自由地选择和切换适合的架构。调整方式论实质是组件部门之间的互动是通过"市场"还是"组织"实现，基本逻辑是"产品设计的相互依赖模式反映了产品内部任务的相互依赖模式"。产品架构的类型不同，对组织和社会的分工协作要求也不同（Ulrich，1995）。在模块化架构中，各组件负责部门的独立性提高，最大限度地减少了部门间信息交换和协同工作的必要性，因此通过"市场"机制可以达成更高效的协调。对于一体化架构的产品来说，各组件负责部门之间有必要进行深入的信息交换，工作协同的必要性大大提高，企业要实现纵向一体化的结构以便在企业内部进行周密的协调活动。Baldwin 和 Clark（2000）将这种产品架构和企业内部分工模式的关系定义为"设计结构和任务结构的基本同构性"。

使用交易成本理论的分析框架来看"调整方式"的选择。某活动或零部件是在企业内部完成，还是通过市场交易从公司外部采购，取决于组织内部的调整费用和市场交易下的交易费用哪一个更低。对于市场交易中交易费用的产生来源，威廉姆森强调零部件、设备等生产资源的资产专用性特征。提供专用零件或设备的公司需要抑制交易对手的机会主义，这将产生很高的成本。如果产品的架构是集成型的，功能要素和结构要素多对多地交织在一起，为产品或交易定制的零件比例将会增加，跨企业通用型零件的比例将会下降，在"集成架构→增加专用零件或设备的交易比例→增加机会主义威胁→为抑制机会主义增加交易成本→选择组织协调机制→垂直一体化"的逻辑下，得出"集成的产品架构"导致企业组织"垂直一体化"的结论。另外，在模块化产品中，交易专用零部件的比例降低，从而减少了机会主义的威胁，更倾向于通过市场交易。

调整能力论认为，与产品架构形成匹配关系的是企业的组织能力和知识。企业最先要构建起来强大的组织能力，善于对活动进行分割和调整，主动去选择适合自己的产品架构。这种观点假定组织能力是进化的结果，短期内不容易改变和操作，企业不能自由选择，因此，企业的竞争绩效事后取决于其长期建立的组织能力和所选择的产品架构之间的匹配度。组件部门间协调能力强的企业或业务组织，选择集成型架构的产品时，可能会获得更高的竞争力。组件部门内部协调能力强的企业或业务组织，选择模块化架构的产品时可能会获得更高的竞争力。

这两种观点反映了不同的理论起源。调整方式论汲取了与新古典经济学相关的主流经济学的思想，隐含地认为企业的组织可以瞬间更改以适应市场环境和技术条件的变化。调整能力论采用的组织能力概念是在演化经济学（Nelson and Winter, 1982）和资源基础观的基础上发展起来的，认为组织的属性无法轻易改变，组织能力是竞争对手无法轻易模仿的，这是公司间长期竞争绩效差异的来源。

三、民营企业产业转型升级的实证分析

关于产品架构与企业产权性质的关系对企业竞争绩效影响的研究历史尚短，以零散的案例分析为主，基于统计数据的实证研究还很少。产品架构与企业产权性质之间是否存在最佳的适应性模式、两者的互动关系是如何影响企业竞争绩效的仍然被广泛讨论。本章在创新绩效和中国制造业的语境下尝试对上述问题做出回答并进行实证检验。

基于以上讨论，提出以下假设，并展开进一步的量化研究。

假设1：就企业的创新表现而言，产品架构与企业的产权性质存在适应性关系。具体来说，国有企业更能在集成型架构的产品或业务上产生较高的创新绩效，非国有企业在模块型架构的产品上能获得更好的创新竞争优势。

假设2：企业的产权性质与产品架构的匹配关系在不同的产业部门可能存在异质性。

假设3：企业的产权性质与产品架构的匹配关系在不同的技术、市场等环境中可能存在异质性。

（一）数据来源和模型设定

产品架构的有关数据参考日本经济产业省和东京大学制造管理研究中心于2004年实施的《日本公司架构战略问卷调查》。接受问卷调查的日本企业有33家，均为行业龙头公司，除一家软件公司外，均为制造业企业。调查的产品数合计256个，除去软件公司的3个产品，共有253个产品，平均每家公司回答7~8个产品。该问卷调查的目的是明确日本企业的产品哪些具有竞争力、业务部门具备怎样的能力、企业采取的战略以及开发生产的产品具有怎样的架构，该问卷包括以下数据和信息：公司和产品概况，公司战略情况，企业组织能力，产品架构相关信息，单个产品或事业部的销售额、利润和市场份额等绩效数据。

根据其结果，一体化程度较高的产品有测量设备、机床、特种工业机械、工业车辆等。典型的模块化产品有酒类、食品、纺织品，还有洗涤剂、表面活性剂等化学品。电子、机械类产品的架构类型分布较广，同样的产品可能具有完全不同的架构。通用性越强的产品越可能偏向模块化架构，专用性越强的产品更可能是一体化架构的。表5-1总结了集成型架构和模块型架构的代表性产品名称。

表5-1 集成型架构和模块型架构的代表性产品

架构类型	典型产品名称
模块型产品	衣食类。食用油、酒类、饮料、饮料铝罐、纺织品等 化学品和药品类。烧碱、洗涤剂、表面活性剂、氯乙烯树脂、聚苯乙烯、酚醛树脂、部分玻璃和塑料制品、合成橡胶、胶片、感光材料等 消费电子和部分电气零件。个人电脑、电测仪器、汽车发动机零件、汽车传动和控制装置、汽车导航系统、电力转换装置、电源转换器、电线等 部分机械。通用机械、运输起重机、电梯、冰箱、空调、电镀钢材、钢船、普通钢板、泵、船舶、发动机等

架构类型	典型产品名称
集成型产品	精密仪器和机械。测量设备、钟表、机床、工业车辆、运输机械、模具、特种钢刀具、轴承、电机、通信设备、计算机零部件等
	专用机械。特种工业机械、印刷机械、制版机械、注塑成型机、工业用机器人、油压设备等
	工业用品。工业用电子零件、工业用橡胶、轮胎、新型陶瓷制品等

公司数据来自 CSMAR 数据库，研究样本为 2012~2021 年中国全部 A 股制造业上市公司，使用 2012 年版中国证监会上市公司行业分类、制造业二位代码行业，剔除 ST 类公司，剔除样本期间相关数据严重缺失的企业。经过筛选，最终获得 14314 个样本，其中民营企业占比约 70%。

1. 核心解释变量：产品架构（Arch）

二值虚拟变量，模块型架构取值为 1，集成型架构取值为 0，参考集成型和模块型架构的代表性产品信息，利用公司主营业务和经营范围信息为中国制造业企业进行架构类型匹配。对于某些行业来说，整个行业的架构容易判断且类型单一，如农副食品加工业（C13）和通用设备制造业（C34），整体上可视为模块型架构，那么该行业内公司的 Arch 变量均赋值为 1。同理，对于像专用设备制造业（C35）这样典型的集成型架构行业，行业内公司的 Arch 变量均赋值为 0。对于一些产品种类多、架构类型不一致的行业，根据公司信息进行人工匹配和赋值。表 5-2 显示了细分制造业的二位代码行业相关特征统计及相关信息。

表 5-2 制造业二位代码行业相关特征统计

行业代码	行业名称	产品架构倾向	民营企业数量占比（%）	民营企业专利申请数占比（%）	民营企业专利授权数占比（%）	企业平均年龄
C13	农副食品加工业	1	0.73	0.98	1.00	20.98
C14	食品制造业	1	0.58	0.46	0.80	22.37
C15	酒、饮料和精制茶制造业	1	0.39	0.78	0.01	22.90
C17	纺织业	1	0.77	0.68	0.86	21.71
C18	纺织服装、服饰业	1	0.92	0.18	0.19	19.62
C22	造纸和纸制品业	1	0.61	0.95	0.60	22.50
C25	石油加工、炼焦和核燃料加工业	0	0.31	0.33	0.01	23.93
C26	化学原料和化学制品制造业	1	0.63	0.44	0.43	21.12
C27	医药制造业	1	0.74	0.76	0.76	22.16

行业代码	行业名称	产品架构倾向	民营企业数量占比（%）	民营企业专利申请数占比（%）	民营企业专利授权数占比（%）	企业平均年龄
C28	化学纤维制造业	1	0.64	0.87	0.81	24.27
C29	橡胶和塑料制品业	1	0.78	0.65	0.70	20.57
C30	非金属矿物制品业	1	0.61	0.39	0.43	22.04
C31	黑色金属冶炼及压延加工业	0	0.19	0.04	0.01	23.06
C32	有色金属冶炼及压延加工业	0	0.57	0.45	0.24	22.21
C33	金属制品业	0	0.84	0.82	0.73	21.19
C34	通用设备制造业	1	0.65	0.61	0.67	20.55
C35	专用设备制造业	0	0.69	0.63	0.46	20.44
C36	汽车制造业	1	0.61	0.42	0.54	21.89
C37	铁路、船舶、航空航天和其他运输设备制造业	1	0.38	0.04	0.07	21.22
C38	电气机械和器材制造业	0	0.83	0.71	0.72	20.66
C39	计算机、通信和其他电子设备制造业	0	0.72	0.52	0.71	19.89
C40	仪器仪表制造业	0	0.87	0.93	0.72	20.45

2. 其他变量

（1）被解释变量是创新产出（InPat），使用上市企业发明专利授权数和发明专利申请数。企业产权性质（SOE），二值虚拟变量，国有企业取1，非国有企业取0。引入产品架构（Arch）和企业产权性质（SOE）的交乘项（Arch_ SOE）考察匹配效果。

（2）控制变量有企业规模（Size）、企业年龄（Age）、资产负债率（Lever）、市场化程度（Market）、研发人员（RDP）、研发投入（RDE）、行业营收增长率（Growth）和行业集中度（HHI）。

①企业规模（Size）和企业年龄（Age）。企业规模是企业总资产的对数，企业年龄由当年年份减去企业成立年份得到。制造业行业的知识和技术基础具有累积性和自然垄断性的特点，表现为较高的沉没成本和明显的规模经济。熊彼特曾在《资本主义、社会主义和民主》中提出，大型企业已经成为经济进步特别是总产出长期增长的强大引擎。规模较大的企业进行创新的优势更大，企业年龄越久在积累隐性知识方面越有优势。

②资产负债率（Lever）。总负债与总资产的比值，衡量企业负债水平。企业

负债水平越高财务风险越大，违约的可能性越大，为了支持持续创新获得贷款的可能性越小，贷款成本越高。

③市场化程度（Market）。一个产业由许多异质性的组织或个人组成。个人包括消费者、企业家、科学家等。组织可以是公司，如用户、生产商和中间品供应商等，或者是非公司，如大学、金融机构、政府、工会或技术协会等。市场化程度越高，参与创新的行为者主体越多，与创新有关的互动就越广泛。

④研发人员（RDP）和研发投入（RDE）。企业研发人员和研发投入的对数，企业的知识和组织能力具有一定的自我累积性和路径依赖性，企业的研发基础越好，对知识的吸收能力越强，越有可能实现商业化。研发投入和研发人员的数量体现了企业研发知识基础和质量方面的差异。

⑤行业特征。选取行业营收增长率（Growth）和行业集中度（HHI）指标。根据行业生命周期观点，在行业快速增长阶段，主导设计还未出现，知识的积累性低且容易获得，技术机会较为广泛，行业易于进入，新公司或小型公司在创新活动中发挥主要作用。主导设计出现、技术路线逐渐明确后，充分积累了技术和知识的公司逐渐成为行业主导，行业集中度提高，少数成熟的大型公司在获取融资方面具有很大优势，有助于公司进行持续性的投入和创新。表5-3展示了主要变量的描述性统计。

表5-3　主要变量的描述性统计

变量名称	变量说明	观测量	平均值	标准差	最小值	最大值
InPat	ln（专利授权数+1）	14314	0.676	1.481	0	9.666
InPat2	ln（专利申请数+1）	14314	0.76	1.647	0	9.737
Arch	产品架构类型	14314	0.62	0.24	0	1
SOE	企业产权性质	14314	0.31	0.21	0	1
Size	ln企业规模	14314	22.182	1.195	17.64	27.55
Age	企业年龄	14314	18.229	5.536	3	63
Lever	资产负债率	14314	0.406	0.194	0.008	1.957
Market	市场化指数	14314	8.705	2.002	-1.77	12.63
RDP	ln研发人员	10648	5.664	1.187	0.693	10.606
RDE	ln研发投入	13882	18.146	1.464	5.094	25.025
Growth	行业营收增长率	14314	0.124	0.106	-0.264	0.716
HHI	行业集中度	14314	0.093	0.073	0.014	0.464

3. 模型设定

控制行业和年份的交互项模型设定如式（5-1）所示：

$$\text{InPat}_{it} = \beta_0 + \beta_1 \text{Arch}_{it} + \beta_2 \text{SOE}_{it} + \beta_3 \text{Arch\_SOE}_{it} + X_{it}\beta + \mu_t + \varepsilon_{it} \tag{5-1}$$

β_3 是重点关注的系数，β_3 显著说明在中国制造业中产品架构与企业产权性质确实存在匹配关系。β_3 的正负表示，对于企业创新绩效来说具体哪种产品架构与哪种产权性质更具有适应性。在本章的参数设定下，若 β_3 显著为负，则说明集成型产品架构与国有企业、模块型产品架构与非国有企业的匹配更有利于创新，反之亦然。表5-4展示了该交互项模型的检验机制。

表5-4　检验机制

	国有企业	非国有企业	Δ
模块型产品	$\beta_0 + \beta_1 + \beta_2 + \beta_3$	$\beta_0 + \beta_1$	$\beta_2 + \beta_3$
集成型产品	$\beta_0 + \beta_2$	β_0	β_2
Δ	$\beta_1 + \beta_3$	β_1	β_3

（二）回归结果

表5-5展示了基准回归结果。使用专利申请数和专利授权数作为创新产出的代理变量，得到了一致的结果。第一，产品架构项系数不显著，且数值普遍较小，表明对于中国制造业来说，产品架构的类型并不是影响创新产出的关键因素。第二，企业产权性质的系数正向显著，可以得到结论，若以企业专利申请数和专利授权数来衡量创新产出，整体上国有企业比非国有企业更能促进制造业的创新。第三，产品架构与企业产权性质的交互项呈负向显著，交互项系数的显著性显示了中国制造业在产品架构与企业产权性质之间确实存在适应性关系，系数为负说明集成型产品架构与国有企业、模块型产品架构与非国有企业的匹配更有利于工业创新活动。

表5-5　基准回归：产品架构与企业产权性质对创新产出的影响

	专利申请数		专利授权数	
	（1）	（2）	（1）	（2）
Arch	-0.339 (-1.46)	-0.072 (-0.28)	-0.001 (-0.01)	0.011 (0.12)

续表

	专利申请数		专利授权数	
	（1）	（2）	（1）	（2）
SOE	0.419***	0.356***	0.483***	0.424***
	（5.67）	（4.23）	（6.92）	（5.33）
SOE_ Arch	-0.240**	-0.186*	-0.275***	-0.311***
	（-2.49）	（-1.71）	（-3.14）	（-3.14）
Size		0.054		0.069**
		（1.59）		（2.26）
Age		-0.006		-0.003
		（-1.12）		（-0.54）
Lever		-0.398***		-0.285**
		（-3.22）		（-2.55）
Market		-0.002		-0.004
		（-0.14）		（-0.27）
RDP		0.116***		0.097***
		（3.52）		（3.27）
RDE		0.065**		0.066***
		（2.32）		（2.62）
Growthrate		0.076		0.045
		（0.49）		（0.32）
HHI		-1.086**		-0.496
		（-2.04）		（-1.02）
cons	0.485***	-2.824***	-0.033	-2.761***
	（2.79）	（-3.13）	（-0.20）	（-3.29）
年份固定效应	Y	Y	Y	Y
行业固定效应	Y	Y	Y	Y
观测值	14314	10642	14314	10642
R^2	0.0549	0.101	0.0554	0.104

注：括号中为标准误；*、**和***分别表示10%、5%和1%的显著性水平。

表5-6展示了分行业检验的结果。对于特定的工业活动来说，技术和市场的特点都不同，创新活动在不同的工业部门可能有所差异。选取化学原料和化学制品制造业（C26），医药制造业（C27），电气机械和器材制造业（C38）以及计算机、通信和其他设备制造业（C39）四个细分行业来讨论，发明专利授权量为被解释变量。

表 5-6　分行业检验结果

	C26	C27	C38	C39
	化学原料及化学制品制造业	医药制造业	电气机械及器材制造业	计算机、通信和其他电子设备制造业
Arch			0.055 (0.31)	0.179 (1.18)
SOE	0.307** (2.30)	0.103 (0.78)	0.515** (1.99)	0.683*** (4.38)
SOE_Arch			-0.361 (-0.87)	-0.845*** (-2.63)
Size	0.162** (2.22)	0.024 (0.27)	0.073 (0.65)	0.084 (0.90)
Age	-0.002 (-0.16)	-0.012 (-0.92)	-0.007 (-0.44)	-0.017 (-1.51)
Lever	-0.491* (-1.82)	0.224 (0.76)	0.068 (0.17)	-0.596* (-1.92)
Market	0.016 (0.51)	0.005 (0.23)	-0.010 (-0.19)	-0.044 (-0.92)
RDP	0.282*** (3.42)	0.009 (0.12)	0.175 (1.63)	0.035 (0.38)
RDE	-0.014 (-0.22)	0.291*** (3.68)	-0.060 (-0.63)	0.054 (0.65)
_cons	0 (—)	0 (—)	1.003 (0.44)	-2.947 (-1.41)
年份固定效应	控制	控制	控制	控制
R²	0.051	0.021	0.012	0.004
观测值	1117	1120	1126	1653

注：括号中为标准误；*、**和***分别表示10%、5%和1%的显著性水平。

化学原料和化学制品制造业与医药制造业的产品整体上倾向于模块型架构，在早期阶段（1850~1945年），医药制造业相当接近于化学原料和化学制品制造业。在这两个细分行业，与基准回归结果比较、与C38和C39行业比较都可以显示，国有企业对创新产出的作用有所减弱，与之相对应，民营企业对于此类行业的创新产出具有比较优势，原因可能在于，化学原料和化学制品制造业与生物医药制造业都具有非连续性创新的特点，产品和技术的迭代速度较快，知识和技术的累积性较弱，我国医药制造业的创新多基于通用技术，更倾向于与其他市场和非市场组织在研发、生产、销售方面形成模块化的分工。在此情况下，与组织交易相比市场交易更占优势，民营企业在发现技术和市场机会方面具有更高的敏感性和灵活性，小型企业和新创业者的进入壁垒较低。

C38、C39 行业整体上倾向于集成型架构。这两种行业公司数较多，产品种类极其丰富，产品架构类型较为模糊，处于弱集成、弱模块状态的产品比较常见，同样名称产品的架构类型也可能完全不同。对机械产品来说，工业用精密仪器类的产品集成度较高，如工业机器人、金属机床、模具、轴承等；特殊机械、多数通信设备等专用设备集成度比较高，如印刷、油压、制版用机械；一般机械、通用类机械倾向于弱集成或模块型，典型的模块型机械产品有冰箱、电梯、水泵、起重机、船舶和发动机等。电子电气类机械存在许多弱集成型产品，如工业用电子元器件、电机、电测仪器等电控装置；消费类电子倾向于模块型架构。

综合企业经营关键词和产品特点对 C38、C39 行业内的公司人工匹配架构指数。回归结果显示，在计算机、通信和其他电子设备制造业（C39）中，交互项和企业产权性质的系数均在1%水平上显著，说明国有企业与集成型产品架构的匹配关系显著存在；在电气机械及器材制造业（C38）中，企业产权性质系数显著，交互项系数为负不显著，上述匹配关系的趋势仍然存在。原因可能是在机械、计算机、通信等工程领域，技术变革一直是以渐进式创新为主，知识库的特点体现在关于应用的知识更加重要，内部的学习过程、培训和充分交流非常有必要，雇员以长期聘用为主。

考虑可能影响创新产出的其他技术、市场、行业等条件，表 5-7 展示了分环境条件对发明专利授权量的回归结果，企业产权性质的系数显著为正，交互项系数均显著或不显著为负，整体来看上述匹配性关系依然存在，在小部分样本中有所差异。

表 5-7　分组回归结果

	研发密集度		企业规模		市场化程度		行业增长率	
	高	低	大	小	高	低	高	低
Arch	0.126 (1.03)	−0.001 (−0.07)	−0.065 (−0.47)	0.126 (1.36)	0.054 (0.49)	−0.047 (−0.36)	0.083 (0.90)	−0.052 (−0.50)
SOE	0.422*** (3.77)	0.477*** (4.67)	0.439*** (3.60)	0.328*** (3.31)	0.350*** (2.98)	0.444*** (4.16)	0.504*** (5.35)	0.409*** (4.09)
SOE_Arch	−0.380*** (−2.66)	−0.280** (−2.26)	−0.313** (−2.07)	−0.170 (−1.36)	−0.107 (−0.72)	−0.396*** (−2.95)	−0.403*** (−3.50)	−0.259** (−2.03)

续表

	研发密集度		企业规模		市场化程度		行业增长率	
	高	低	大	小	高	低	高	低
Size	0.099* (1.75)	0.093** (2.43)	0.022 (0.41)	0.127** (2.56)	0.037 (0.85)	0.084** (1.98)	0.054 (1.48)	0.039 (0.96)
Age	-0.004 (-0.68)	-0.003 (-0.47)	-0.003 (-0.41)	-0.004 (-0.70)	-0.005 (-0.90)	0.001 (0.13)	-0.003 (-0.53)	-0.003 (-0.44)
Lever	-0.316* (-1.95)	-0.231 (-1.59)	-0.312 (-1.58)	-0.267** (-2.19)	-0.298* (-1.91)	-0.279* (-1.76)	-0.260* (-1.92)	-0.312* (-1.94)
Market	-0.002 (-0.11)	-0.008 (-0.53)	-0.021 (-1.01)	0.0123 (0.84)	0.010 (0.21)	0.028 (1.29)	-0.006 (-0.42)	0.000 (0.02)
RDP	0.134*** (2.70)	0.075** (2.15)	0.136*** (2.98)	0.058 (1.59)	0.128*** (2.90)	0.084** (2.08)	0.122*** (3.22)	0.087** (2.16)
RDE	0.058 (1.07)	0.043 (1.45)	0.050 (1.30)	0.083*** (2.64)	0.059 (1.55)	0.080** (2.39)	0.080** (2.43)	0.076** (2.16)
Growth	-0.070 (-0.33)	0.025 (0.13)	0.119 (0.52)	-0.029 (-0.17)	-0.182 (-0.91)	0.222 (1.10)	0.154 (0.72)	-0.068 (-0.30)
HHI	0.339 (0.45)	-1.193* (-1.78)	-1.111 (-1.40)	0.012 (0.03)	-2.119*** (-3.02)	1.161* (1.70)	-0.926 (-1.16)	-0.373 (-0.53)
cons	-2.994*** (-2.59)	-2.783** (-1.96)	-2.635 (-1.47)	-3.831*** (-3.25)	-1.884* (-1.69)	-4.405*** (-2.94)	-1.790 (-1.57)	-2.228* (-1.87)
年份固定效应	控制	控制	控制	控制	控制	控制	控制	控制
行业固定效应	控制	控制	控制	控制	控制	控制	控制	控制
R^2	0.014	0.006	0.006	0.011	0.015	0.008	0.007	0.008

注：括号中为标准误；*、**和***分别表示10%、5%和1%的显著性水平。

企业规模小的样本不存在显著的产品架构与企业产权性质匹配关系，原因可能是对于小企业来说，产品本身的质量、价格、功能等特点和相关的产品战略更重要，组织能力并不是重要因素。在市场化程度较高的样本中也不存在显著的匹配关系，创新是一个各种行为体广泛互动的过程，以产生和交换与商业化有关的想法或知识，互动不仅包括典型的技术交易市场、企业间联盟、产学研网络等正式方式，还包括更广泛的市场和非市场关系，市场化程度越高，参与的主体越多，有利于创新的研发、合作、交流、交换活动效率就越高，产品架构与组织能力的匹配作用可能会被弱化。在研发密集度高低和行业增长高低的样本中，都存在显著的模块化架构与民营企业、集成型架构和国有企业的匹配关系。

（三）研究结论

以上结果证明了最初的三种假设，若以创新产出作为企业绩效的衡量标准，在中国制造业内整体上存在显著的产品架构与企业产权性质的匹配关系，具体来说，模块化架构与民营企业的匹配具有更显著的创新绩效，集成型架构产品更适合国有企业的组织方式。在分行业的考察中，计算机、通信和其他电子设备制造业具有上述显著的匹配关系，化学医药行业的结果显示，对于模块型产品，民营企业对于创新产出的促进效应相较增强，间接支持了以上结论。在分环境条件的考察中，在对研发密集程度、企业规模、市场化程度、行业增长率进行二分的样本中，上述匹配关系依然普遍存在，但在匹配性程度上有所差异。

出现这种匹配关系的原因在于，模块化倾向的产品更适合市场型的交易机制，民营企业的组织能力更适合市场交易机制。模块型产品一般通用性较强，面临的资产专用性问题较弱，大大降低了交易中的机会主义威胁。另外，民营企业在融资方面面临的约束条件较强，不得不把有限的资金投入确定性较高的领域，而模块型产品在知识分工中具有较为明确的知识边界，所以民营企业进行研发的针对性较强，更容易产生创新。并且，民营企业对市场和技术变化的灵敏度更高，组织在应对环境变化方面更加灵活，长期更容易形成与模块型产品相适应的组织能力，所以民营企业在模块型产品的创新上更有比较优势。在先进制造等战略性新兴技术领域，产品的一体化程度较高，国有企业在融资和调动其他资源方面更有优势，能够长期在不确定的技术领域进行不计回报地投入，长期累积的组织能力、技术基础和吸收能力使国有企业在集成型产品上具有创新的比较优势。

四、制造强国背景下民营企业 产业转型升级的政策建议

制造强国的本质是一个微观企业的能力结构转变升级的过程。由知识基础和分工决定的产品架构类型使得产业组织和企业间分工变得更具动态性和多样性，企业的产权基础和治理机制对创新过程产生不同的控制能力，根据中国制造业的实证结果，产品架构类型与以企业的产权性质为代表的企业能力具有匹配性，在这样一系列的逻辑下，对如何布局民营企业、更好发挥中国的多种所有制协同竞争优势，提出以下建议：

总体上看，民营企业在模块化程度高的产品上具有创新的比较优势，国有企

业在架构创新上更有比较优势。对于民营企业，要将企业间的知识分工问题纳入公司战略考量，综合考虑产品架构特征、技术生命周期、知识基础、创新的突破性程度等方面对企业间知识分工的影响，知识被创造和使用的方式决定了产品生产的分工和集成模式，进而决定了所在行业的组织结构和动态演化。产品架构的模块化程度越高，企业之间的知识分工越明确，不断深化的知识分工会导致企业技术研发的高度专业化，民营企业能更有针对性地把有限的资源投入确定性较高的研发活动中，积累隐性知识和相应的组织能力。在产品生命周期的成熟期，产品知识基础的复杂性较低时，集成型企业和模块型企业之间的知识分工程度都比较高，在这种情境下，民营企业的创新比较优势较强。但要注意到，产品的模块化程度既可以是外生给定的，也可以是企业内生选择的结果，技术路线的发展并不是单一方向的，产业知识基础有可能在不同的知识系统间发生非连续性的转换，民营企业需要关注新市场需求和新技术突破，注重构建企业动态能力，以整合、构建和重新配置内部和外部的资源，或是构建与产品架构相适应的组织能力，或是根据既有的组织能力选择产品架构，从而应对动态变化的环境。

创新要素和创新形式的多元化为培育中国民营制造企业的竞争优势提供了更多可能性。创新是新想法的首次商业化，将一项发明转化为创新需要不同的知识、能力、技术和资源，如生产知识、技术和设备、市场知识、分销系统和足够的金融支持等，决定创新能力的不仅仅是企业的研发能力，还有对市场的把握、知识和技术选择等。工业企业的创新形式也越来越丰富，不仅表现为产品技术和工艺技术的提升，还表现在为下游企业或消费者提供更完善的包括融资、培训、提供个性化的解决方案等增值服务。所以民营企业需要拓宽思路，专注研究、开发、生产、分销等工业活动中的某一环节，以产生专业、多样性、独特性的创新。

产品架构视角也为实施新型科技举国体制提供了新的理论支持。在当前我国实施创新驱动发展战略的阶段，制造业企业技术创新是强化国家战略科技力量、突破核心技术瓶颈、维护产业链安全的重要落脚点。对于一体化程度较强、涉及国家安全的关键设备和核心零部件产品，其技术创新具有渐进性、连续性的特点，需要长期的学习以积累隐性知识和吸收能力。制造业强调累积性的知识和技术基础，创新活动以"渐进式创新"为主，短期内无法产生利润，国有企业更容易获得融资以支持持续的创新产出，可以长期不计回报地投入体现国家意志、维护国家安全的战略性制造业领域。工业活动中不同知识领域的融合趋势越来越强，信息技术和通信技术的结合，ICT技术和传统制造业的融合，面对工业创新活动的跨知识领域的需求，国有企业具有更强的人力资本、信息资源的调动能力，其一体化组织能力更善于进行资源的整合和协调。国有企业是以"集中资源""计划性""政府主导"为特点的科技举国体制的重要承载者,应承担起解决核心部件受制于人、产业链向创新链跃迁等制造业转型升级的历史责任。

未来我国创新政策的制定必须嵌入产业政策中。以知识为基础的产品架构视角为创新政策和产业政策的融合提供了新的思考出发点。知识基础构成了讨论创新政策和产业政策的桥梁,有助于理解科技创新与产业发展融合的机制,以缓解长期以来存在的知识生产和经济价值脱节的状况。要促进企业的创新和扩散,仅有技术和创新政策可能是不够的,还需要得到其他类型政策的补充,如科学政策、区域政策、财政政策、与标准和知识产权有关的政策以及竞争政策等。

参考文献

[1] Breschi S, Malerba F, Orsenigo L. Technological regimes and schumpeterian patterns of innovation [J]. The Economic Journal, 2000, 110 (463): 388-410.

[2] Fagerberg J, David C. Mowery. The Oxford Handbook of Innovation [M]. Oxford: Oxford University Press, 2005.

[3] Fujimoto J G. Optical coherence tomography for ultrahigh resolution in vivo imaging [J]. Nature Biotechnology, 2003, 21 (11): 1361-1367.

[4] Hausmann R, Hidalgo C A, Bustos S et al. The atlas of economic complexity: Mapping paths to prosperity [R]. CID Harvard University Working Paper, 2011.

[5] Henderson R M, Clark K B. Architectural innovation: The reconfiguration of existing product technologies and the failure of established firms [J]. Administrative Science Quarterly, 1990: 9-30.

[6] Hoetker G. Do modular products lead to modular organizations? [J]. Strategic Management Journal, 2006, 27 (6): 501-518.

[7] Lazonick W. The Theory of Innovative Enterprise [M]. New York: Insead, 2001.

[8] Lazonick W. The theory of the market economy and the social foundations of innovative enterprise [J]. Economic and Industrial Democracy, 2003, 24 (1): 9-44.

[9] Malerba F, Orsenigo L. Knowledge, innovative activities and industrial evolution [J]. Industrial and Corporate Change, 2000, 9 (2): 289-314.

[10] Malerba F. Sectoral systems of innovation and production [J]. Research Policy, 2002, 31 (2): 247-264.

[11] Nelson R R, Winter S G. The Schumpeterian tradeoff revisited [J]. The

American Economic Review, 1982, 72（1）：114-132.

［12］Shibata T, Yano M, Kodama F. Empirical analysis of evolution of product architecture：Fanuc numerical controllers from 1962 to 1997［J］. Research Policy, 2005, 34（1）：13-31.

［13］Ulrich K. The role of product architecture in the manufacturing firm［J］. Research Policy, 1995, 24（3）：419-440.

［14］Von Hippel E. Task partitioning：An innovation process variable［J］. Research Policy, 1990, 19（5）：407-418.

［15］大鹿隆，藤本隆宏. 製品アーキテクチャ論と国際貿易論の実証分析［J］. 赤門マネジメント・レビュー，2006, 5（4）：233-272.

［16］大鹿隆. 製品アーキテクチャ論と企業行動・経営活動の実証分析［Z］. RIETI Policy Discussion Paper Series, 2008.

［17］贺俊，陈小宁. 集成企业与组件企业间的知识分工：一个文献综述［J］. 首都经济贸易大学学报，2018, 20（1）：97-104.

［18］贺俊，吕铁. 从产业结构到现代产业体系：继承、批判与拓展［J］. 中国人民大学学报，2015（2）：39-47.

［19］贺俊，王钦. 创新型企业的产权基础和治理机制：理论分野与融合［J］. 国外社会科学，2013（1）：82-89.

［20］李小平，卢现祥. 中国制造业的结构变动和生产率增长［J］. 世界经济，2007（5）：52-64.

［21］吕铁. 制造业结构变化对生产率增长的影响研究［J］. 管理世界，2002（2）：87-94.

［22］藤本隆宏，延岡健太郎. 日本の得意産業とは何か：アーキテクチャと組織能力の相性［Z］. RIETI（独立行政法人経済産業研究所）Discussion Paper Series, 2003.

［23］藤本隆宏. アーキテクチャとコーディネーションの経済分析に関する試論［Z］. 東京大学大学院経済学研究科ものづくり経営研究センターディスカッションペーパー，2008.

［24］藤本隆宏. 組織能力と製品アーキテクチャ——下から見上げる戦略論［J］. 組織科学，2003, 36（4）：11-22.

［25］郑玉歆，T. G. 罗斯基. 体制转换中的中国工业生产率［M］. 北京：社会科学文献出版社，1993.

［26］中川功一，藤本隆宏，勝又壮太郎. 製品アーキテクチャと企業組織——大規模サンプルによる実証分析［Z］. MMRC Disucussion Paper, 2008.

［27］中川功一. 事業範囲とコーディネーション範囲―製品アーキテクチャと組織の適合関係仮説の再検討［J］. 東京大学ものづくり経営研究センターディスカッションペーパー, 2007.

［28］中川功一. 製品アーキテクチャは組織に何をもたらすのか［J］. 駒大経営研究, 2010, 41（2）: 69-106.

第六章 创新驱动发展战略下民营企业创新能力建设

中美科技对抗两极化将是我国加快建设创新型国家和世界科技强国的重要约束和驱动力量。在此大背景下，民营企业在创新驱动发展战略中的定位，应当是将面向国家科技自立自强的战略要求、符合民营企业自身的制度特征作为基本出发点，持续提升自身创新能力和合法性，承担起重点技术突破和产业技术领先的创新供给者、战略性新兴技术与多样化技术路线的早期探索者、新兴产业生态整体改善的网络构建者、助力我国持续深度嵌入国际创新链的全球参与者四方面的战略使命。基于这四大战略使命要求，综合考虑民营企业的资源基础和制度特征，民营企业面向国家创新驱动发展战略、加强自身创新能力建设应合理定位于六大优先领域。然而，与进一步提升民营企业创新能力、促进民营企业更好支撑国家创新驱动发展战略的需求相比，当前民营企业在创新和产业化、知识产权、科技服务等方面还面临一些突出的体制机制障碍。针对这些体制机制障碍，建议强化政策制定和实施中的政企合作以及责任监督制度、持续加强知识产权保护和技术市场发展、尽快研究出台有利于中小企业和竞争性创新的信息安全法规、构建有利于民营企业新建联盟组织输出国际标准的社会团体管理制度，推动民营企业面向国家战略加快提升创新能力。

一、当前我国民营企业创新能力建设的现实特征

民营经济是推动我国经济高质量发展不可或缺的力量，是支撑创业就业和技术创新的重要主体。北京大成企业研究院（2021）认为，民营企业以不到30%的政府科技资源、不到40%的金融资源，创造了全国70%以上的科技创新产品。本章将从创新投入水平、创新产出数量、创新产出质量、领先企业创新等关键显示性指标出发，刻画当前我国民营企业群体创新能力建设的总体现状，以及不同产业、不同区域内民营企业创新能力发展的结构性特征。

（一）民营企业创新能力建设的总体现状

从创新投入水平来看，民营企业在总量上相对其他所有制类型的企业占优；可观的研发人员保有量、研发经费投入、新产品开发活动将是民营企业在创新道路上持续进步的基础。如表 6-1 所示，2022 年国内规模以上工业企业中，民营企业研发人员全时当量为 1924555 人年，占内资企业的 56.1%；研发经费支出 73758809 万元，占内资企业的 47.0%；新产品开发项目共计 675331 项，占内资企业的 70.1%。与 2019 年相比，私营企业在国内规模以上内资工业企业中上述指标的占比仍然有所上升，其中研发人员全时当量、研发经费支出、新产品开发项目的占比分别较 2019 年增加了 8.3%、6.7%、10.6%，在内资企业创新投入中的地位愈加凸显。与港澳台商企业和外商投资企业相比，民营企业的研发投入总量更表现出明显优势。2022 年国内规模以上工业企业中，私营企业研发人员全时当量、研发经费支出总量、新产品开发项目总数分别是港澳台商企业的 4.79 倍、4.60 倍和 10.88 倍，是外商投资企业的 5.04 倍、3.57 倍和 9.76 倍。

表 6-1　规模以上工业企业 R&D 资源与投入情况

注册类型 \ 类目	R&D 人员全时当量（人年）		R&D 经费（万元）		新产品开发项目数（项）	
	2022 年	2019 年	2022 年	2019 年	2022 年	2019 年
内资企业	3430498	2515116	156895666	112189638	962722	568733
国有企业	49348	23575	2682047	831846	9026	3494
集体企业	2350	1738	70668	57356	411	373
股份合作企业	3171	2598	121907	63154	1207	808
国有联营企业	306	19	21841	1056	112	7
民营企业	1924555	1202413	73758809	45167497	675331	338247
港、澳、台商投资企业	402088	314242	16037512	11383701	62068	48400
外商投资企业	382081	108248	20684440	16137651	69185	54666

资料来源：《中国统计年鉴》（2020，2023）。

以创新经费支出情况而言，民营企业的创新经费支出仍然以内部研发为主，研发设备和软件投入的比例较国有企业少，但相对注重从外部直接获取相关技术。如表 6-2 所示，首先，2022 年国内规模以上工业企业中，私营企业创新费用支出合计为 11110 亿元，占内资企业创新费用支出总额的 43.3%，在所有类型企业中创新费用支出体量最大。其次，私营企业创新费用主要用于内部研发，占创新费用支出的比重达到 66.4%，仅有 3.0% 的创新费用支出用于外部研发，且这一比重在 2019~2022 年基本保持稳定。相比之下，国有企业将 7.5% 的创新费用支出投入外部研发上。最后，私营企业的创新经费仅有少量用于技术购买等外部技术获取行为，直接的机器设备引进、软件购买则是私营企业创新经费支出的主流用途。具体来说，2022 年规模以上私营工业企业用于获得机器设备和软件的创新费用支出占比达到 28.7%，显著高于从外部获取相关技术的创新费用支出占比（1.9%）。

表 6-2 规模以上工业企业创新费用支出情况

类目 注册类型	创新费用 （亿元）		内部 R&D 占比 （%）		外部 R&D 占比 （%）		获得机器设备和 软件占比（%）		从外部获取相关 技术占比（%）	
	2022 年	2019 年	2022 年	2019 年	2022 年	2019 年	2022 年	2019 年	2022 年	2019 年
内资企业	25674.3	18570.8	61.1	60.4	4.4	3.8	31.9	32.0	2.6	3.7
国有企业	516.2	197.2	52.0	42.2	7.5	7.4	34.9	50.2	5.7	0.2
集体企业	9.2	8.6	77.2	66.4	—	0.6	22.8	32.9	—	0.1
股份合作企业	16.9	8.5	72.2	74.1	1.8	0.3	26.0	25.6	—	0.1
联营企业	12.7	0.6	34.6	78.9	0.8	0.2	64.6	20.8	—	0.2
有限责任公司	9619.0	8095.3	57.2	55.0	5.6	4.1	34.0	37.6	3.2	3.3
股份有限公司	4366.3	3507.2	57.4	61.0	4.7	4.2	35.4	32.3	2.5	2.5
私营企业	11110.0	6731.0	66.4	67.1	3.0	3.1	28.7	24.7	1.9	5.0
港、澳、台商投资企业	2488.6	1779.2	64.4	64.0	3.1	3.2	30.9	31.0	1.5	1.8
外商投资企业	3380.9	2834.8	61.2	56.9	5.6	4.6	25.5	28.03	7.7	10.1

资料来源：《中国统计年鉴》（2020，2023）。

从创新活动来看，在产品创新和工艺创新上，民营企业的活跃度整体高于其他类型的国内企业。首先，开展产品创新和工艺创新活动的民营企业总数远超其他类型企业。如表 6-3 所示，2022 年国内规模以上工业企业中，有产品或工艺创新的内资企业共计 244512 家，其中私营企业数量 198166 家，占比 81.0%，远远超出国有企业、集体企业、股份合作企业、联营企业和有限责任公司。其次，开展产品创新和工艺创新活动的民营企业比例远高于开展产品创新和工艺创新活动的国有企业比例，显示出民营企业在创新活动上更加踊跃积极。2022 年国内规模以上工业企业中，股份有限公司、股份合作企业、有限责任公司与私营企业分别有 84.2%、54.1%、56.7% 和 56.8% 有产品或工艺创新活动；相比之下，国有企业仅有 40.4%开展了产品或工艺创新。最后，民营企业对产品或工艺创新的投入也得到了相应的成果回报。2022 年国内规模以上工业企业中，分别有63.1%、35.7%、33.5%、35.5%的股份有限公司、股份合作企业、有限责任公司与私营企业实现了产品创新，有 65.3%、32.9%、42.5%、40.8%的股份有限公司、股份合作企业、有限责任公司与私营企业实现了工艺创新。

表 6-3 规模以上工业企业产品和工艺创新情况

类目 注册类型	有产品或工业创新活动的企业数（家）		有产品或工艺创新的企业占规模以上工业企业的比重（%）		实现产品创新的企业所占比重（%）		实现工艺创新的企业所占比重（%）	
	2022 年	2019 年	2022 年	2019 年	2022 年	2019 年	2022 年	2019 年
内资企业	244512	164418	57.2	49.2	35.5	31.3	41.4	33.9
国有企业	1235	441	40.4	29.9	20.6	13.8	30.3	20.3
集体企业	218	234	26.8	21.0	13.3	8.8	19.5	12.0
股份合作企业	396	351	54.1	48.0	35.7	35.0	32.9	33.3
联营企业	55	15	49.1	25.9	21.4	13.8	34.8	17.2
有限责任公司	37495	36377	56.7	48.1	33.5	30.3	42.5	34.6
股份有限公司	6895	8474	84.2	72.9	63.1	54.7	65.3	56.0
私营企业	198166	118521	56.8	48.7	35.5	30.8	40.8	32.9
港、澳、台商投资企业	11160	10682	56.8	53.3	35.9	35.8	41.9	38.3
外商投资企业	13329	12405	56.7	52.7	35.1	34.1	40.7	35.8

资料来源：《中国统计年鉴》（2020，2023）。

从创新产出来看，民营企业借助产品创新获得了较高的经济收益，在各类内资企业中表现最为突出，但新产品主要通过内销来获取附加值，距离成为真正具有国际竞争力的新产品还有较大距离。如表 6-4 所示，2022 年国内规模以上工业企业中，私营企业在新产品开发项目数、新产品开发经费支出、新产品销售收入及出口额度上都显著高于其他内资企业。在以上四个类目中，私营企业的占比分别达到了 70.15%、48.77%、49.0%和 47.18%，这体现了私营企业在新产品开发的高密度产出。第一，在新产品开发项目数上，私营企业优势明显，其数量高于国有企业、集体企业、股份合作企业、联营企业、股份有限公司的累计总数。第二，在新产品开发经费支出上，国有企业、集体企业、股份合作企业、国有联营企业与私营企业的整体支出不在一个数量级。第三，在新产品销售收入上，与港澳台商投资企业及外资企业相比，虽然私营企业的新产品销售收入具备明显优势，但新产品出口的销售收入的优势并不明显。2022 年国内规模以上工业企业中，私营企业新产品出口销售收入为 151762163 万元，而港澳台商投资企业与外商投资企业的新产品出口销售收入分别为 132878036 万元和 104071024 万元，在直接出口销售收入上不存在量级差距。然而，考虑到新产品销售收入总额的基数差距，私营企业仅有 12.1%的新产品销售收入是由产品出口创造的，港澳台商投资企业和外商投资企业则有 39.3%和 27.3%的新产品销售收入来自出口，表明私营企业新产品主要还是面向国内市场开发和销售。

表 6-4　规模以上工业企业新产品开发及生产情况

类目 注册类型	新产品开发 项目数（项）		新产品开发经费 支出（万元）		新产品销售收入 （万元）		出口销售收入 （万元）	
	2022 年	2019 年	2022 年	2019 年	2022 年	2019 年	2022 年	2019 年
内资企业	962722	568733	205724545	133642655	2559898028	1557714924	321648632	217761381
国有企业	9026	3494	3006986	935778	32887564	14709021	1297281	202665
集体企业	411	373	83516	68050	694149	475073	124016	12183
股份合作企业	1207	808	160751	76187	2345893	830617	340895	65488
联营企业	183	28	68421	4825	1338214	19099	8655	2053
有限责任公司	197998	156913	70360182	54394710	856922200	591689881	97927989	78517044
股份有限公司	78228	68678	31565342	24090703	409412814	307938791	69370973	45050062
私营企业	675331	338247	100322550	53896801	1254279309	639791719	151762163	93368828
港、澳、台商投资企业	62068	48400	22274839	14875719	338522892	252177740	132878036	97354532
外商投资企业	69185	54666	27400261	21338811	381408816	310709974	104071024	77576975

资料来源：《中国统计年鉴》（2020，2023）。

从创新产出质量来看，民营企业专利申请数量与质量有很大提升，在特定新兴领域内已经成为我国高质量专利申请的排头兵。如表 6-5 所示，2022 年规模以上工业企业中，私营企业专利申请数与有效发明专利数分别为 755836 件与794492 件，占国内企业相应指标的比重分别达到 57.3%和 46.6%。而就最能体现专利质量的 PCT 国际专利申请情况而言，民营企业更是我国企业的中坚力量。全球知识产权综合信息服务提供商 IPRdaily 与 incoPat 创新指数研究中心历年联合发布的"中国企业 PCT 国际专利申请"排行榜显示，2023 年我国申请 PCT 国际专利最多的前 10 家企业分别是华为、宁德时代、京东方、OPPO、中兴、vivo、海尔智家、小米通讯、字节跳动、TCL华星，其中半数以上都是民营企业；此外，还有大量民营企业也跻身排行榜前100位。

表6-5　规模以上工业企业R&D资源与投入情况　　　　单位：件

类目 登记注册类型	专利申请数		有效发明专利数	
	2022年	2019年	2022年	2019年
内资企业	1318991	912864	1706014	1028567
国有企业	28996	11750	36197	14497
集体企业	1170	352	1026	320
股份合作企业	882	673	1056	739
国有联营企业	3683	3	4169	22
私营企业	755836	447064	794492	392406
港、澳、台商投资企业	92506	70919	131089	93651
外商投资企业	95799	76025	143995	95856

资料来源：《中国统计年鉴》（2020，2023）。

（二）民营企业创新能力建设的结构性特征

从规模大小来看，当前大型民营企业与民营中小企业之间的创新能力出现了分化，大型企业的创新投入和创新产出整体上高于中小企业；不过，某些领域内的"专精特新"中小企业在创新能力建设上也表现突出。首先，根据全国工商联连续组织开展的历年上规模民营企业调研，2023年的500强民营企业中，326家企业的研发人员占比超过3%，比2021年增加97家；175家企业的研发人员占比超过10%，比2021年增加55家；86家企业的研发经费投入强度超过3%，比2021年增加24家；8家企业的研发经费投入强度超过10%，比2021年增加1家；有414家企业的关键技术主要来源于自主开发与研制，比2021年增加20家；432家企业通过自筹资金完成科技成果转化，比2021年增加23家。由此可见，民营领军企业的创新导向正日益增强。相比之下，王钦敏（2017）的研究结果显示，资产1亿元以上的民营企业新增投资流向技术创新的可能性约为中小企业的3~6倍，而资产千万元级以下企业的这一比例不到17%，资产百万元级以下企业新增资金投入技术创新的比例仅为7%。其次，在特定领域内，"专精特新"中小企业的创新能力也在不断增强，总量快速提升。自2019年培育工作启动到2021年，工业和信息化部共认定了三批2930家"专精特新"中小企业；2022年，第四批专精特新"小巨人"企业认定通过4328家，数量超过前三批认定通过家数之和。这些民营中小企业大多依靠持续的高强度研发投入，掌握了新技术、新材料、新工艺等专门领域的关键核心技术，是民营企业创新能力的重要组成部分。

从产业部门来看，民营企业近年来依托持续、高强度的创新投入，在数字创新领域取得了突出的成就。《2023 中国民营企业 500 强调研分析报告》显示，2023 年，研发费用排名前三的企业均来自互联网行业，研发费用排名前十的企业来自四个行业（互联网，汽车制造业，计算机、通信和其他电子设备制造业，电气机械和器材制造业），其中两个为数字核心产业。本章以互联网产业内的阿里巴巴与计算机、通信和其他电子设备制造业内的华为为例进行分析。从数字创新投入而言，2021 年阿里巴巴技术创新投入超过 1200 亿元人民币，超 60% 的专利投入聚焦在云计算、人工智能和芯片等核心数字技术领域。华为公司研发投入强度长期保持在 10% 以上，2023 年研发投入强度达到 24.3%，当前研发费用支出居全国企业首位，在全球名列第 5 位。以数字创新成果而言，截至 2021 年，阿里巴巴拥有向全社会开源的技术项目超 3000 项，阿里云稳固了世界前三、亚太第一的云计算地位，成为集计算、存储、网络、安全四项基础设施能力于一体的全球领军云厂商。德温特专利数据库数据显示，华为持续多年获得的授权专利数量都超过了一万件。自 2019 年发布 5G 标准之后，多年来 5G 专利持续增加，但华为 5G 专利总数排名第一，超越了高通和三星。不过，在领军民营企业取得可观数字创新成就的同时，民营企业整体上在数字创新、数字化转型上面临着严峻的挑战和问题。《2022 中国民营企业数字化转型调研报告》显示，近 70% 的民营企业数字化年投入少于 50 万元，70% 的企业数字化人才占比在 5% 以下，考虑到数字化是数字创新的前奏和基础，数字化投入规模偏小将制约民营企业实现进一步向高质量数字创新领域延伸。

从国际合作来看，在境外设立研发中心、建立国际营销网络和物流服务网络，是民营企业走出国门，集全球资源进行国际化创新合作的主要形式。《2023 中国民营企业 500 强调研分析报告》的数据表明，中国民营企业 500 强在亚洲、欧洲、北美洲、非洲、大洋洲及南美洲均设立了全球研发中心，主要集中在亚洲、欧洲和北美洲，非洲、大洋洲与南美洲分布较少。以华为的全球研发布局为例，1996 年，华为在印度班加罗尔成立印度研究所，是为了利用印度当时全球最好的 CMM 环境，便于软件交付方面的研发。借助这一研究所，华为软件开发水平迅速提升，成为国内唯一一家 CMM5 级认证企业。2000 年，华为在瑞典设立研发中心，是为了掌握 GSM 和 WCDMA 的技术发展动态，同时开展 ICT 领域的基础研究，以发展信息通信领域的基础技术。2001 年，华为在美国设立研发中心，是为了接触光学产品的行业前沿技术。此后，华为在俄罗斯和法国设立研究中心，聚集当地尖端数学人才，集中承担数学方面的基础研究任务；在日本设立研究所，利用日本的材料学优势，集中研究材料科学；在加拿大设立实验室，重在利用加拿大在 AI 领域成熟的科教体系和顶尖的研发水平，开展 5G 技术的研发和机器自动化工作。

二、民营企业在创新驱动发展战略中的使命与定位

党的十九届六中全会审议通过的《中共中央关于党的百年奋斗重大成就和历史经验的决议》强调，坚持实施创新驱动发展战略，把科技自立自强作为国家发展的战略支撑。《中共中央　国务院关于促进民营经济发展壮大的意见》明确，支持提升民营企业的科技创新能力。未来相当长时期内，中美科技对抗不断两极化将是我国加快建设创新型国家和世界科技强国的重要约束和驱动力量。在此大背景下，民营企业应以面向国家科技自立自强的战略要求、符合民营企业自身体制特征为出发点，提升自身合法性和创新能力。

（一）民营企业在创新驱动发展战略中的战略使命

民营企业在国家创新驱动发展战略中应当承担四大战略使命：一是在我国处于被动局面的"卡脖子"技术领域以及有利于我国构筑"非对称竞争优势"的技术领域，结合自身竞争需求与国家战略利益，成为重点技术突破和产业技术领先的创新供给者；二是在高涌现性和不确定性的新兴技术领域，发挥技术与市场敏感度较高的优势，成为战略性新兴技术与多样化技术路线的早期探索者；三是在产业组织和竞争范式迅速变化的数字经济领域，发挥体制机制和业务组合灵活的优势，成为新兴产业生态整体改善的网络构建者；四是在"竞争中性"等企业体制相关问题高度敏感的领域，发挥在国际市场上制度合法性较高的优势，成为助力我国持续深度嵌入国际创新链的全球参与者。

（二）民营企业在创新驱动发展战略中的优先领域

在明确民营企业战略使命的基础上，考虑民营企业的资源基础和体制特征，民营企业面向国家创新驱动发展战略、加强自身创新能力建设的行动应向以下优先领域倾斜（见表6-6）：一是成熟复杂产品系统的模块/部件技术突破与赶超；二是突破性新兴技术和多样化技术路线探索；三是优势领域内的产业关键共性技术研发与扩散应用；四是多平台数字经济生态建设与优化；五是数字创新平台建

设与本土化；六是国际性创新联合体和民间组织建设。

表6-6　民营企业在实施创新驱动发展战略中创新能力建设的优先领域

创新领域		优先领域	次要领域
企业专有技术	成熟技术	复杂产品系统的模块/部件技术	复杂产品系统顶层集成技术
	新兴技术	新兴技术探索与突破 多样化新兴技术路线探索与突破	新兴产业领域突破性技术的大规模产业化
产业共性技术		民营企业具有技术优势或产业链合作优势的关键共性技术	民营企业不具有技术优势或产业链合作优势的关键共性技术
新兴产业生态		多平台数字经济生态建设 数字创新平台建设	数字经济生态与数字创新平台底层关键核心技术突破
国际创新合作		国际性创新联合体建设 国际性民间组织建设	国际性组织内国内众多参与方整体格局的统筹与协调

资料来源：笔者编制。

第一，在技术成熟度较高、需要不同所有制企业开展大规模协作与集成创新的复杂产品系统领域，配合全产业链技术突破的协同需求，参与推进关键模块/部件集成技术和相关"卡脖子"技术突破与赶超。复杂产品系统以高速列车、大飞机、光刻机等为代表，多为支撑大规模制造产品和先进解决方案供给的重要生产资料，是工业发达国家限制技术外流的重点领域，也是当前我国科技和工业自立自强的重大风险点。这类产品涉及多层次、多领域的技术和软硬件集成，产业链极长，因此普遍采用成熟技术以确保系统可靠性和稳定性。由于技术复杂度和成熟度"双高"，复杂产品系统的技术赶超难度极大，但主导技术路线明确且成熟，赶超目标与路径清晰。此时，技术赶超的最大障碍不是广泛探索并灵活调整技术路线，而是如何协同各层次、各类型创新主体为系统级的技术突破与性能改进而进行专用性研发投资。在复杂产品系统领域，民营企业虽然在创新资源和生态位势上有所不足，难以作为总成企业或最终用户牵引协同创新，但战略灵活性和能力动态性占优，在总成企业或最终用户提供可置信、规模化市场预期的情况下，有条件作为模块/部件供应商，匹配重大创新使命对关键模块/部件的国产化需求，集中力量实现特定细分领域的技术突破。例如，在我国自主研发时速380千米高速列车的早期阶段，高速列车车体铝型材需求量还不足以吸引实力雄厚的国有大型企业供应商；以前从未涉足铁路业务的丛林铝业、南山铝业等民营企业则结合业务拓展需求和国家战略方向，与高速列车总成企业开展战略合作，在型材设计、模具开发、检验检测等方面进行了大量专用性投资，最终满足了特种铝型材性能要求，并成为该领域核心供应商。

第二，在技术成熟度不高但提升迅速、多样化技术路线共存且快速变化的关键新兴技术领域，响应国家抢抓战略性新兴产业发展先机的要求，加快对新兴技术领域及各领域多样化技术路线的探索，推动新兴技术向工程化自主产品跃迁。2020年10月，美国白宫发布的《关键和新兴技术国家战略》指出，通信网络、人工智能、新能源、半导体、量子信息等技术将是决定未来全球各国相对地位的关键新兴技术。从发展现状来看，其中不少技术的成熟度虽然目前还不高，但正在迅速提升；部分技术的初步概念和应用方案已现雏形，有些甚至已经进入应用场景验证和工程化、产品化阶段。此外，多数关键新兴技术仍然处于创新生命周期的流动阶段甚至更早期阶段（Utterback and Abernathy，1975），这些技术组合形成的新产品、新服务不断涌现且频繁变化，尚未确定主导技术路线。从历史上各种新兴技术的动态创新事实来看，由于新兴技术从实验室科研成果向工程化产品的跃迁离不开反复的"试错—纠错"迭代，因此流动阶段的产品概念和技术路线创新高度依赖于擅长灵活探索的中小企业。就我国情境而言，勇于进入关键新兴技术领域的民营企业普遍具有较高的创新抱负，试错、纠错意识和能力较强，在国内监管制度和最终用户提供试验性市场和多样化测试场景的情况下，有条件对不断涌现的多样化新兴技术和技术路线尽早开展探索，进而成为未来主导技术路线的开创者和领先者，帮助我国在关键新兴技术推动的科技革命和产业变革中掌握先机。例如，在我国新能源汽车领域，无论是宁德时代等零部件企业，还是比亚迪等整车企业，民营企业的研发强度都大幅高于上汽集团等国有车企（见表6-7）。蔚来、小鹏、理想汽车等民营企业更是成为智能电动汽车市场上快速增长的"造车新势力"，并在差异化的细分市场和技术路线上各自探索。

表6-7 宁德时代、比亚迪、上汽集团研发强度比较　　　单位：%

	2017年	2018年	2019年	2020年	2021年	2022年
宁德时代	8.0	6.7	6.5	7.1	5.9	4.72
比亚迪	5.9	6.5	4.4	4.8	4.9	4.77
上汽集团	1.3	1.8	1.6	1.8	2.5	2.07

资料来源：笔者整理。

第三，在具有多个产业应用前景或是对多个产业技术赶超存在瓶颈制约作用的产业共性技术领域，响应国家战略科技力量建设需求，从自身技术优势和产业链合作优势出发，参与或组织推进共性技术研发与扩散，带动先进科技成果向现实生产力快速转化。共性技术是连接基础研究成果和产品技术的桥梁。这类技术潜在应用范围广泛，但技术路线和应用前景尚不明朗，同时具有很高的收益外部性和信息不完全性，因此面临严重的市场失灵问题（江鸿和石云鸣，2019）。要在新一代战略性技术产品化、产业化、市场化的全球竞争中抢得先手，就要通过恰当的机制安排，扩大产业共性技术供给，尽快催生、催熟依赖于新一代共性技术的新产品、新服务、新工艺和新市场。从各国经验来看，政企合作的技术创新联合体既因政府参与增强了各方对未来知识产权归属与收益合理分配的信心，有利于增进各方投入共性技术研发的动力；又因企业参与增强了对市场竞争中形成的共性技术产业化方向的理解，塑造了广泛的产学研合作关系和技术扩散关系，有利于增进共性技术合作研发成果最终转化的成功率。目前，我国某些民营企业已经逐渐逼近世界技术前沿，从技术追赶转向技术引领的竞争需求使其产生了主动进入高风险、高投入的产业共性技术研发领域的意愿。这些企业虽然数量不多，而且自身技术能力与产业号召力仅集中于少数领域，但在政府优化制度供给、提升民营企业合法性的情况下，有条件在自身技术或市场优势明显、能有效协调相关创新主体合作并落实成果应用的领域内，参与甚至主导建设共性技术研发平台。例如，2022年山东地方政府计划支持42条重点产业链"链主"型民营企业牵头建设省制造业创新中心等创新载体，推动共性技术研发资源共享、成果共用。除有能力主导共性技术研发的大型企业外，大量民营中小企业更是发掘共性技术应用潜力、促进共性技术价值最大化的关键主体，理应成为国内共性技术扩散体系的重要参与者。

第四，在数字创新和产业平台快速发展、生态竞争成为重要竞争形态的新兴产业领域，从美国持续推动中美数字经济"脱钩"的现实出发，发挥和增强在数字创新平台与数字产业生态建设方面的现有优势，为我国提高国内数字经济生态自主性、争取全球数字经济生态主导权提供支撑。与传统创新基于产品创新、技术创新的竞争形态不同，围绕数字创新平台的生态竞争已经成为数字经济时代最重要的竞争形式之一（Wiegmann et al.，2022）。在生态竞争形式下，平台企业不仅自身是数字创新的重要主体，而且作为数字创新的试验场和承载地，加速了入驻企业的数字创新。首先，平台企业的主体连接功能减少了数字创新的信息不对称问题，扩大了数字创新成果的受众范围，提升了数字创新收益。其次，平台企业的基础设施为其他主体提供了数字创新所需的大量共性互补资产，降低了数字创新门槛。最后，平台企业的知识汇聚功能满足了数字创新的多元化知识需求，为多方主体通过知识互动提出创新性方案奠定了基础。借助以上机制，平台企业得以加速数字创新主体、创新成果的涌现与应用，进而扩大平台主导的技术路线和标准体系的影响力，繁荣整个平台生态。民营企业是我国数字创新平台建设的重要力量。这些企业既包括早期以交易平台业务为主、正积极进入创新平台业务的互联网原生企业，也包括以制造业为主业、正积极建设数字创新平台的传统制造业企业。例如，在工业互联网领域，既有由消费互联网企业、制造业龙头企业建设的通用型平台（如阿里巴巴的钉钉平台、海尔的 COSMOPlat 平台等）；也有制造业企业主导建设的、面向特定行业的专用型平台，如红豆工业互联网平台、三一重工的树根互联平台等。不过，目前民营企业建设的数字创新平台多数还是基于平台架构的浅集成，在数据处理分析模型、数据采集设备、软件开发平台等关键核心技术还存在较强的对外依赖。如果国内能通过政产学研合作等机制，在这些关键核心技术上实现突破，民营企业有条件进一步提高数字创新平台的自主可控水平和集成深度，在全球数字经济生态竞争中掌握更大主动权。

第五，在高端创新资源全球分散布局、国际科技合作与治理对产业持续创新至关重要的重点产业领域，基于自身天然满足"竞争中性"规则、政治化属地化色彩较少的身份特征，积极融入全球创新链和全球创新治理格局，成为我国构建科技创新开放合作新格局的支撑力量。随着美国在通信技术、数字经济等领域构建"去中国化"创新联盟的动作不断推进，我国企业在寻求海外创新合作伙伴、收购海外创新资产、创办海外创新中心，甚至只是运营海外基础业务时面临的阻力越来越大。例如，2019 年 5 月，美国联邦通信委员会正式否决了中国移动国际有限公司美国子公司早在 2011 年提交的电信服务申请。尽管中国移动国际有限公司美国子公司申请的服务业务只涉及在美国市场提供国际电话业务，并非美国国内移动服务，但美国方面的否决理由仍然是，"由于中国移动是国有企业，中国政府可能会利用美国电信网络，向美国政府机构收集情报"。与国有企业相比，民营企业的所有制敏感度较低，因所谓不公平竞争遭到质疑的可能性也较低，整体上在全球市场上的经营活动受限更少。例如，在我国企业海外并购步伐放缓的大趋势下，仍有不少民营企业积极寻求以技术获取为目标的海外并购突破，并在软件开发、半导体制造、IT 服务、生命科学等高科技行业有所收获。2022 年 6 月，电连技术就发布了资产重组预案，拟收购英国 USB 芯片和软件方案的龙头企业 FTDI。尽管相对于国有企业，民营企业的海外直接投资与跨国创新合作更多面临"小企业劣势"和"新企业劣势"，但面对国际贸易摩擦加剧、反全球化思潮盛行等多重因素影响下的不利局面，在政府加大支持力度（特别是有助于保持民营企业与政府相对独立身份的合理化支持）的情况下，民营企业有条件成为我国嵌入全球创新网络、获取全球技术的重要接口。

三、民营企业创新能力继续提升面临的主要体制机制障碍

近年来，民营企业创新支持政策特别是科技型中小企业创新支持政策不断改善，《中共中央　国务院关于促进民营经济发展壮大的意见》更是极大优化了民营企业创新能力的建设环境。但从进一步提升民营企业创新能力、使其能够更好支撑国家创新驱动发展战略的需求出发，当前民营企业在创新和产业化、知识产权、科技服务等方面还面临着一些突出的体制机制障碍。

（一）技术创新和产业化政策分散，支持方向有偏

近年来，多项专门政策频繁出台，广泛涉及鼓励民营企业、科技型中小企业研发、技改、创业投资的财政补贴，降低税率、减税免税、加速设备折旧、研发费用扣除的税收优惠，促进创业投资，发展技术中介机构等内容，极大丰富了之前相对单薄的政策体系。但是，相关政策过于分散、专门政策体系缺乏、支持手段相对单一、支持方向有所偏差等问题仍有待进一步改进与完善。

第一，政策过于分散，内容多有重叠，搜寻利用难度大。目前，促进民营企业、科技型中小企业技术创新和产业化的现有政策零散分布在众多法规和规章之中，内容繁杂且多有重复，增加了中小企业的政策搜寻和利用成本，降低了政策效果。仅以所得税优惠政策而论，既有《中华人民共和国中小企业促进法》《关于支持中小企业技术创新的若干政策》《关于小型微利企业所得税优惠政策有关问题的通知》等以中小企业为导向的专门政策，也有大量分散在《关于企业技术创新有关企业所得税优惠政策的通知》《中华人民共和国企业所得税法》等普惠性法律法规中的一般政策。纷繁复杂的税收条例让缺乏专门人才的民营企业、中小企业无所适从，难以有效定位并利用现有政策。此外，2007 年出台的《关于支持中小企业技术创新的若干政策》规定，中小企业技术开发费税前扣除，按照国务院《关于实施〈国家中长期科学和技术发展规划纲要（2006—2020 年）〉若干配套政策》《财政部、国家税务总局关于企业技术创新有关企业所得税优惠政策的通知》执行。这一条款既未体现对中小企业创新活动的特惠倾向，又可能导出其他普惠性政策是否适用于中小企业创新活动的隐性疑问，徒增政策复杂性。这类条款在促进科技型中小企业技术创新和产业化的各项政策中并不少见。

第二，政策地位不高，面向民营企业、科技型中小企业的导向不够清晰。目

前，我国还没有构建起地位较高、导向明确的民营企业、科技型中小企业技术创新和产业化专门政策体系。仅以税收优惠而言，我国中小企业的技术创新能力本就弱于美国、日本等发达国家，却不像这些国家一样拥有关于技术创新税收扶持的完整法律。我国绝大多数税种都根据小条例、大细则的行政法规征收。支持中小企业创新和产业化的税收政策多以实施细则或部门规章的形式存在，且位次低，变动性大，缺乏操作性规定和解释，很不利于科技型中小企业据此安排持续性创新和创新成果产业化活动。与此类似，适用于科技型中小企业的大多数合作创新、科技创业、科技风险投资政策地位也都不高。此外，很多政策并没有充分考虑民营企业、科技型中小企业的特殊需求，仅仅是因其关注对象的所有制性质（民营）、产业性质（高新技术产业）或经济性质（个体工商户）而附带惠及，缺乏明确导向。以创新信息为例，现有信息政策多针对国有大中型企业，专为自有基础设施与人才力量薄弱的科技型中小企业提供创新信息的中介行业发展不充分，使科技型中小企业在创新过程中缺乏应有的交流，削弱了开放式创新的积极性。

第三，政策协调性较差，缺乏配套完善的专门体系。即使是专为推动科技型中小企业技术创新和产业化的特惠政策，也有相当部分因配套不完善、落实不到位而流于具文。例如，《政府采购促进中小企业发展暂行办法》明确提出，"不得以注册资本金、资产总额、营业收入、从业人员、利润、纳税额等供应商的规模条件对中小企业实行差别待遇或者歧视待遇"。但《中华人民共和国政府采购法》第二十二条第（四）款规定，参加政府采购的供应商应"有依法缴纳税收和社会保障资金的良好记录"，却并未就此给出操作性解释。和启动资金要求较低、经营较易延续的服务型中小企业相比，前期投入高、启动期长、多享受税收优惠的科技型中小制造企业更容易被此条款挡在政府采购门槛之外。加之《中华人民共和国政府采购法》第二十二条第（五）款还要求企业"参加政府采购活动前三年内"无重大违法记录，使存续期较短的新创科技型企业难以介入。这或许是当前我国政府采购中科技型中小制造企业比例远低于中小服务企业的重要原因之一，使《政府采购促进中小企业发展暂行办法》不设置规模准入条件的条款丧失了大部分意义，使科技型中小企业的初期创新成果仍难以借助政府采购资金实现产业化经营。

（二）需求面知识产权政策过少，政策完整性不足

我国科技型中小企业知识产权政策体系建设起步较晚，但在《中华人民共和国中小企业促进法》和《关于支持中小企业技术创新的若干政策》相继出台后，面向中小企业的知识产权政策制定进程加速，目前，相关政策已涉及专利申请费

用资助、专利产业化、知识产权战略推进、应对金融危机的知识产权管理、知识产权维权援助等多个方面。但是，需求面政策工具利用不足、专门性政策不够系统、中小企业导向模糊、支持手段操作性低等问题仍然存在。

第一，国家层次的需求面政策缺乏，对知识产权产业化支持不足。知识产权和创新相关的政策工具可分为供给面政策、环境面政策和需求面政策三类。其中，供给面政策包括人才、信息、技术、资金等工具，旨在直接改善创新要素的供给状况；环境面政策包括税收优惠、财务金融、法规管制等工具，旨在通过环境建设间接推动知识产权发展；需求面政策包括政府采购、研发外包、贸易管制、设立海外机构等工具，旨在减少技术市场的不确定性，拉动知识产权创造活动。若以这一分类标准分析我国现行科技型中小企业知识产权政策，则可见相关政策集中在供给面和环境面，需求面政策几乎付之阙如。仅以中小企业专利政策而言，目前还没有一项完全基于专利考量的国家层次需求面政策或政策条款出台。例如，《政府采购促进中小企业发展暂行办法》虽规定应为中小企业预留份额，但此规定仅基于企业规模，并未就中小企业自有知识产权的产品或服务做出特殊安排。鉴于需求面政策是科技型中小企业知识产权市场化阶段的重要助力，这一缺失无疑会大大削弱政策效果。

第二，政策系统性和完整性不足，缺乏贯穿知识产权开发利用全过程的支持政策。我国中小企业知识产权政策的目标不只是帮助中小企业获取知识产权，也不是帮助中小企业应对知识产权诉讼，而是要培养中小企业创造、管理、保护、运用知识产权的全方位能力。这一目标清晰地体现在《关于开展知识产权维权援助工作的指导意见》对于弥补权利人、企业保护和运用知识产权的实际低能力与客观需要的高能力之间的差距的关注，《关于全面组织实施中小企业知识产权战略推进工程的指导意见》以全面推进中小企业知识产权能力提升为目标等政策目标上。然而，从政策内容分析看，这一目标并未落到实处。现行科技型中小企业知识产权政策的具体条款和措施多针对知识产权开发利用过程中的单一环节，且在部分环节上还存在政策空白，尚未形成系统、完备的全过程政策体系。仅以技术创新和专利政策而言，有针对研发阶段的专利申请费用资助政策，有针对生产阶段的专利技术展示交易、专利集群发展等政策，有针对市场化阶段的专利维权援助和投融资对接政策，却基本没有针对创新设想形成研发阶段的专利信息使用政策。目前，除国家知识产权局在官方网站上提供有限的专利检索信息服务外，科技型中小企业在创新设想和前期研发活动中难以寻求政策支持，而这些活动恰是形成自主知识产权的源头所系。总体来看，对照创造、管理、保护、运用知识产权的最终目标，现行中小企业知识产权政策重保护和运用，轻创造与管理。这损害了中小企业知识产权政策的系统性和完整性，使知识产权人才不足、知识产权管理能力较低的中小企业难以利用政策改善自身状况。

第三，知识产权管理政策普惠性有待提高。目前，我国科技型中小企业知识产权保护意识和能力整体上处于较低水平，但提升企业知识产权管理能力的相关政策和细则多基于结构性分类，支持范围狭窄。在科技型中小企业知识产权管理能力亟待整体提升的情况下，现行政策却过分偏重"扶优"，进而忽视"普惠"。早在 2000 年，科技部已发布《关于加强与科技有关的知识产权保护和管理工作的若干意见》，提出要"提高科研机构和高新技术企业的知识产权保护意义和管理水平"。2007 年的《关于支持中小企业技术创新的若干政策》、2009 年的《关于中小企业知识产权战略推进工程的通知》、2011 年的《中小企业集聚区知识产权托管工作指南》、2014 年的《关于知识产权支持小微企业发展的若干意见》等文件也反复强调要有效提升中小企业的知识产权管理能力。但至今为止，强调围绕集群培育优势企业的结构性支持政策仍占绝对主导地位。面向整个科技型中小企业群体的政策即使出现，也基本停留在纲领性条文上，对应细则缺位，操作性不强，难以切实解决问题。在普惠性政策相对缺失的情况下，社会中介服务水平低也进一步影响了我国科技型中小企业提升知识产权管理能力、实现创新收益的前景。

（三）科技服务体系的服务层次与运营效率较低

我国中小企业服务体系建设始于 20 世纪 90 年代末期金融危机之后。1999 年，党的十五届四中全会提出培育中小企业服务体系。2011 年，工业和信息化部就中小企业服务体系建设提出了全新理念，国家中小企业服务体系发展专项资金由支持中小企业服务机构建立独立的服务平台调整为择优支持有条件的省级单位统筹建设服务平台网络，培育国家级中小企业公共服务平台，以形成社会化的中小企业服务体系。经过十余年发展，我国中小企业服务体系政策日趋完善，服务机构建设、服务业务拓展和服务能力提升都取得了一定成效，但目前各方仍未对其发展模式和基本职能达成广泛共识，政府主导的中小企业服务体系仍占据主要地位。在此情况下，财政投入未充分撬动社会资金投入以及中小企业科技服务层次和服务效率过低成为当前中小企业服务体系的突出问题。

第一，中小企业科技服务体系建设投入以政府自有资金为主，财政投入撬动社会资金投入的杠杆作用不显著。一方面，我国中小企业服务机构投资主体虽然已包括政府、事业单位、国企、个人、社团、大学及科研院所等，但运营经费的主要来源仍然是财政拨款和政府项目拨款。另一方面，目前我国对中小企业科技服务平台采取的"绩效考核+后补助"的财政投入机制没有充分考虑平台差异性，致使特殊资源的科技服务平台和基础性科技服务平台等关键共性技术平台的财政投入力度未能与其他服务平台区别开来，加之面向中小企业的技术平台财政投入机制缺乏稳定预期，影响了中小企业科技服务体系建设与运行。

第二，相比国外同类平台，我国现有的中小企业科技服务体系服务层次较低，服务效率不高，这主要体现在以下两个方面：首先，当前国内的中小企业科技服务平台建设仍以规模经济为导向，主要提供产品检验检测、基础科技设施共享等低层次服务，相对忽视外部性最高的共性技术开发职能。共性技术介于科学知识和应用技术之间，是能够为整个产业或多个产业的后续技术研发提供基本手段和技术支持的"竞争前"技术。中小企业受限于资源和规模的约束，多数不具备从事共性技术研发的能力，而共性技术却能为科技型中小企业特别是科技型中小企业集群提供生发的土壤。为产业发展进行企业（因风险过高、外部性过强）不愿投入的前瞻型、竞争前的共性技术研究，是中小企业科技服务体系应有的题中之义，也是国外中小企业服务平台的重要职能，但我国中小企业科技服务体系在这方面还存在较大的职能缺失。其次，受出资主体和运营模式的限制，目前为科技型中小企业提供服务的主要是各级政府主导的中小企业服务中心，职能地位较模糊，加之没有相应的考核标准，致使服务机构的服务意识和服务效率普遍偏低。在互联网和大数据高速发展的背景下，跨区域协同机制和统一信息网缺位，进一步影响了我国中小企业科技服务体系的运营效率。

四、推动民营企业面向国家战略建设创新能力的政策建议

综合考虑未来民营企业在国家创新驱动发展战略中的使命与定位，以及当前民营企业创新能力发展水平与持续提升面临的体制机制障碍，建议在以下方面进行政策改进，从而推动民营企业面向国家战略进一步提升创新能力。

第一，强化政策制定和实施中的政企合作以及责任监督制度。首先，在创新政策和产业政策的制定阶段，推动"政府制定政策—企业利用政策"的思路向"政策制定与实施全过程政企合作"的思路转变，强化全社会的充分参与和监督。在传统的"政府制定政策—企业利用政策"，政府制定创新政策和产业政策时，虽然有时会咨询企业意见，但企业参与始终没有制度化，企业代表也很少切实参与政策决策的核心团队中，因此部分政策并未能充分反映和解决企业经营中面临的最新问题。对此，建议在重大政策制定时，邀请来自科技领先的龙头企业（包括民营企业）代表、新兴领域的创业企业家、具有国际学术地位且真正仍在

科研一线工作的战略科学家和经济学家、管理学家、政治学家、社会学家等组成的专家委员会，全程参与政策讨论与制定决策过程，持续贡献意见和知识；同时，明确政策制定的责任主体，促进负责政策制定的政府部门广泛吸收来自各相关方、各领域的意见与知识。其次，在政策实施阶段，引入"项目制"管理方式，解决创新政策和产业政策实施中越来越多的无责任主体问题和跨部门协调问题（贺俊，2017a）。目前，我国政策实施的精细化程度不足，突出表现之一是面向民营企业、中小企业、创新型企业的政策体系涉及财政、税收、产业基金、服务体系等多类实施主体和实施周期不同的措施，政策整体的实施管理和后期评估面临难题。与此相比，发达国家为提高政策实施效果，常常以政策项目制的方式实施产业政策，即在特定政策目标之下，设置大量配套政策项目，每个政策项目都有明确的项目负责人、项目绩效目标以及分阶段实施的里程碑。例如，《美国中小企业五年规划》涵盖的各项内容都有明确的实施主体、政策项目和配套措施，因而具体责任部门非常清晰（贺俊，2017b）。对此，建议设立"政策项目"制度，向政策实施和监督环节引入项目管理方式，在一定程度上打破部门分割，明确每项政策措施的负责人和具体权利、义务，提高创新政策和产业政策的管理效率。

第二，以知识产权保护和技术市场发展从根本上提振高科技创业和科技成果转化。有力的知识产权保护是激发企业进行创新、形成专业化分工合作的创新生态的重要制度条件，其最大的价值不在于保护大企业，而在于真正推动一大批创新型中小企业和高技术创业企业涌现。从国外经验看，在信息技术通信、生物医药等高技术产业领域，大量高技术中小企业和创业企业的主导盈利模式并不是自行生产并销售自主知识产权产品，而是通过技术市场将知识产权授权或转让给商业化能力更强的大企业，从而实现创新收益。与此相比，由于我国缺少有效的知识产权市场，因此企业难以在形成知识产权之后、通过知识产权交易（而不是提供最终产品或服务）获得创新收益。在这种情况下，企业就必须自行完成从基础研究、产品开发，直至工程化和商业化的创新全过程，同时承担全过程中的所有风险，才有可能实现创新收益。创业企业和中小企业的资源约束远比大企业紧张，在独立完成创新全过程时面临的挑战过高，也就倾向于减少创新投资、避免难以回收创新收益的损失。为转变这一现状，切实缩短创业企业和中小企业回收创新投资的周期、提升其投资创新的动力，我国应当尽快研究制定一个可置信的时间表，在稳步推进知识产权保护的同时，尽可能减少新竞争范式带来的经济冲击，形成国内外高端研发资源集聚的内生机制。

第三，尽快研究出台有利于中小企业和竞争性创新的信息安全法规。在各个产业部门向着数字化、智能化发展的过程中，数据已经成为企业创新的核心资源；如何处理个人信息安全和企业（特别是中小企业）创新资源需求之间的关系，将直接影响产业的创新创业活力。民营企业和中小企业比国有企业和大型企业更加灵活，更能发挥创新动力和创意潜力，成为创新利用数据资源的先行者。从美国经验来看，加州政府制定的《2018 加州消费者隐私法案》（CCPA）虽然严苛，但仍然注意结合本地互联网经济发展特点，做出了有利于小企业利用个人数据开展创新创业的安排。一方面，CCPA 豁免了小企业（年收入 2500 万美元以下）的个人信息安全保护义务；另一方面，CCPA 采取了"原则上允许，有条件禁止"的做法，规范数据商业化利用的目标，是为了以规范支持和鼓励数据流动。欧盟《数据保护通用条例》（GDPR）虽被称为史上最严格的数据保护立法，却也将鼓励数据流通和个人信息安全保护放在同等重要的地位上。GDPR 的严格主要体现在对个人权利的细致保护，以及对违法行为的严厉处罚。与此同时，GDPR 完全继承了此前 1995 数据保护指令的二元立法目标，明确指出不能以保护个人数据中的相关自然人为由，限制或禁止欧盟内部个人数据的自由流动。尤其值得注意的是，GDPR 立法者设计了大量的但书、克减条款，对例外情形作出补充，适当限制权利，适当豁免义务和责任，由此在数据主体的权利和其他主体的正当利益之间形成了恰当的平衡。和 CCPA 与 GDPR 相比，我国于 2018 年 5 月正式实施的《信息安全技术个人信息安全规范》则缺少类似的中小企业豁免和鼓励信息流动条款。建议国家数据局出台试点政策，鼓励地方政府先行先试，在鼓励个人数据流通、降低中小企业数据利用合规成本等方面做出更多政策努力，甚至可以尝试率先出台地方性法规，明确提出保护个人权利并促进个人数据流动的二元性原则和中小企业豁免措施。

第四，构建有利于民营企业新建联盟组织输出国际标准、对抗美国产业联盟的社会团体管理制度。以移动通信产业为例，我国民营企业在该产业内处于技术领先地位；但要进一步提升其国际话语权，需要我国增强国内通信标准组织的开放性和国际影响力，在通信领域内试点允许国外机构加入我国社会团体，对抗美国民间组织在国际通信标准界的影响（李伟，2022）。Wi-Fi 联盟、蓝牙技术联盟作为当前无线通信标准（Wi-Fi、蓝牙）的认证和授权组织，事实上是美国企业倡导发起、总部位于美国但对全球机构开放加盟的民间联盟组织。在 ATIS 下新建的 Next-G Alliance 以及制定了政治化通信安全标准的 TIA 也是如此。由于美国企业在这些组织中具有绝对主导权，我国企业即便加入，也难以掌握话语权。2019 年 5 月，美国联邦政府发布针对华为的禁令之后，Wi-Fi 联盟很快决定限制华为参与联盟活动。因此，对抗美国主导的通信技术标准组织的可行方法，只能是另行开发制定能与其抗衡的技术标准，并联合欧洲国家、共建"一带一路"国家和地区共同发展基于新技术标准的产业生态。在这种情况下，我国社会团体管理的封闭性成为影响国内新建通信标准组织实现对外开放合作的最大障碍。例如，2020年9月，我国成立星闪联盟（SparkLink Alliance），旨在开发并推广替代 Wi-Fi 和蓝牙的技术标准，从根本上摆脱美方在 Wi-Fi 和蓝牙认证上对我国的辖制。星闪联盟有意邀请爱立信、诺基亚等欧洲企业总部加入，但限于国外企业不得加入国内社会团体的规定，最多只能允许这些企业的中国公司成为联盟会员，不利于与国外总部开展直接交流与合作。对此，建议在部分关键新兴领域内进行社会团体试点改革，允许国外企业总部和国外机构参与国内社会团体，助力我国新建的民间标准组织朝着"天生国际化"的方向发展，扩大民营企业和民间组织的国际影响力。

参考文献

［1］Utterback J M，Abernathy W J. A Dynamic model of process and product innovation ［J］. Omega，1975，3（6）：639-656.

［2］Wiegmann P M，Eggers F，de Vries H J. Competing standard-setting organizations：A choice experiment ［J］. Research Policy，2022，51（2）：104427.

［3］北京大成企业研究院. 国有、民营、外资企业重要数据全景简明比较分析——基于第四次经济普查数据 ［M］. 北京：中华工商联合出版社，2021.

［4］贺俊. 产业政策批判之再批判与"设计得当"的产业政策 ［J］. 学习与探索，2017（1）：88-96.

［5］贺俊. 美国小企业战略规划的特点及其对我国的启示 ［J］. 中国经贸导刊，2017（30）：73-74.

［6］江鸿，石云鸣. 共性技术创新的关键障碍及其应对——基于创新链的分析框架 ［J］. 经济与管理研究，2019，40（5）：74-84.

［7］李伟. 代际演进背景下后发标准赶超机制研究——对 4G 标准竞争的解释 ［J］. 经济管理，2022（5）：24-40.

［8］王钦敏. 中国民营经济发展报告（2015—2016）［M］. 北京：中华工商联合出版社，2017.

［9］王中美. 欧盟数据战略的目标冲突与中间道路 ［J］. 国际关系研究，2020（6）：41-61.

第七章 数字经济时代的民营企业数字化转型

在数字经济加速拓展的背景下，加快实现数字化转型是民营企业提升竞争力的关键。企业数字化转型是数字技术与企业组织、业务流程、商业模式协同演化的过程，其本质是数字知识与企业现有知识体系进行融合，进而实现知识再创造、业务再创新以及企业竞争力持续提升。当前，我国民营企业正处于数字化转型初期阶段，民营企业数字化转型广度、深度以及成效都存在较大异质性，民营企业"数字化转型鸿沟"开始凸显，而企业规模、行业特征以及区域特征是造成数字化转型异质性的主要因素，民营企业数字化转型认识和战略部署不到位、数字化解决方案供给不足、数字化转型服务体系不完善是制约当前我国民营企业数字化转型的主要因素。对此，要进一步提升民营企业数字化转型的战略认知，强化政府在民营企业数字化转型中的作用，构建推动民营企业数字化转型的一体化政策体系，搭建民营企业数字化转型的公共服务体系，形成推动民营企业数字化转型的政企合力。

一、问题的提出

"企业数字化转型"已成为经济工作和学术研究的热点问题，不仅政府层面出台了一系列推动企业数字化转型的政策文件，而且学术界也对企业数字化转型进行了大量的研究。当前，各界关于数字化转型形成了罕见的高度共识，一致认为数字化转型是企业优化价值创新方式、重塑竞争优势的重要途径，也是数字经济时代企业变革的核心方向。有关机构研究测算表明，数字化转型可使制造业企业成本降低17.6%、营收增加22.6%，使物流服务业企业成本降低34.2%、营收增加 33.6%，使零售业企业成本降低 7.8%、营收增加 33.3%。① 但与火热的政策推广和学术研究形成鲜明对比的是，实践中却存在企业数字化转型的动力不足、数字化转型成功率不高等数字化转型"遇冷"的问题。数据表明，我国企业数字化转型比例约 25%，远低于欧洲的 46% 和美国的 54%。② 那么，为什么会出现企业数字化转型冰火两重天的情况？影响企业数字化转型成功的因素究竟是什么？企业应该如何优化数字化转型战略提升数字化转型效果？政府政策应该从哪些方面入手促进企业数字化转型？这是本章重点关注的问题。

民营企业是市场主体的核心组成，也是数字化转型的主力军，根据国家市场监督管理总局的数据，我国民营企业数量从 2012 年的 1085.7 万户增加到 2021 年的 4457.5 万户，十年间翻两番，民营企业在企业总量中的占比从 79.4% 增长到 92.1%。考虑到民营企业在我国市场主体的核心地位，当前我国企业数字化转型面临的问题实质上即是民营企业数字化转型的问题。鉴于此，本章在研究企业数字化转型一般理论的基础上，聚焦民营企业数字化转型的具体实践，分析民营企业数字化转型面临的问题，提出促进民营企业高质量数字化转型的政策建议。

本章认为当前民营企业数字化转型面临的问题可以归结为两方面的研究不足：一是对企业数字化转型的实践总结不足，尤其是对企业数字化转型的场景、任务、典型案例和经验等问题缺乏系统总结；二是对企业数字化转型的动力机制、路径模式等理论问题探索不足，缺乏指导企业数字化转型的一般性理论。鉴于此，本章试图对上述两个方面做出理论贡献。本章先对企业数字化转型的实践进行系统总结，在此基础上提出数字化转型的一般性理论框架，分析企业数字化转型的动力机制、路径模式。紧接着，聚焦民营企业数字化转型这一具体问题，总结民营企业数字化转型的现状、问题，提出民营企业数字化转型的政策建议。

本章的研究定位于理论与实践相结合的思辨性研究，因此除了总结现实企业数字化转型实践外，有必要对企业数字化转型的理论研究进行总结归纳。随着5G、千兆光网、人工智能、大数据、云计算等数字技术的发展和广泛应用，利用数字技术实现经济生活的数字化转型成为当前学术研究的重点。广义上的数字化转型是数字技术向经济社会各个领域渗透、应用引发的变化和变革的过程（Majchrzak，2016）。目前学术界主要从三个层面研究数字化转型：一是社会层面的数字化转型，可以看作宏观层面的数字化转型研究，主要探讨数字技术在社

---

① 中小企业数字化转型进入政策共振期 ［EB/OL］. ［2020-05-08］. http：//www. cac. gov. cn/2020-05/08/c_1590485966942345. htm.

② 企业财务数字化转型研究综述 ［EB/OL］. ［2022-07-20］. https：//baijiahao. baidu. com/s？id=1738853562725347345&wfr=spider&for=pc.

会治理、城市治理中的作用以及社会层面数字化转型产生的影响，如智慧城市、智慧市政建设及其影响（常丁懿等，2022；赖晓冰和岳书敬，2022）；二是产业层面的数字化转型，可以看作中观层面的数字化转型，主要研究产业数字化转型的路径、机制以及产业数字化转型对产业结构、生产的影响等（周夏伟等，2022；姚冲和甄峰，2022）；三是企业层面的数字化转型，主要研究不同企业进行数字化转型的动力机制、驱动因素以及数字化转型的影响等（张国胜和杜鹏飞，2022；成琼文和丁红乙，2022）。企业是数字化转型的主要实施主体，是企业化转型的微观基础。尽管现有文献对企业数字化转型进行了大量的理论探讨，但这些研究依然存在有待进一步深化之处，主要表现在如下几个方面：

第一，缺乏对企业数字化转型的一般理论的研究。现有关于企业数字化转型的文献主要集中探讨数字化转型的概念内涵（Gong and Ribiere，2021），数字化转型的影响因素（Verhoef et al.，2021；余典范等，2022）、数字化转型对企业的影响（Hanelt et al.，2021；李雷等，2022）等方面，缺乏对数字化转型动力机制、路径模式等一般性理论的探讨。尤其是国内学者对企业数字化转型的理论研究一般是构建测量企业数字化转型的变量，在此基础上通过实证方法探讨数字化转型的前因变量和后发变化，缺乏对数字化转型内在机制和一般逻辑的理论探讨。第二，缺乏理论与实践相结合的数字化转型政策体系研究。现有部分研究对企业数字化转型现状、面临的问题进行了较为系统的调研分析，给出了促进企业数字化转型的政策建议。但这些研究多是停留于企业数字化转型的表面问题，没有对企业数字化转型的影响因素、动力机制、路径模式进行系统的理论探讨，从而导致其政策建议浮于表面，缺乏内在理论支撑，降低了政策建议的可操作性和实际价值。

综上分析，本章从理论与实践相结合的角度，深化企业数字化转型研究，尤其是针对民营企业数字化转型面临的问题和转型方向、转型策略进行深入的探索。民营企业数字化转型在动力机制、路径模式等方面与其他所有制企业具有共性，这构成了民营企业与其他企业数字化转型的共同理论内涵；与此同时，民营企业在所有制、企业规模、企业资源、企业组织等方面具有特殊性，这构成了民营企业数字化转型的自身独特性。因此，对民营企业数字化转型的研究既要探讨民营企业数字化转型的一般性理论，又要考虑民营企业数字化转型面临的独特问题。基于以上考虑，本章按照如下思路展开具体研究：首先，构建企业数字化转型的一般理论框架，即在总结企业数字化转型实践的基础上提炼企业数字化转型的理论内涵、动力机制、路径模式等一般性理论；其次，探讨民营企业数字化转型的基本现状和面临的独特问题，即从民营企业数字化转型的独特性角度出发总结提炼民营企业数字化转型的基本现状和主要制约因素；最后，在企业数字化转型一般理论研究和民营企业数字化转型实践研究的基础上，提出促进民营企业高质量实施数字化转型的政策建议。本章的研究对于完善民营企业数字化转型政策体系、优化民营企业数字化转型战略具有一定的参考意义，同时还有助于强化对企业数字化转型的理论认识。

二、企业数字化转型的一般性理论框架

（一）企业数字化转型的理论内涵

本部分从数字化转型的理论内涵、数字化转型路径模式以及数字化转型动力机制三个方面构建企业数字化转型的一般理论。

在企业数字化转型的内涵方面，当前商业咨询机构、行业龙头企业以及学术界都对数字化转型的定义进行了界定（见表7-1），这些定义重点强调5G、人工智能、大数据、区块链等新兴数字技术在企业经营、管理等各个环节中的引用，进而促进企业绩效提升。本章认为现有关于企业数字化转型的定义和内涵忽略了两个重要方面：首先，企业数字化转型过程是数字技术与企业组织结构、业务流程、运营模式协同演变和相互促进的过程，而不是单纯的数字技术在企业经营过程中的应用。现有研究都强调数字化转型过程是数字技术在企业中应用的过程，但是通过对企业数字化转型实践进行系统总结可以看出，同样的数字技术在不同企业中应用对企业绩效的影响存在显著差异，也就是说单纯地将数字技术嫁接到企业经营过程中并不能提升企业经营绩效。只有在对企业业务模式、经营特征以及市场环境变化进行综合分析的基础上，选择适当的数字技术并推动数字技术与企业组织结构、业务模式进行适配性重构才能实现数字化转型的目的。其次，企业数字化转型本质上是数字技术知识与企业现有知识体系相互融合，进而进行知识再创业、模式再创新的过程。现有关于企业数字化转型的定义未能从理论上揭示数字化转型的本质，从而会导致对数字化转型的内涵认知不清晰，进而制约数字化转型理论和政策研究效能。本章从知识理论视角出发，认为企业数字化转型本质上是知识融合、知识创造的过程，其数字技术知识与企业生产、研发、管理等知识体系的融合，进而创造出新的知识体系和业务模式的过程。从知识的角度界定企业数字化转型其实践在于要从知识管理视角以及促进知识流动、融合的角度推动企业数字化转型。基于以上分析，本章将企业数字化转型界定为：企业数字化转型是数字技术与企业组织、业务流程、商业模式协同演化的过程，其本质

是数字知识与企业现有知识体系融合，进而实现知识再创造、业务再创新以及企业竞争力提升的过程。

表 7-1　已有代表性研究关于数字化转型的定义

来源	定义
埃森哲	数字化转型分为智能化运营和数字化创新两个部分，智能化运营指企业从海量数据中生成数据洞察，实时且正确地制定决策、持续提升客户体验，借此不断强化当前核心业务；数字化创新指的是企业借助数字技术的力量，加速企业产品与服务的创新，探索新的市场机遇，开创新的商业模式，孵化新的业务项目
德勤	数字化转型是运用新兴技术重新想象商业、组织面向未来的一个发展过程。数字化转型绝不仅仅局限于新技术的实施和运作，通常会对企业的战略、人才、商业模式乃至组织方式产生深远影响
华为	数字化转型是通过新一代数字技术的深入运用，构建全感知、全连接、全场景、全智能的数字世界，进而优化再造物理世界的业务，对传统管理模式、业务模式、商业模式进行创新和重塑，实现业务成功
Fichman 等（2014）	使用新的数字技术（社交媒体、移动、分析或嵌入式设备），以实现主要的业务改进（如增强客户体验、简化运营或创建新的商业模式）
Vial（2021）	通过信息、计算、通信和连接技术的组合促进企业重大变化，从而改善企业绩效的过程
张国胜和杜鹏飞（2022）	数字化转型是指企业在生产、经营及管理等方面应用数字技术改变原有业务流程的过程

资料来源：笔者整理。

（二）企业数字化转型的现实场景与重点内容

企业数字化转型是重塑企业竞争优势的过程，涉及企业产品研发、生产制造、销售、运营管理等各个环节，是一个系统性的工程。根据企业数字化转型涉及的环节，可以将数字化转型分为销售及售后环节数字化转型、生产制造环节数字化转型、研发环节数字化转型以及企业管理环节数字化转型。这些不同环节的数字化转型的重点、使用的数字技术以及带来的企业价值提升各不相同，构成研究企业数字化转型的现实图景。

在产品或服务销售及售后领域，数字化转型意味着利用电子商务、直播等数字技术和工具对产品或服务销售及售后模式进行数字化变革，实现线上销售、精准营销、数字化客户关系管理等，以提升销售和售后效率和客户体验。例如，美的集团通过数字化营销对消费者购买的记录、购买渠道、地域、使用偏好等信息全部标签化，并基于此消费者大数据进行大规模定制，更为精准高效地满足消费者需求。在生产制造领域，数字化转型主要是利用机器人、机器视觉、人工智能、大数据等技术手段对生产线、生产方式和生产流程进行改造，实现生产模式的自动化、智能化。例如，位于重庆的一家生产汽车压铸零部件的传统制造企业瑞方渝美压铸有限公司通过数字化转型实现零部件质量的自动检测，提升了制造效率。在研发领域，数字化转型主要是利用建模仿真软件、研发设计管理软件、三维设计软件、协同研发设计系统等数字化研发工具实现产品研发设计的协同，提升研发效率。研发设计领域数字化核心有两点：一是实现设计工具的数字化；二是通过软件等工具实现研发部门之间、研发部门与其他业务部门以及与市场之间的协同和信息沟通，提升研发效率。例如，北汽集团设立"新能源开放共享战略"，大力研发打造高端智能纯电动汽车，围绕电动化、智能化、网联化、共享化方向，借助人工智能和车联网技术，推进北汽在自动驾驶方面的落地，共同打造车联网产品。在企业管理方面，数字化转型主要是利用 HR 系统、ERP 系统以及 OA 系统等数字化管理工具实现人力资源、财务、行政等管理功能的数字化。管理数字化是当前民营企业数字化转型的热点领域，也是较为容易实现转型的领域。当前，钉钉平台、腾讯云平台等数字化平台为民营企业提供了管理数字化的载体和工具，有力推动了民营企业数字化转型。例如，位于上海的东方希望集团基于钉钉云平台智慧行政和后勤管理，实现考勤、培训、绩效管理等企业管理功能的数字化和移动化（见表 7-2）。

表 7-2 企业数字化转型的实践总结

数字化转型环节	数字化转型内容	使用的主要数字技术	典型案例
销售及售后环节数字化	线上销售、销售管理数字化、客户关系管理数字化	5G、大数据、人工智能、客户关系管理软件（CRM）等	美的集团通过数字化营销，实现消费者购买的记录、购买渠道、地域、使用偏好等信息全部标签化；一条用户记录可以打上近 600 个标签和多级标签属性，形成完整的 360 度的用户画像；并基于此消费者大数据进行大规模定制，更为精准高效地满足消费者需求
生产制造环节数字化	自动化生产线、生产线监控、远程操控、智能物流、机器视觉等	5G、千兆光网、大数据、人工智能、智能制造、工业互联网	瑞方渝美基于飞象工业互联网平台图像检测系统，通过与机器手臂协同，摄像头传感器可以精确采集铸件的图像数据，进行表面质量检测，第一时间筛选出由于钢水温度、磨具损坏等原因产生的次品

数字化转型环节	数字化转型内容	使用的主要数字技术	典型案例
研发环节数字化	使用数字化的研发设计工具，实现研发部门与企业其他业务不同的协同以及企业与市场、生态合作伙伴的协同	5G、千兆光网、大数据、人工智能、三维设计软件、研发设计管理软件、研发设计数据处理系统	北汽集团设立"新能源开放共享战略"，通过新能源汽车技术创新中心联合产业链上中下游15家企业发起共建，突破了产业链的固态合作模式，打造了"共建、共治、共赢"的生态圈
企业管理环节数字化	人力资源管理、财务管理、行政管理等	HR系统、ERP系统、OA系统等	东方希望集团基于钉钉平台集成包括智慧行政和后勤、生产管理、系统集成（企业资源计划ERP、人事系统EHR和制造执行系统MES）三类54个微应用，覆盖了公司办公的几乎所有场景，实现了无缝办公和智能人事管理

资料来源：笔者整理。

在数字化转型的路径模式上，根据对企业数字化转型的定义，本章认为企业数字化转型可以聚焦三方面重点内容：一是技术协同型数字化转型，即在保持企业现有经营战略、商业模式、组织结构等不变的基础上，通过引入数字技术对企业的生产流程进行数字化改造，以提升企业生产和经营效率，这种数字化转型重点在于数字技术对现有技术的替代，如利用自动化生产线替代人工生产线，利用数字化管理软件替代人工管理等；二是业务协同型数字化转型，即在引入数字技术的同时对企业现有的组织结构、业务模式、生产流程等进行适配性调整，以推动数字技术与企业业务层面变革协同共振，提升数字化转型效率，如智慧工厂的建设不仅是引入人工智能、工业互联网等数字化技术，还需要对工厂生产流程进行系统性重构；三是战略协同型数字化转型，即在数字化技术赋能下，推动企业战略进行全面重构，对企业商业模式、业务结构、组织结构等进行调整，以适应数字化时代的需求，战略协同型数字化转型是最为深刻的数字化转型，涉及企业商业模式、组织结构等全面调整，如三一重工等传统制造业企业利用数字技术实现服务化转型即是战略协同型数字化转型的典型。

（三）企业数字化转型的动力机制

在企业数字化转型动力机制方面，本章认为以下三方面因素是驱动民营企业数字化转型的核心动力：第一，市场需求网络化转移。随着互联网技术的发展及互联网普及率提升，消费者需求已经开始向网络化转移，需求网络化转移迫切企业必须实现经验模式、业务模式的数字化转型。根据中国互联网络信息中心发布的第51次《中国互联网络发展状况统计报告》，截至2022年12月，我国网民规模达 10.67 亿，较 2021 年 12 月增长 3549 万，互联网普及率达 75.6%。居民衣食住行等行为触网比例不断提高，以网络购物为例，我国网络购物用户规模达 8.45 亿，占网民整体的 79.2%。2023 年，全国网上零售额 15.4 万亿元，连续 11 年稳居全球第一；实物商品网上零售额增长 8.4%，占社会消费品零售总额比重增至 27.6%。第二，市场竞争因素也驱动企业数字化转型不断提升。在数字化转型过程中呈现出显著的领先企业带动作用，领先企业数字化转型形成的竞争优势会通过示范效应和竞争效应带动行业内竞争性企业实施数字化转型，同时，还会通过前向关联效应和后向关联效应带动上下游企业实施数字化转型，从而形成产业链上下游企业的整体转型。第三，数字技术的发展也会通过技术推动效应促进企业数字化转型。随着 5G、人工智能、大数据、工业互联网、区块链等新兴技术及技术簇的发展，技术发展对企业数字化转型的推动效应越来越强，尤其是随着技术成熟度的提升以及成本的下降，企业利用新兴技术实施数字化转型的收益更高，进而也加快了企业数字化转型步伐。例如，随着人工智能技术的发展和成熟，人工智能在企业数字化转型中的使用率不断提升，日本《信息通信白书》统计数据显示，在能源、金融、医疗、媒体领域，中美使用人工智能技术的比重分别达到 86% 和 73%、86% 和 61%、83% 和 49%、89% 和 65%。

三、民营企业数字化转型的现状及制约因素

（一）民营企业数字化转型的现状

1. 民营企业数字化转型水平在企业规模、行业分布和区域分布上表现出较大的异质性

当前，国家和产业层面尚缺乏针对民营企业数字化转型水平的权威量化指标，[①] 但研究机构、商业咨询公司、龙头企业等多方主体试图从不同的角度量化企业数字化转型水平。[②] 尽管这些研究的指标体系、量化重点各不相同，但在企业数字化转型现状和基本情况上基本一致。综合来看，当前我国民营企业数字化

---

① 目前广为引用的较为权威的数字化转型指标是工业和信息化部发布的全国工业企业数字化研发设计工具普及率、关键工序数控化率。但这些指标是对特定产业特定生产环节的数字化水平测量，目前还缺乏企业整体层面数字化转型水平的量化指标，更缺乏针对民营企业的数字化转型水平指标。

② 即使是现有商业研究，也很少有具体针对民营企业数字化转型的量化指标和评估。考虑到民营企业占企业主体 90% 以上的比例，所以下文用企业数字化转型水平衡量民营企业数字化转型水平。

转型现状和趋势表现为以下几个方面：

第一，我国民营企业数字化转型尚处于初期阶段，但数字化转型发展速率较快。在众多数字化转型研究中，国家工业信息安全发展研究中心与埃森哲联合进行的中国企业数字转型指标研究具有较强的权威性。该研究构建了中国企业数字转型指标，并从2018年连续进行年度评估。从结果来看，2018年以来，我国企业数字化转型稳步提升，2018年我国企业数字化指数为37，处于数字化水平较低的阶段，到2021年数字化指数上升到54，尽管仍然处于数字化转型初期，但数字化转型的趋势和速度都较快。

第二，我国民营企业数字化转型水平在企业规模、产业以及区域三个层面上表现出较大异质性。市场环境、行业特征以及数字化基础等因素的作用，导致民营企业数字化转型水平和成效存在较大差异，主要表现在不同规模、不同行业、不同区域民营企业数字化转型差异上。首先，从企业规模来看，不同规模的企业在数字化转型认知、企业数字化转型资源、数字化转型战略部署以及现有技术水平和能力方面存在较大差异，从而导致不同的民营企业在数字化转型的广度和深度方面存在较大差异。大型民营企业数字化转型投入多、系统性战略部署强，数字化转型速度、深度、广度以及成效都较好，而中小型民营企业由于自身资源、认知等因素的限制，导致数字化转型投入不足，转型速度较慢、转型效果不理想。全国工商联《2022中国民营企业数字化转型调研报告》显示，在被调研对象中20%以上的大型民营企业数字化进入成熟阶段，而80%以上的小微民营企业尚未开展数字化转型或者数字化转型处于初期探索阶段。其次，从区域层面来看，不同区域民营企业数字化转型差异与区域经济发展水平差异高度相关，即东部经济发达地区民营企业数字化转型深度、广度以及成效最高，中部地区次之。这是因为在经济发展水平不同的地区企业在资源水平、技术水平、管理水平等方面存在较大差异。经济发展水平较高的地区，企业规模、人才等资源以及技术水平等都相对较高，因此数字化转型水平相对较高。此外，根据全国工商联的调研还发现，除了资金投入、人才资源等因素导致不同区域民营企业数字化转型存在差异化，不同地区企业对数字化转型的认识也是造成数字化转型差异的重要原因。具体来看，如果企业设置有专门的数字化转型部门或者有领导直接负责数字化转型工作，则反映企业对数字化转型比较重视。全国工商联的调研数据显示，在东部地区专门设置数字化转型部门或领导的企业占比超过50%，远高于中西部地区。最后，从产业层面来看，不同产业民营企业数字化转型也存在较大差异。不同产业经营模式、市场竞争水平、技术能力水平等因素的差异导致不同产业内企业数字化转型水平存在较大差异。全国工商联的调研数据显示，由于新冠疫情对服务业造成了更大的冲击，所以在第三产业中企业通过数字化转型摆脱经营困境的意愿较强；第二产业在数字化转型投入力度、数字化转型整体战略部署方面更加系统，所以第二产业企业数字化转型成熟度相对较高。国家工业信息安全发展研究中心与埃森哲商业研究院的研究将企业数字化转型分为三个梯队，并动态研究了传统零售、物流、电子零件与材料、电子高科技产品、汽车及工程机械、医药、快速消费品、冶金、化工建材几大细分行业每年数字化转型所处的位置。结果表明，2018年电子零件与材料、电子高科技产品、汽车及工程机械三大行业处于数字化转型的第一梯队（见表7-3），到2021年时，传统零售、物流、电子零件与材料则成为企业数字化转型第一梯队产业。从表7-3可以看出，虽然不同产业数字化转型水平会发生动态变化，但快速消费品、冶金、化工建材三大产业数字化转型水平始终处于比较低的水平。

表7-3 不同产业企业数字化转型水平

年份 数字化 转型水平	2018	2019	2020	2021
第一梯队	电子零件与材料、电子高科技产品、汽车及工程机械	电子高科技产品、汽车及工程机械、医药	电子零件与材料、电子高科技产品、汽车及工程机械	传统零售、物流、电子零件与材料
第二梯队	传统零售、物流、医药	物流、电子零件与材料、快速消费品	传统零售、物流、医药	电子高科技产品、汽车及工程机械、医药
第三梯队	快速消费品、冶金、化工建材	传统零售、化工建材	快速消费品、冶金、化工建材	快速消费品、冶金、化工建材

资料来源：国家工业信息安全发展研究中心、埃森哲商业研究院。

2. 民营企业数字化转型差异引发企业绩效层面上的"数字化转型鸿沟"

理论研究和企业实践都已经表明，能否抓住数字化转型契机实现商业模式、运营模式、管理模式的重构是决定数字经济时代能否获利持续竞争力的关键。民营企业数量庞大、规模各不相同、行业分布广泛、技术和能力水平差异明显，这导致民营企业数字化转型程度以及成效存在巨大差异，民营企业数字化转型差异进一步成为企业绩效的重要影响因素。本章将由于企业数字化转型程度和成效差异造成的企业绩效差异定义为"数字化转型鸿沟"。一部分民营企业抓住数字化转型契机实现了企业战略、组织结构的重塑，充分挖掘了企业的数字资产，借助数字技术和数字工具实现了企业绩效的提升；另一部分企业由于对数字化转型认识不足、部署不力等原因导致数字化转型滞后，在一定程度上制约了数字经济时代经营效率的提升。无论是从实际调研还是从初步量化研究来看，企业数字化转型水平的差异正逐步转变为企业经营绩效的差异，也就是说民营企业"数字化转型鸿沟"已经开始凸显。国家工业信息安全发展研究中心和埃森哲中国企业数字化转型跟踪研究通过构建指标体系分析了企业数字化水平，从图7-1可以看出，2018年领军企业相对于其他企业的数字化转型分值高31分，到2021年分值扩大为35，表明领导企业与其他企业数字化转型水平差距不断拉大，数字化转型优势不断增强。进一步的分析表明，数字化转型优势已转变为企业经营收益优势。2016~2019年，数字化转型领域企业营业收入增速是其他企业营业收入差距的1.4倍，2020年这一差距扩大到3.7倍。这表明数字化转型在加速，企业数字化转型鸿沟也不断扩大。未来数字化转型差异可能成为影响民营企业经营效率，决定民营企业竞争优势的重要因素。

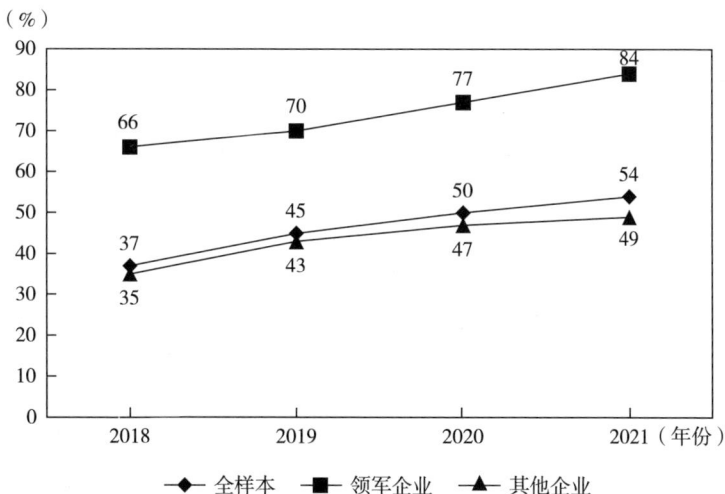

图7-1　数字化转型领军企业与其他企业数字化优势变化趋势

资料来源：国家工业信息安全发展研究中心与埃森哲联合发布的《可持续发展进行时　跨越数字化分水岭》。

　　概括而言，造成当前民营企业数字化鸿沟的因素有两个方面：一是数字化转型程度，即不同企业数字化转型的步伐，利用数字技术对现有业务进行改造的广度和深度造成的差异；二是数字化转型成效造成的差异。虽然部分民营企业也使用相同的数字技术对企业业务结构进行改造，但由于在实践过程中的战略部署、对数字技术的认识以及数字技术与企业自身业务融合效果差异也会导致数字化转型的效果存在不同，进而引发企业经营绩效和竞争优势差异。这表明，防范民营企业"数字化转型鸿沟"不仅要加快推动企业数字化转型步伐，提高企业数字化转型水平，还要着力提升企业数字化转型效果。

（二）制约民营企业数字化转型的主要因素

民营企业数字化转型差异是多重因素综合作用的结果。综合来看，可以将这些因素划分为三个层面：一是企业自身层面的因素，如民营企业对数字化转型的认知和重视程度、数字化转型战略部署、资源投入、技术能力水平等；二是市场层面因素，主要是市场竞争水平、数字技术创新水平、数字化解决方案供给等；三是政府层面因素，主要是数字化转型基础设施体系、政府主导的数字化转型服务体系、政府数字化转型政策体系等。本章认为，在这三个层面中民营企业数字化转型认知水平、数字化解决方案供给以及政府主导数字化转型服务体系分别是制约民营企业数字化转型最为重要的因素。

1. 民营企业对数字化转型的作用以及转型方式存在认知误区

正确认识数字化转型是成功实现转型的前提，但在调研过程中发展，当前民营企业对数字化转型存在一些误区，制约了数字化转型的实施和效能提升，具体表现在以下几个方面：首先，对数字化转型的作用和价值认知存在两极分化和认知鸿沟。一些民营企业将数字化转型视为企业改善经营状况、提升经营绩效的"万金油"，认为数字化转型可以解决企业经营过程中的所有问题；还有部分民营企业看不到数字化转型对于企业的价值，特别是在外部环境冲击导致企业经营困难的情况下，很多企业都致力于保障企业生存能力，无暇顾及数字化转型，对数字化转型价值以及迫切性认知都不足。根据全国工商联的调研数据，在主营业务未进行数字化转型的民营企业中，54.54%的企业认为无暇考虑数字化转型。以上两种极端认知都存在一定问题，数字化转型既不是"万金油"，也不是"无用功"，数字化转型需要根据企业经营过程中面临的实际问题，采用数字化手段进行解决。其次，对数字化转型的方法认知不正确，存在"重硬件，轻软件；重产品，轻服务"的问题。很多民营企业认为数字化转型就是在企业生产经营过程中引入5G、人工智能等硬件产品，忽略了数字化转型其实是数字化技术与企业组织结构、业务流程等协同演进，共同调整的过程，这就导致企业数字化转型只是引入了数字化技术和产品，未能对相应的组织结构进行调整，进而降低了数字化转型的效能。实际上，数字化转型需要企业设置专门部门负责顶层设计和资源调度，从而有效聚集、激活企业内部各种资源，形成数字化转型合力。但根据全国工商联的调研数据，一半以上的民营企业没有负责数字化转型的专门部门。最后，我国民营企业普遍具有"重硬件，轻软件；重产品，轻服务"的商业观念，进行数字化转型的基本思路都是自购硬件、自建数据中心，认为看得见的东西才是自己的、才是安全的。但是，数字时代的商业模式是以"服务化"为核心的，各种商业模式都在向服务化转型，如软件服务化、数据中心服务化。传统商业观念与数字经济时代商业模式的矛盾降低了民营企业数字化转型的效果。根据 Gartner 的数据，我国企业 IT 支出中，硬件占比为 83%，软件支出占比为 5.5%，IT 服务支出占比为 11.5%。相比来看，美国企业 IT 支出中硬件占比只有 36%，软件和 IT 服务占比则分别高达 26% 和 38%。从全球平均水平来看，我国企业 IT 支出占比也远高于 46% 的全球平均值。从企业支付意愿来看，中小型民营企业软件付费意愿弱，美国企业平均单价能够达到 255 美元，而我国只有 22 美元左右。

2. 市场化、多样化的数字化解决方案供给不足制约了民营企业数字化转型的步伐和效果

企业数字化转型过程中对软件、解决方案等数字化供给具有较大的需求，这些需求又具有多样化、个性化、碎片化的特征，如同样是客户管理软件（CRM），服装企业和餐饮企业的需求就不一样，不同规模的企业也各不相同。但当前我国能满足中小企业需求的数字化解决方案的供给商是缺乏的，能力也十分不足，无法为企业数字化提供多样化、个性化的转型，这一方面制约了民营企业数字化转型的步伐，另一方面降低了民营企业数字化转型的成果。以云服务软件为例，云服务是企业数字化转型的重要赋能工具，但长期以来，我国云服务产业发展滞后。不同于传统产业的竞争力主要体现在单个企业和独立技术，云产业竞争力的载体是云平台以及生长在云平台之上的 SaaS 企业，两者相互促进，共同构成一体化的产业生态。我国云产业生态与美国有一定差距：首先，从云服务市场来看，我国云服务市场总体落后美国五年以上。从企业的全球份额来看，美国 Top3 云服务企业占全球 78% 的市场份额，而我国 Top3 企业在全球市场份额只有 15% 左右。其次，从产业生态来看，一方面美国庞大的云服务市场已经培育出亚马逊、谷歌、微软等龙头云平台企业；另一方面基于云平台已经孵化出 Saleforce、Adobe、Zoom、DocuSign 等各种规模、各种类型的 SaaS 企业，且云平台与 SaaS 企业相互促进、良性循环，逐步构成了具有全球竞争力和领先优势的产业生态体系。对比来看，我国无论是云平台还是 SaaS 企业发展都相对缓慢，企业规模和竞争力远远低于美国，产业生态依然不完善：从云平台来看，美国最大的云平台亚马逊在全球市场份额达到 46%，我国最大的云平台企业阿里云市场份额只有 9% 左右；从 SaaS 企业来看，美国软件企业总体上已经实现 SaaS 转型，云收入占比接近 90%，而我国软件企业的云收入占比不足 10%，基于云的原生软件开发更是远远落后于美国；中国信通院发布的《云计算白皮书（2020 年）》显示，我国公有云 SaaS 市场规模只有 279 亿元，占全球的 4%。我国十大 SaaS 公司的市值之和只占美国的 13% 左右。云服务产业体系的发展不完善导致民营企业在数字化转型过程中无法获取服务自身转型需求的数字化工具，阻碍了民营企业数字化

转型步伐。

3. 支撑民营企业数字化转型的公共服务体系不完善、功能缺失

民营企业数字化转型是一项复杂而长期的系统工程，不仅需要企业自身具有数字化能力，还需要政府、市场提供数字化转型所需的要素和服务。尽管我国已经启动了企业数字化赋能专项行动，各级政府初步搭建起多样化的数字化服务平台。但是，这些平台存在功能缺位和服务能力不足的问题，制约了促进民营企业数字化转型效果的发挥。

从平台功能来看，现有企业数字化转型服务体系基本只能赋予中小企业普适性的通用能力，而忽视了数字化平台和工具应用、转型后的专业人才培育等核心能力。一方面，以政府为供给主体的公益性服务体系，未能高度重视企业数字化转型能力培养。德国政府为深入实施"工业4.0"战略，制定了中小企业数字化转型的行动计划，依托高校和科研院所的专业优势，在全国各地建设数十个中小企业4.0能力中心，为企业数字化转型提供实施指引、技术研发、人才培训等全方位的能力支持。我国服务重点侧重于解决企业"融资难""招工难"等普遍问题，却忽视了"接单难""管理难"等现实问题，尤其是民营中小企业如何提升市场竞争力和管理能力等核心能力问题。我国现有的企业培训体系，重点集中于法律知识、政策解读、投融资服务等领域，对于企业高质量发展所需的关键知识与核心能力，尤其是企业数字化转型所需的知识与能力，却无法发挥有效的支撑作用。另一方面，以市场化机构为供给主体的商业性服务体系，未能充分发挥平台企业的牵引作用。伴随数字经济的迅猛发展，微软、谷歌、亚马逊等典型平台企业，纷纷建立企业数字化服务平台，加速从传统服务商向云服务商转型，借助其在云计算、大数据、人工智能等领域的优势，为企业提供全过程的数字化转型服务，提升了企业实施数字化转型所需的核心能力，降低了企业自建数字化平台的成本和风险。我国平台企业也自发推出了数字化服务平台和产品，但由于未能与现有的公共服务体系有效衔接，其在促进民营企业数字化转型中的作用非常有限。

从数字化转型服务平台的体系来看，作为对公益性服务的重要补充，市场化主体提供的数字化转型服务，由于费用超出民营企业（尤其是中小型民营企业）的承受能力，在推广过程中面临诸多障碍。一方面，公益性数字化转型服务供给不足，服务内容有待创新，服务效率有待提升。我国政府持续完善中小企业公共服务体系，并出台了一系列政策措施支持中小企业高质量发展。本书调研中发现，中小企业关注度最高的是破解资金不足难题的相关政策。但是，现有的中小企业扶持政策以一次性补贴、补助为主，缺乏对重点企业全生命周期的精准服务和跟踪帮扶。由于受众面广、资助力度小、兑现周期长等特点，相关政策在精准

度和时效性上无法满足中小企业需求，使得中小企业普遍感觉"不解渴"。同时，相关政策未能区分处于不同发展阶段的中小企业的差异化需求，并且缺少对资助对象长期发展状况的跟踪评估，使得政策执行效果大打折扣。此外，目前提供公益性服务的人员队伍比较有限，服务内容相对传统，尤其是缺少关于企业数字化转型方面的专业化服务，利用数字化手段和工具改进服务效率的动力不强，能力有待提升。另一方面，商业性数字化转型服务费用过高，需要持续资金投入，企业难以负担。调查显示，我国民营企业实施数字化转型的最大障碍，源于高昂的投入与不确定的收益之间的权衡。在公益性服务供给不足的情况下，企业只能向市场化主体采购商业性服务，对其而言自建数字化平台和采购数字化服务的费用过高。而且，这种投入并不仅仅是一次性的采购费用或服务费用，后期还需要持续投入平台维护和升级费用，以及数字化转型所需的人才培训、管理提升等方面的配套投资。对于本就资金匮乏的民营企业而言，无疑是难以承担的一笔支出。再加上数字化转型所带来的经济效益具有不确定性，导致多数民营企业顾虑重重，严重阻碍了企业数字化转型进程。

四、加快推动民营企业数字化转型的政策建议

（一）强化民营企业数字化转型战略认知，提升数字化转型能动性

数字化转型的实施主体是民营企业，因此推动数字化转型首先要强化民营企业自身实施数字化转型的内在动机，充分激发民营企业数字化转型能动性。结合前文对企业数字化转型理论机制以及民营企业数字化转型现状的研究，建议从以下几方面提升民营企业数字化转型的能动性：一是强化民营企业对数字化转型的正确认知，推动数字化技术与企业组织结构协同演进。根据前文研究得出，提升数字化转型绩效的根本途径是推动数字技术与企业业务协同演进，因此，一方面要通过宣传推广、典型示范等方式提升民营企业对数字化转型的重视程度；另一方面要促进民营企业认识到数字化转型不仅仅是数字技术的应用，更需要企业业务模式、组织模型与数字技术系统演进。二是优化民营企业数字化转型战略，引导民营企业根据自身特征选择最优的数字化转型路径模式。数字化转型不存在统一的模式，需要企业根据自身规模、技术水平、业务特征选择最适合的数字化转型路径。根据前文对数字化转型路径模式的划分，本章认为对于小微型民营企业适合采用技术协同型数字化转型，中型规模民营企业适合采用业务协同型数字化

转型，大型企业适合采用战略协同型数字化转型，但需要指出的是实践中还需要根据企业自身情况灵活选择和调整。三是提升民营企业数字技术能力，加大民营企业与其他企业的技术和知识交流。本章研究认为数字化转型本质上是数字技术知识与企业现有知识体系的融合创新，因此，从这一角度来说，提升民营企业数字技术知识水平，加大民营企业与其他企业的技术交流，尤其是与数字企业的技术交流可以有效促进民营企业数字化转型。

（二）构建民营企业数字化转型一体化政策体系，提升政策整体效能

民营企业数字化转型是一个系统性工程，不仅涉及不同产业、不同规模的企业，还涉及企业生产经营的各个环节，不仅需要强化企业自身数字化转型激励和能力，还需要强化企业数字化转型的外部要素供给和环境建设。这决定了单一政策工具很难发挥促进民营企业数字化转型的作用，应构建起支撑民营企业数字化转型的一体化政策体系，同时强化政策工具之间的衔接配合，提升政策整体效能。从政策作用对象和领域来看，本章认为应强化以下几方面政策供给：一是加快推动数字化转型基础设施体系建设，厚植民营企业数字化转型土壤。以5G、千兆光网为代表的网络基础设施体系，以云计算、大数据为代表的算力基础设施体系，是民营企业数字化转型的关键基础设施支撑，但与传统基础设施不同的是，这些支撑企业数字化转型的新型基础设施又具有强化的私人产品特征。因此，要以优化数字化转型基础设施投资体制建设为核心，加快数字化转型基础设施体系建设，为企业数字化转型奠定基础。二是推动民营企业数字化转型指标体系建设，强化评估对于促进民营企业数字化转型的牵引作用。数字化转型指标体系可以帮助企业了解数字化转型实际情况，帮助企业进行数字化转型自我诊断和自我评价，提升企业数字化转型激励和成效。日本经济产业省早在2019年就构建了包括35个指标的"数字化转型指标体系"，为企业数字化转型量化评估和未来转型方向确立提供依据。三是加快建设数字化转型标准体系和案例库建设，强化标准以及典型案例对数字化转型的牵引和示范作用。不同行业、不同企业数字化转型既有共性特征，也有差异化特征，这就要求一方面要强化对数字化转型共性需求、共性技术、共性产品的标准化，通过标准化建设降低企业数字化转型成本；另一方面要加快总结不同行业、不同规模企业数字化转型成功经验，形成数字化转型样板工程和示范工程，强化典型案例的示范引领作用。

（三）完善民营企业数字化转型服务体系

根据民营企业数字化转型特征，为不同发展阶段的民营企业提供差异化数字

化转型服务，采取多种方式降低企业数字化转型成本。要始终坚持需求导向和长期导向的基本原则，为民营企业提供更加精准、高质、高效的服务。首先，区分民营企业在生命周期不同阶段的数字化服务需求，为民营企业提供覆盖全生命周期的差异化和持续性数字化服务。从美国等发达国家的经验看，企业在其生命周期的不同阶段，对于数字化转型服务的需求存在明显差异。概括而言，在初创期最需要创业辅导、市场调研、行政法规等方面的信息，在成长期重点关注投融资、技术创新、管理咨询等方面的支持，在成熟期更加侧重成果转化、管理提升、专利申请等方面的服务，在衰退期则需要法律援助、资产评估等方面的帮助。因此，应区分企业所处的行业背景和发展阶段，动态调整服务内容和服务方式，为其提供更加贴合企业实际需求的个性化服务。在此基础上，应尽快转变民营企业服务理念，科学筛选并锁定重点对象，如专精特新"小巨人"和单项冠军企业，从一次性的短期资助为主，逐渐变为持续性的跟踪帮扶，在有限的财政预算约束下，切实改善政策执行效果。同时，建立和完善后评估机制，及时反馈资助对象成长情况，并据此动态调整资助计划。其次，采用政府发放补贴、政府采购服务、产业园区集中采购等多种方式，切实减轻民营企业通过市场化途径获得数字化服务的负担。一是通过政府发放补贴的方式，支持民营企业采购数字化服务。政府可以通过发放民营企业服务补贴券等方式，对采购数字化服务促进企业转型升级的支出部分给予补贴，在一定程度上降低企业成本和负担。二是通过政府购买服务的方式，降低民营企业数字化转型的成本。对于一些通用性的数字化服务，可以采用政府购买服务的方式，使得更多企业能够免费享受到基础服务，降低企业自主采购成本。三是通过产业园区集中采购的方式，发挥数字化平台和服务的资源整合优势。发挥产业园区在聚集产业资源、助力企业发展中的重要作用，梳理产业园区内企业对数字化服务的共性需求，将原本单个企业分散采购形式，转变为产业园区集中采购模式，大幅降低企业获得专业服务的信息搜寻成本和采购成本。

（四）以"云转型"为抓手牵引民营企业数字化转型全面升级

"上云用数"是促进民营企业数字化转型的重要引擎，也是国内外数字化转型领先企业成功的重要经验。通过"上云"实现云转型不仅可以降低企业数据存储、备份效率，还可以打通企业内外部数据壁垒，激活大量数据资源，为企业业务和架构创新奠定基础。但如前文所述，我国企业"上云"步伐相对滞后，对云服务的接受程度普遍较低。因此，数字化转型政策要加快推动民营企业实现"云转型"，以"云转型"牵引数字化转型全面升级。具体可以从以下几个方面强化政策支撑：一是强化政府补贴对民营企业"云转型"的激励作用，通过给予补贴、税收优惠等措施鼓励民营企业上云并使用 SaaS 软件等云服务工具。当前制约民营企业上云用云最为重要的因素就是成本问题，对此，可以通过给予上云企业补贴、税后优惠等方式降低企业上云成本，对企业上云用云进行激励。二是扩大云服务安全评估公共服务供给。安全问题也是制约民营企业上云用云的重要因素，为了保证用户能够获得安全可靠的云使用环境，美国、英国、新加坡等各国的通行做法是由政府部门开展云安全认证工作（如美国 FedRamp、新加坡 MTCS）。我国相关部委从 2015 年起也开展或支持云安全认证相关工作，但由于评估机构单一、评估工作人员数量不足，安全评估服务供给不足完全不能满足我国政府对云计算服务市场需求高速增长的需要。对此，建议将我国云计算与服务安全评估机构的数量扩大为三家左右，通过促进有效竞争推动我国安全评估公共服务的供给水平提升和创新发展。三是加快促进大中小云服务软件企业梯度发展，强化高质量云服务供给。当前我国云服务软件产业发展势头较好，初步培育了以用友、金蝶为代表的领先企业，但产业规模仍然较小，产业结构和企业活力也有待进一步优化，这从供给侧制约了民营企业上云用云。为此，一方面要以扩大市场需求为导向，加大对用户使用 SaaS 的补贴力度，通过市场需求牵引企业成长和产业优化；另一方面要加快构建企业研发供给服务平台，在新一轮重大科技专项的相应项目下设置基于云原生架构的 SaaS 软件开发，支持提供在云上进行软件开发、部署、交付、运营和服务的专业平台发展。

参考文献

［1］Fichman R G，Dos Santos B L，Zheng Z. Digital innovation as a fundamental and powerful concept in the information systems curriculum［J］. MIS Quarterly，2014，38（2）：315-329.

［2］Gong C，Ribiere V. Developing a unified definition of digital transformation［J］. Technovation，2021，102：102217.

［3］Hanelt A，Bohnsack R，Marz D，et al. A systematic review of the literature on digital transformation：Insights and implications for strategy and organizational change［J］. Journal of Management Studies，2021，58（5）：1159-1197.

［4］Majchrzak A. Designing for digital transformation：Lessons for information systems research for the study of ICT and societal challenges［J］. MIS Quarterly，2016，40（2）：267-277.

［5］Verhoef P C，Broekhuizen T，Bart Y，et al. Digital transformation：A multidisciplinary reflection and research agenda［J］. Journal of Business Research，2021，

122：889-901.

［6］Vial G. Understanding digital transformation：A review and a research agenda［R］. Managing Digital Transformation，2021.

［7］常丁懿，石娟，郑鹏．中国 5G 新型智慧城市：内涵、问题与路径［J］. 科学管理研究，2022，40（2）：116-123.

［8］成琼文，丁红乙．税收优惠对资源型企业数字化转型的影响研究［J］. 管理学报，2022（8）：1125-1133.

［9］赖晓冰，岳书敬．智慧城市试点促进了企业数字化转型吗？——基于准自然实验的实证研究［J］. 外国经济与管理，2022（10）：117-133.

［10］李雷，杨水利，陈娜．数字化转型对企业投资效率的影响研究［J］. 软科学，2022，36（11）：23-29.

［11］姚冲，甄峰．智慧产业与智慧城市的多元融合及发展机制——以南京市为例［J］. 南京社会科学，2022（6）：59-67.

［12］余典范，王超，陈磊．政府补助、产业链协同与企业数字化［J］. 经济管理，2022，44（5）：63-82.

［13］张国胜，杜鹏飞．数字化转型对我国企业技术创新的影响：增量还是提质？［J］. 经济管理，2022，44（6）：82-96.

［14］周夏伟，杨彬如，岳太青．产业数字化、引致创新与区域经济增长［J］. 经济体制改革，2022（3）：119-126.

第八章 构建新发展格局视角下民营企业全球化研究

2020 年，党的十九届五中全会作出了"加快构建以国内大循环为主体、国内国际双循环相互促进的新发展格局"的重大部署，构建新发展格局成为我国在两个大局下参与国际合作和培育国际竞争新优势的重要战略路径，也是新形势下我国企业国际化所面临的时代命题。在新的国际竞争形势下，我国企业国际化面临的外部环境发生重大转向，原来 WTO 框架下的国际经济合作秩序遭到严重破坏。近年来，美国通过单边制裁等贸易霸凌手段，肆意破坏国际经济合作秩序，以"保障国家安全"为由搞"小圈子"实施断链脱钩，扰乱国际产业链、供应链，妄图将在全球供应链中举足轻重的中国排除在外。改革开放以来，中国企业面对的中国与世界不断双向开放、不断深化合作的国际制度环境发生转向，中国企业国际化面临前所未有的严峻挑战，以华为为代表的中国企业，承压前行，探索出国际化的新路径。

一、中国企业国际化的基本历程

随着中国对外投资政策的逐步推进和企业自身能力的不断提高，中国企业"走出去"的广度和深度不断提升。其海外市场进入方式经过了从贸易型进入生产性投资的演变，直接投资区位从发展中国家逐渐扩展到发达国家，走过了一条渐进式发展道路。到目前为止，中国企业走出去的历程基本可以划分为五个阶段（见图 8-1）。

1. 1978~1991 年，外资进入与非制造型对外投资起步

中国企业对外投资的发展历程是中国对外开放从"引进来"到"走出去"过程的一个缩影，它是中国企业不断向外寻求资源、向外拓展市场、在更大范围内融入国际产业分工的直接表现，也是中国企业自身能力不断提升的客观反映。

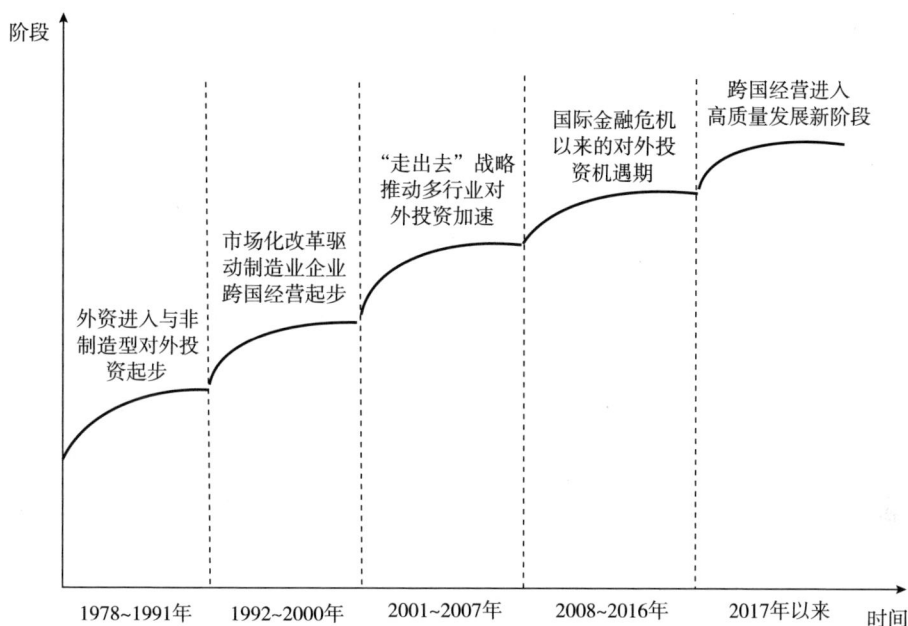

图 8-1　中国企业国际化阶段划分

　　改革开放初期，民营企业仍然非常弱小，中国对外直接投资的主体仍然是清一色的国有企业，而最初的投资目的局限于"开发国内、国外两种资源"。在原来的经济体制下成长起来的国内大企业都是国有企业，在早期，这些企业大胆的海外投资行为很大意义上是国家资源战略的反映，企业本身并没有跨国经营经验，因而表现出跃进性、非连续性和非系统性的特征（刘建丽，2009）。在这一时期，国有企业就是中国企业的代表，它们肩负着探索海外市场、寻求外部资源的重任。当时，我国对外开放的重点是扩大出口和利用外资，少数外经贸公司从自身经营发展的需要出发，开始在国外设立窗口企业，主要目的是为对外贸易服务。20 世纪 80 年代初，一些大型国有外贸企业开始探索对外直接投资。总的来看，这一时期参与对外直接投资活动的企业为数不多。1979～1984 年，我国企业在国外投资兴办非贸易性企业为 113 家，总投资额 2 亿多美元。对外投资主体主要是中央和地方外贸专业公司、省级国际经济合作公司，如中国化工进出口总公司、中国五金矿产进出口总公司等；投资领域主要集中在餐饮、承包建筑工程、咨询服务、贸易等服务行业。1985 年以后，一些资源加工类的大型国有企业开始尝试对外投资，如中信集团公司（制造业务）于 1986 年 9 月与加拿大鲍尔公司合资购买并经营塞尔加纸浆厂。这一时期对外投资的国有企业，是中国企业

"走出去"的先锋队，承载了经济主体对外主动探索和融入世界市场的使命。它们的对外投资，更大意义上是为了试水和探索国际市场，积累跨国经营经验。

2. 1992~2000 年，市场化改革驱动制造业企业跨国经营起步

1992 年是中国的"市场经济元年"，也是中国的"企业家元年"。邓小平"南方谈话"以后，改革的春风使中国市场快速觉醒，也使刚刚形成的企业家群体开始体会到市场竞争的真正内涵。直面市场的国有企业一方面面临制度创新的压力，另一方面在市场化驱动下也开启了市场拓展意义上的国际化。

进入 20 世纪 90 年代，中国企业对外投资逐渐从贸易和能源行业扩展到制造业，投资动因也从单一的市场获取型或资源寻求型过渡到资源、市场获取和优势对外转移的复合动因。1992 年邓小平"南方谈话"是一次解放思想的宣言书，是改革开放的再动员，坚定了各领域推进改革的信心。从对外直接投资数据来看，1992 年对外直接投资流量较 1991 年增长了三倍（见图 8-2），是改革开放以来的第一次明显的跃升。

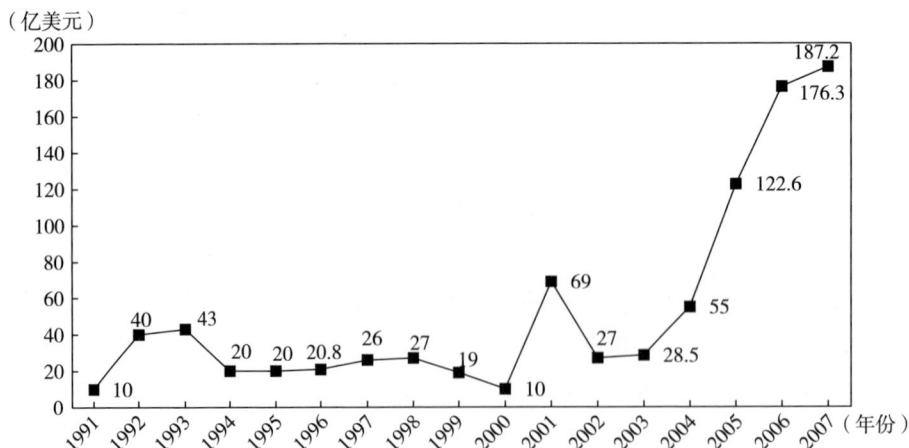

图 8-2　1991~2007 年中国非金融类对外直接投资流量

资料来源：根据商务部对外直接投资统计数据计算而得。

这一时期，能源矿产类企业对外投资仍占据投资流量的绝大部分。1992 年，首钢集团斥资 1.2 亿美元收购了秘鲁铁矿公司，成为成功并购外国公司的第一家中国国有企业。1993 年，中石油在泰国获得石油开发作业权，迈出了中国石油企业"走出去"的步伐。1995 年，中石油苏丹项目启动，公司陆续投入勘探、开发和管道运输等环节，成为第一次真正战略意义上的对外投资，中石油的跨国经营也由此开始。由于国际经营经验匮乏，企业普遍对海外经营风险的考量不

足，这一阶段国有企业为国际化支付了昂贵的"学费"。

这一阶段，除了能源企业的国际化经营逐渐展开之外，更为标志性的是生产制造类企业开启了对外投资之旅。随着中国市场经济的逐步发展，中国企业包括国有企业增强了市场竞争意识，企业管理能力大幅提升，逐渐有意识、有能力向国外拓展市场。随着经济体制转轨的逐步推进，中国经济也逐渐从短缺经济时期过渡到过剩经济时代。这一时期的国有制造业企业，确立了市场意识，具备了市场化的管理方式和营销理念，一些电子类制造业企业开始将它们的目光投向海外市场，不仅复制自己的生产模式，也进一步向海外拓展市场，转移产能。1997年亚洲金融危机后，为了扩大出口，国家出台了《关于鼓励企业开展境外带料加工装配业务的意见》，提出了支持企业以境外加工贸易方式"走出去"的具体政策措施，也在一定程度上促进了加工装配业务的对外投资。

从表8-1可以看出，这一时期对外投资的主角是家电制造类企业和摩托车制造企业。这些企业在技术上都有引进、消化、吸收的过程，经过国内市场的培育，生产技术快速成长，生产能力在满足国内市场的基础上还有剩余，因此，产生了向外发展的动力。这些国有企业成为中国最早的"市场寻求型"海外投资主体。从投资地的选择看，这些企业基本上都选了劳动力成本比较低的欠发达国家，有助于企业在国际化初期较好地控制成本和投资风险。当然，与能源类企业的投资相比，这些企业的投资额并不大。

表8-1　1995~2000年中国制造业企业的首次海外投资项目

公司	年份	地点	内容
小天鹅公司	1995	马来西亚	建家电厂
海信集团	1996	南非	建家电厂
金城集团	1996	哥伦比亚	建摩托车厂
TCL集团	1996	越南	收购港资彩电生产企业DONACO
华源集团	1997	尼日尔	收购纺织厂
康佳集团	1998	印度尼西亚	合资建家电厂
春兰集团	1999	西班牙、伊朗	建摩托车厂
格力集团	1999	巴西	建电器厂
长虹集团	2000	印度尼西亚	建家电装配厂

资料来源：刘建丽. 中国制造业企业海外市场进入模式选择研究 [M]. 北京：经济管理出版社，2009.

3. 2001~2007年，"走出去"战略推动多行业对外投资加速

2001年，党的十五届五中全会正式明确提出实施"走出去"战略，是中国

鼓励性对外投资政策形成的标志。在此之前，中国企业对外投资一直处于限制性或保留性的态度。同样在 2001 年底，中国正式加入 WTO，这是中国企业经营面临的重大制度环境变迁，企业面临的竞争环境发生了质的变化，也直接促进了企业"走出去"。

在"九五"时期，中国提出要"有计划地发展境外投资"。"十五"时期，国家明确提出了"走出去"的重大外向发展战略。2000 年 3 月，全国人大九届三次会议初次提出"走出去"战略；2001 年，党的十五届五中全会上，首次明确提出"走出去"战略，并将"走出去"战略正式写入我国"十五"计划纲要。"鼓励能够发挥我国比较优势的对外投资，扩大国际经济技术合作的领域、途径和方式。"由图 8-2 可以看出，2001 年，中国对外投资流量产生了突飞猛进的增长。2002~2007 年，中国非金融类对外直接投资的年均增长速度高达 47%[①]，2007 年对外投资流量达到 187.2 亿美元。这一时期是中国企业对外投资第一次加速期，也是国有企业多行业海外布局的突破期。在总体对外直接投资迅速增长的背后，是国有企业日益频繁地进行大规模海外投资的身影。仅 2006 年，国有企业就完成了数宗金额较大的并购交易。不过，这些大规模并购仍然集中在能源领域。例如，中石化对俄罗斯乌德穆尔特石油公司 96.86% 股份的收购，总交易额为 35 亿美元；中国石油天然气集团通过其全资子公司中油国际与哈萨克斯坦国家石油公司签订股份转让交割协议，向后者出让中石油持有的 33% 的哈萨克斯坦 PK 石油公司股权；中石油以 41.8 亿美元成功收购哈萨克斯坦 PK 石油公司；以及中国有机硅行业的排头兵中国蓝星（集团）总公司全资收购法国罗地亚（Rhodia）公司有机硅及硫化物业务项目。不过，随着民营企业的发展壮大和海外战略的兴起，国有企业对外投资比重呈下降趋势。2004 年，国有企业占整个境内投资主体的比重由 2003 年的 43% 下降至 35%，2006 年则继续下降为 26%，但投资额仍然占据主导地位。民营企业占对外投资主体的比重不断上升。在这一时期，中国企业对外投资已从过去以贸易窗口为主，逐步拓宽到以工业制造、建筑、石油化工、资源开发、交通运输、水利电力、电子通信、商业服务、农业等行业领域，并广泛涉及国民经济其他领域，如环保、航空航天、核能和平利用以及医疗卫生等。

4. 2008~2016 年，国际金融危机以来的对外投资机遇期

2008 年，国际金融危机给世界各国经济带来了不同程度的冲击，大量企业陷入融资困境，国有企业依靠融资方面的优势，获得了一些在海外逆势抄底的机会，虽然世界范围内的对外直接投资进入了一个震荡期和低谷期，中国企业尤其

---

① 参见历年《中国对外直接投资统计公报》。

是国有企业在金融危机之后迎来了对外跨国经营的机遇期，投资额逆势持稳，在2010年、2014年和2016年屡次创出新高。

国际金融危机以来，中国企业对外投资在世界投资舞台上表现优异。根据联合国贸易和发展会议统计，2016年全球对外直接投资流量下降了13%，约为1.52万亿美元，中国非金融对外直接投资规模达到1701.7亿美元，增长44.2%，占全球投资总额的11%左右，相当于美国对外投资的1/2。虽然中国对外投资规模与美国之间的差距仍然较大，但从投资增长率的角度分析，美国企业自2008年金融危机发生以来，除2011年外，对外投资增长率均为负值，呈明显的负增长趋势。与之相比，中国企业对外投资在2007~2016年以年均28%的速度持续大幅增长。在混合所有制改革的背景下，国有企业对外投资额保持了基本稳定。值得关注的是，2016年，国有企业重新成为对外投资的主导力量，贡献了当年对外投资流量的72%。2017年，中国对外直接投资流量1200.8亿美元，减少29.4%（见图8-3），这主要源于两方面因素：一方面，在防范金融风险背景下，各部委齐发力加强监管，在推动对外投资便利化的同时，加强了对外投资的真实性、合规性审查，挤压了大部分的非理性投资和虚假投资，使得投资结构明显优化，质量效益有所提升；另一方面，一些发达国家以"国家安全"为由继续加强对能源和高技术领域并购的审查，抑制了一部分正常的海外投资。在此背景下，共建"一带一路"倡议给了中国企业尤其是国有企业对外投资更大的腾挪空间，使国有企业在对外投资和国际合作中的战略主导力进一步凸显。

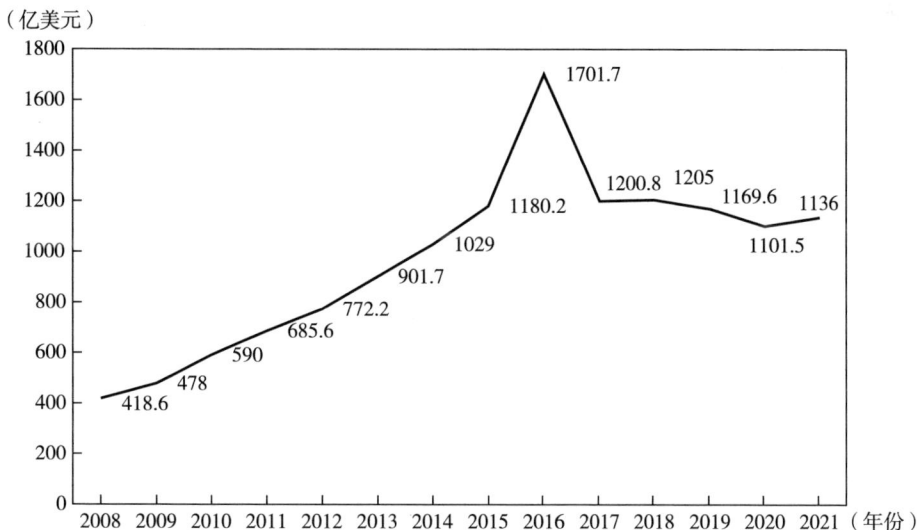

图8-3　2008年以来中国非金融类对外直接投资流量

资料来源：根据商务部对外直接投资统计数据计算而得。

2015 年以来，中国企业大规模海外并购助推了海外直接投资额的增长。随着国家战略支持和企业自身能力的提升，中国企业在共建"一带一路"国家和地区的投资额增长较快。据商务部统计，2015 年，我国企业共对共建"一带一路"相关的 49 个国家进行了直接投资，投资额合计 148.2 亿美元，同比增长 18.2%，占总额的 12.6%，增速超过中国对外直接投资增速 3.5 个百分点。投资主要流向新加坡、哈萨克斯坦、老挝、印度尼西亚、俄罗斯和泰国等。截至 2015 年，中国企业在共建"一带一路"国家和地区的投资规模集中在 1 亿~10 亿美元的投资案例数高达 407 起，然后是 10 亿~100 亿美元的大规模投资比较多，达到 121 起。在共建"一带一路"国家和地区的投资领域集中在采矿业、交通运输及制造业。根据商务部统计，2016 年，我国企业共对共建"一带一路"国家和地区的非金融类直接投资超过 140 亿美元。

5. 2017 年以来，跨国经营进入高质量发展新阶段

2017 年以来，中国企业跨国经营进入了新的发展阶段，那就是从追求投资规模转向投资质量和经营效益，由粗放投资转向高质量投资，由盲目经营转向依法合规经营。对外投资流量震荡调整，不再延续上升趋势。2017 年，我国对共建"一带一路"国家和地区的 59 个国家有新增投资，合计 143.6 亿美元，投资金额占总额的 12%，比 2016 年同期增加 3.5 个百分点。中国企业对共建"一带一路"国家和地区实施并购 62 起，投资额 88 亿美元。在中国企业海外并购项目锐减五成，交易总额整体下降 10.26% 的情况下，对共建"一带一路"国家和地区实施并购的投资额同比增长 32.5%。其中，中石油集团和中国华信投资 28 亿美元联合收购阿联酋阿布扎比石油公司 12% 股权为其中最大项目。随着我国与共建"一带一路"国家和地区经贸合作潜力的释放以及国家政策的支持引导，中国企业在共建"一带一路"国家和地区的直接投资流量有望保持继续增长。在这一阶段，受外部环境影响，民营企业对外投资增速不及国有企业。2021 年，在中国对外非金融类投资流量中，公有经济控股的投资主体对外投资 821.2 亿美元，占 54%，比 2020 年增长 22.8%；非公有经济控股的境内投资者对外投资 699 亿美元，比 2020 年增长 4.1%，占 46%，较 2020 年下降 4.1 个百分点。

中国企业跨国经营的前 30 年，是相对粗放、激进和轻约束的。这种特征与国内持续高增长背景下向外寻求资源与市场的目标相适应。2009 年 5 月，商务部出台了《境外投资管理办法》，替代了之前的核准规定，进一步放松了对企业对外投资的审批限制，进一步突出了企业在对外投资活动方面的主体地位。开启了监管制度改革的序幕。2016 年 12 月，自中国人民银行、国家外汇管理局、国家发展改革委、商务部四部门接连公开表态要求防范对外投资风险以来，境外投资监管趋严。这是与我国经济发展方式转变和防范金融风险的要求相适应的。2017

年，中国对外投资流量比 2016 年下降 33.5%，显然是国家有意识"降虚火""挤水分"的结果。习近平总书记在党的十九大报告中首次提出，中国经济已由"高速增长阶段"转向"高质量发展阶段"。国家对国有企业海外投资的要求也由重视投资规模转向重视投资效益。2017 年 12 月 26 日，国家发展改革委公布《企业境外投资管理办法》，对中国企业境外投资涉及的敏感国家和地区、敏感行业以及其他事项等做出了明确规范。同时，主要发达国家也提高了战略性行业的投资准入标准，加强了对外资的国家安全审查力度，收紧了外资准入政策，使得中国企业海外投资难度增加。当前，世界各国对外资都提出了更高的环保标准、劳工用人标准和企业社会责任标准。

二、新形势下民营企业全球化面临的新挑战

随着国际经济形势和竞争格局的变化，民营企业全球化面临着前所未有的挑战。

1. 国际贸易摩擦与保护主义的阻碍

近年来，国际贸易摩擦的形势日益严峻，贸易保护主义重新抬头，这对企业的国际化进程形成了直接冲击。针对我国产品的贸易摩擦逐渐增多，不仅影响了我国外贸的转型升级，也增加了企业国际化的成本和风险。在 2018 年发起"301 调查"之后，美国不断动用"实体清单"制度对中国高科技企业挥动"单边制裁"大棒。最近几年，美国强化了国家竞争导向的产业政策，不断动用国家力量对我国高科技企业进行封锁和打压，从限制设备及高端芯片出口到掐断中国芯片产业供应链，美国试图通过各种手段不断对中国高技术企业进行精准打击，削弱华为等头部企业的竞争力，以维系其全球科技霸权。毋庸置疑，受相关限制措施影响，华为等高科技企业的国际化进程受到很大阻滞，但这些企业较高的战略柔性和发展韧性也确保其在大变局之下探索出一条局部约束下的国际化道路。受到美国打压措施的影响，一些民营企业海外业务拓展受到限制。同时也应该看到，庞大的国内市场和内循环体系为民营企业顺利渡过国际化"寒冬"起到了很好的支撑作用。

2. 重大突发事件对国际化经营风控的冲击

全球性卫生事件给企业带来了卫生防疫、国际关系等多方面的业务连续性挑战。企业需要加强风险控制，提高业务连续性，以应对不确定的外部环境。由于大部分民营企业国际化经营经验不足，应对外部冲击的能力也不足，在面对瞬息

万变的国际市场时，缺乏丰富的经验和预警应对能力。这增加了企业在国际化过程中的不确定性和风险。新冠肺炎疫情暴发后，世界各国之间货物运输受到很大冲击，导致企业供应链中断，对准备不足的民营企业，造成了很大的经营困难。而且新冠肺炎疫情之后，地区冲突、自然灾害等各种突发事件也时有发生，这对海外经营或准备"走出去"的民营企业都是不小的挑战。

3. 企业自身核心竞争力不足对国际化经营的限制

尽管我国企业在国际市场上的份额逐渐增大，但大部分企业仍缺乏核心竞争力，这表现为缺乏知名的跨国公司和超级品牌，导致在世界经济利益分配中处于不利地位。企业缺乏核心竞争力，将难以在激烈的国际竞争中立足。虽然我国企业在国际化运营方面取得了一些成功，但与全球领先的跨国公司相比，仍存在明显的差距。这表现在管理、技术、品牌、市场渠道等多个方面，影响了企业国际化的深度和广度。我国国内面临内需不足、消费不振的市场环境，不少企业国内业务进展不顺，现金流受到影响，融资机会受限，进一步抑制了企业国际化的步伐。

三、新发展格局下民营企业全球化的应对策略

面对外部环境的骤变，企业要开拓国际化新局面，必须有所为有所不为，锤炼自身核心能力的同时，灵活匹配国际化业务与海外市场，方能实现逆境突围。

1. "低成本开发+高端突破"双线支撑海外战略

长期以来，中国企业的优势在于低成本开发，以高性价比的产品赢得市场。例如，华为"自研芯片+委托加工"的模式每年至少能够节约上亿美元的成本。目前，在中低端芯片领域华为依然可以通过这一模式拓展海外市场。然而，面对前沿技术被卡脖子的困境，中国企业只有奋起直追，加快自主产业链的布局和关键核心技术突破，才能在未来的高端市场竞争中占有一席之地。因此，对于华为这样的头部企业而言，需要同时做好在中低端市场常规竞争和高端市场非常规竞争的准备。尤其是对于动辄以"国家安全"为由对中国企业采取限制进入措施的美国，中国企业只有在相关技术国际标准上占领制高点，才有可能突破重重封锁，因此，"低成本开发+高端突破"双线作战将成为中国高科技企业在新形势下开拓国际市场的必然选择。

2. "贴牌与创牌并举"进行海外市场拓展

在现实中，自有品牌的销量受限于企业的市场能力和国外对自有品牌的"偏

见"。民营企业可以借鉴华为、格兰仕等企业在国际市场开拓中"贴牌与创牌并举"的品牌策略。例如,在国际市场开拓初期,华为就在俄罗斯成立合资公司,以双方共有的品牌进行销售,在欧美等发达国家市场,自有品牌建立的难度和投入更是巨大。基于此,1998 年后,华为开始考虑与跨国公司洽谈贴牌方式的合作。华为曾经与摩托罗拉在 GSM 产品方面进行合作,将华为的移动交换机和摩托罗拉的基站设备组合,在国际市场上以摩托罗拉的品牌进行销售。2003 年之后,华为与 3Com、西门子成立合资公司,借助对方的品牌影响力和销售渠道,将自己生产的产品打入欧美主流市场。随着海外市场对华为品牌认知度的提升,华为手机、基站设备等逐渐以自有品牌打入欧洲市场。贴牌和创牌并存,前者可以拓展既有所有权优势,提升获利水平,随着自有品牌的不断成长,可以逐渐减少贴牌的数量。

3. 努力开拓多元化出口市场以减少出口风险

新冠肺炎疫情和贸易保护主义给中国出口型中小企业造成了严重的冲击,尤其是主攻欧美单一市场的企业,受到市场需求急剧萎缩的影响,企业经营举步维艰。由于这些企业中的大部分仍然依赖于间接出口方式,长期缺乏自主销售渠道使它们开拓多元化市场受阻。因此,对于这类企业而言,当务之急是及早由间接出口转向直接出口,通过多种方式建立直接销售渠道。一种方式是利用集群品牌建立海外销售终端。按照"企业集聚、资源共享、整体优化"的思路,依托特色产业,充分发挥行业协会和商会的集体协调作用,建设海外销售终端,实现产业销售战略升级。这将有利于拓展中小企业的出口渠道。另一种方式是依托龙头企业开拓国际市场。小企业可通过与龙头企业结为战略联盟,承接龙头企业订单,获取海外市场信息,积累海外市场经验,逐步过渡到建立自己的海外销售渠道。

4. 进行积极而审慎的跨国并购以获取"互补性资产"

在当前形势下,有实力的企业完全可以考虑以并购方式获取海外先进技术和品牌资产,以获得转型升级的推动力。从全球产业分工来看,我国多数制造业企业仍然居于价值链低端,而欧美企业则居于价值链中高端,通过收购海外中小企业,我国企业可以快速提升技术和品牌内涵。近年来,欧洲传统制造业领域的许多家族企业接连遭遇了接班人危机、金融危机以及新冠疫情的冲击,正经历着一场新旧更迭。加之目前人民币对欧元处于升值周期,对于我国面临转型升级重任的制造业企业而言,当前阶段仍是其对陷入困境的欧洲中小家族企业展开并购的大好时机。意大利的纺织、家具、机械制造行业,德国的汽配、电子行业,都存在不少潜在并购机会。在当前背景下,有并购意愿的企业应采取积极而审慎的态度,在国际业务部门建立海外并购业务小组,长期关注、跟踪、分析目标国、目标企业的运行情况，对目标国的投资风险进行全面的考察，必要时委托有经验的国际咨询公司进行信息搜集，确认对方确实拥有自身所需要的技术、营销渠道等互补性资产之后，再展开进一步的收购行动。

5. 适时建立海外研发中心以提高技术能力

建立海外研发中心是企业国际化战略向纵深发展的一个重要表现。一般而言，企业建立海外研发中心的动机主要有以下三种：接近用户以实现产品本土化、接近知识资源以获得当地技术溢出、获取当地人才以提高研发效率。在多数情况下，这几种动因是交织在一起的。例如，我国的汽车企业在欧洲建立研发中心，既有设计本土化的诉求，又有获得当地高素质研发人才和跟踪前沿技术信息的动因。这就意味着，企业进行海外研发投资可以遵循三种基本的思路：第一种是海外市场跟随型投资，这种投资主要是针对企业主要的出口市场。为了提高产品的本土化水平，贴近当地的消费习惯，企业可以在主要的出口目标市场进行有针对性的产品研发，这种研发主要是市场适应型的研发。第二种是技术跟踪型投资，这种投资主要面向世界领先的技术国，依靠聘用当地人员的方式实现技术吸收。第三种是效率寻求型投资，如软件企业在印度投资，就是为吸引当地高素质的研发人才，提高研发效率。

四、促进民营企业跨国经营的政策建议

1. 加大对中小企业海外投资的融资支持

融资难是制约中小企业走出去的重要原因。由于中小企业的信用基础相对薄弱，获取贷款比较困难，政府可借鉴国际经验，建立为中小企业提供金融支持的政策性金融机构，为具备一定技术实力的中小企业提供优惠的对外投资融资支持。政策性银行可设立中小企业海外拓展专项资金，用于扶持境外贸易营销网络建设、生产性投资和对外承包工程；鼓励企业开展各类国际标准认证工作，并给予一定的经费补助。另外，推动中小企业利用国际资本市场融资。鼓励中小企业到海外上市，不仅有利于企业在全球范围内融通资金，还有助于企业改善股权结构，提升国际影响力，更快地开展国际化战略。当前，应简化企业海外直接上市的审批程序，适当降低企业上市门槛，为企业海外融资创造有利条件。

2. 加强对境外经贸合作区的宏观指导，提高企业抱团出海的成功率

2006 年，商务部启动了境外经贸合作区项目，至今已先后批准设立了 19 家

境外经贸合作区。这些经贸合作区通常选在要素成本低、资源丰富的国家（地区），由企业主导开发，吸引中国企业入驻投资。目前，大部分合作区运营情况良好，但也有个别项目暴露出定位不清晰、园区内产业关联度不高等问题。今后，国家可重点加强区域布局指导和国别风险指导，避免重复投资和盲目投资；重点支持龙头带动型和集群支撑型产业集聚区项目，为中国企业尤其是中小企业营造海外投资的产业支撑环境，充分发挥集群投资的产业链优势，提高企业海外经营的成功率。尤其是对于国内一些相对产能过剩和能源紧缺的产业，要出台优惠政策，鼓励其以集群方式对外投资。

3. 建立完备的对外直接投资风险担保体系

对外直接投资存在巨大风险，有些风险是企业自身难以抵御和承担的。因此，国外政府纷纷建立境外投资风险保障机制，以政府之力量为企业跨国经营解除后顾之忧。对我国企业而言，一些发展中国家和地区为它们"走出去"提供了广阔的市场，但巨大的发展空间往往伴随很高的风险特别是政治风险，这一问题显得特别突出。中兴通讯曾在刚果（金）投资一个项目，合同签订后刚果（金）发生政变，签好的合同也作废了。因缺乏海外投资保险制度，盈利自然无从谈起，而且投入的资金也损失殆尽。因此，我国应借鉴国际经验，尽早建立海外直接投资风险防范与保障体系。一方面，以官方委托的方式，依托中介组织编制海外投资风险评级报告，并建立基金形式的风险保证金；另一方面，制定引导政策，鼓励商业性保险公司开展海外投资保险业务。

4. 充分发挥行业协会等社会化服务组织的作用，推动企业有序"走出去"

目前，一些地区的行业协会或同业公会在促进海外投资活动方面成效显著。这些社会化中介组织熟悉本行业情况，掌握投资地信息比较快捷，可以协调行业内不同企业可能出现的利益冲突，在与投资地政府交涉、沟通、谈判方面也具有优势。为此，在推动企业"走出去"战略时，要充分发挥商会等民间组织的力量，将其作为公共服务体系的一个重要组成部分，鼓励和支持其积极发挥作用，引导、协调和帮助企业有组织、有秩序地走出去，发挥产业协同聚集效应，消除内部恶性竞争。

5. 增强政府对企业海外投资的信息咨询服务

企业投资之前的信息咨询服务也应该纳入政府的服务范围。建议由商务部定期派遣投资环境考察团，调查国外投资环境，编制中国企业海外投资数据库，建设统一的政府海外投资信息平台，为企业提供海外投资环境的相关信息。通过驻外使馆，设立经济商业情报中心，为企业对外投资提供信息情报等服务。同时，帮助企业交流海外直接投资经验，协助进行投资分析，把握投资机会以及负责咨询等服务。鼓励企业参加国际会议，开展海外技术交流活动，扩大国际交流的范围。依托高等院校、法律中介机构及其他民间组织，积极发展咨询服务机构，广泛开展信息收集、分析研究、咨询和培训服务，为企业和政府有关部门提供专业咨询和法律咨询服务。

参考文献

［1］刘建丽．供给侧改革与内涵式企业国际化［J］．经济管理，2016（10）：14-24．

［2］刘建丽．国有企业国际化40年：发展历程及其制度逻辑［J］．经济与管理研究，2018（10）：13-30．

［3］刘建丽．华为国际化突围的内部支撑要素剖析［J］．中国经贸导刊，2011（4）：55-57．

［4］刘建丽．中国制造业企业海外市场进入模式选择研究［M］．北京：经济管理出版社，2009．

发展篇

第九章 "专精特新"企业高质量发展研究

一、引言

创新是科技发展的原动力，是社会主义现代化发展的重要经济体系。在全新的科技革命背景下，以智能化、绿色化为特征的颠覆性技术不断涌现，对于企业结构改革和技术经济发展等方面起到非常重要的促进作用，直接影响了一个国家或地区的全球竞争力与地位（孙早和许薛璐，2017；陈强远等，2020；谢红军等，2021）。中国经济正处于由高速增长向高质量发展转变的攻坚期，党的十八大提出实施创新驱动发展战略，党的十九大进一步指出："创新是引领发展的第一动力，是建设现代化经济体系的战略支撑。"可见，创新正日益成为适应把握引领经济发展新常态、驱动中国经济持续健康发展的决定性因素。

作为经济创新驱动最主要的动力来源，企业创新发展是学术界持续关注和研究的重点。中小企业作为科技创新的重要力量，已成为高质量发展的重要动力源。在创新驱动发展战略的实践探索中，我国将中小企业放在科技创新的主导地位，并且搭建了一套以中小企业为主体、市场经济为导向、产学研结合的创新技术体系（刘方，2014；张其仔和许明，2020；董志勇和李成明，2021）。特别是自2011年7月《中国产业发展和产业政策报告（2011）》首次提出"专精特新"概念以来，中央和地方政府陆续出台了包含强化资源供给、刺激市场需求、优化营商环境在内的一揽子技术创新激励政策，尝试通过产业政策推动中小企业朝"专精特新"方向发展，并提出形成"小而优、小而强"的企业，推动形成中小企业和大企业协调发展机制（刘昌年和梅强，2015；林敏，2017）。

当前，我国正加快推进中小企业梯次培育，初步形成了从普通中小企业到一般专精特新中小企业，再到各级政府认定的专精特新中小企业、"小巨人"企业、隐形冠军企业、单项冠军企业和领军企业的梯次发展格局。截至2023年8

月，工业和信息化部通过五批评选已认定 12950 家国家级专精特新"小巨人"企业，且在最新政策上降低了企业创新能力门槛和企业过去时间段内的利润指标要求等，通过提高支持覆盖面让更多企业进入专精特新"小巨人"企业行列。工业和信息化部统计数据显示，从专利能力表现来看，截至 2023 年 7 月，专精特新"小巨人"企业共有 779473 件专利获得授权，其中授权发明专利 172378 件，占专精特新"小巨人"授权专利总量的 22.11%，占全国授权发明专利总量约 2.84%。我国制造业研发投入强度从 2012 年的 0.85% 增加到 2021 年的 1.54%，专精特新"小巨人"企业的平均研发强度达到 10.3%，中国制造向中国创造迈进的步伐明显加快。2023 年前 11 月，专精特新"小巨人"企业、"专精特新"中小企业营收利润率分别为 11.1%、8.2%，比规模以上中小企业分别高 6 个百分点和 3.1 个百分点。2023 年 11 月，"专精特新"中小企业创新指数达到 206.6，同比增长 7.4%。

总体来看，国家对中小企业发布的"专精特新"激励政策起到了加快提升中小企业专业化、精细化、特色化及创新水平。来自韩国、日本等国家的成功经验表明，政府主导的创新政策对经济追赶具有十分重要的作用（Veugelers，2008；De Marco et al.，2020；Hervás-Oliver et al.，2021；Hervás-Oliver et al.，2021；Chung and Moon，2022）。然而，这对于市场机制体制欠完善、资源配置效率较低的经济转型国家，政府创新激励政策是否提高了中小企业的创新水平。尤其重要的是，近些年中国虽然在创新投入和产出方面增长迅速，根据世界知识产权组织（WIPO）发布的《2023 年全球创新指数》[①]，中国排名第 12 位。该报告充分肯定了中国在创新方面所取得的成就，并且再次体现了政府的扶持政策和奖励措施对于中小企业在技术创新上的重要意义。但与西方发达国家的创新尤其是核心领域的创新存在明显差距。一个显而易见但至关重要的话题是："创新"作为专精特新中小企业的灵魂，这些政府激励政策是否真的有利于"专精特新"企业形成创新的内生驱动力，从而促进其高质量发展？

尽管已有众多理论和经验文献对政府补助的"馅饼"抑或"陷阱"效应争论已久。对政府创新激励政策持"正面效应"的观点认为，政府创新激励政策多以优惠的信贷政策作为支撑，能够增强企业获取外部信贷资金的能力，进而激发企业的创新活力。这些研究都说明了鼓励政策对于企业创新的积极影响。对于政府补助持"负面效应"的观点则认为，政府对企业的补贴会扭曲市场信号，滋生寻租和腐败问题，使政策实施效果经常背离其制定初衷。总体来看，现有文献普遍发现了政府创新鼓励政策为企业技术创新提供"持续动态的经济激励"

---

① 参见 https：//www.wipo.int/global_innovation_index/en/。

并促进全要素生产率提高。然而，对于激励政策的评价不能离开制度背景、政府补助规模、补助对象选择等因素的差异，本章利用中国对"专精特新"中小企业的长期实践，基于理论和实证验证"专精特新"激励政策对中小企业创新能力和资源配置的正向影响，为进一步推动中小企业的高质量发展具有重要现实意义。

鉴于此，本章以 2015～2021 年"专精特新"上市公司数据为研究样本，选取 2018 年工业和信息化部发布的《关于开展专精特新"小巨人"企业培育工作的通知》作为准自然实验，首先，从创新数量和创新质量对"专精特新"激励政策的创新效应进行了科学评估；其次，从创新能力和资源配置两个视角揭示了"专精特新"激励政策的创新效应和认证效应；最后，进一步验证"专精特新"激励政策的信号传递机制对中小企业全要素生产率的影响。本章将中国激励政策的微观作用机制扩展到了优化资源配置方面，加深了对创新激励政策效应的认识，补充了关于创新激励政策与资源配置的相关文献。通过创新效应和认证效应的分析，验证了创新激励政策信号传递机制的存在，也为政府引导中小企业通过市场机制高质量发展的相关研究提供了更多的有力证据。

二、制度背景和文献综述

（一）"专精特新" 中小企业的概念及特征

根据工业和信息化部发布的《关于开展专精特新"小巨人"企业培育工作的通知》可知，所谓"专精特新"企业是指具有专业化、精细化、特色化、新颖化特征的中小企业。其中，"专"是指采用专项技术或工艺通过专业化生产制造的专用性强、专业特点明显、市场专业性强的产品。其主要特征是产品用途的专门性、生产工艺的专业性、技术的专有性和产品在细分市场中具有专业化发展优势。"精"是指采用先进适用技术或工艺，按照精益求精的理念，建立精细高效的管理制度和流程，通过精细化管理，精心设计生产的精良产品。其主要特征是产品的精致性、工艺技术的精深性和企业的精细化管理。"特"是指采用独特的工艺、技术、配方或特殊原料研制生产的，具有地域特点或具有特殊功能的产品，掌握自主知识产权。其主要特征是产品或服务的特色化。"新"是指依靠自主创新、转化科技成果、联合创新或引进消化吸收再创新方式研制生产的，具有自主知识产权的高新技术产品。其主要特征是产品和技术的创新性、先进性，具有较高的技术含量，较高的附加值和显著的经济、社会效益。而"小巨人"企业，是专精特新中小企业中的佼佼者。"小巨人"企业专注于细分市场，创新能力强、成长性好，在各自产品领域逐渐形成优势和规模，能够为大企业、大项目提供关键零部件、元器件和配套产品，可以说是专精特新中小企业中的优秀代表。

（二）"专精特新"中小企业支持政策发展进程

自 2011 年 7 月，《中国产业发展和产业政策报告（2011）》首次提出"专精特新"概念以来，相关部门从加大财税支持、优化信贷政策、畅通融资渠道、提升创新水平、推动数字赋能、加强人才支撑、助力开拓市场、提供精准服务等多方面，不断出台政策支持中小企业走专精特新发展道路，为其发展提供了强有力的支撑。根据支持"专精特新"中小企业发展的推进力度和紧迫性，大致可分为总体布局和加速推进两个阶段。

1. 2011~2018 年：经济发展模式转变下"专精特新"中小企业发展的总体布局

《"十二五"中小企业成长规划》（工业和信息化部，2011）将"专精特新"作为中小企业转型升级的发展方向。2011~2018 年，政府部门颁布了一系列相关政策，这些政策主要包括从概念提出到促进发展的指导意见，再到具体实施路径等，这一阶段支持"专精特新"中小企业发展的政策措施逐步明晰，本章将其称为总体布局阶段。

2. 2019 年至今：国内外经济环境变化下"专精特新"中小企业发展的加速推进

随着全球经济失衡下逆全球化环境变化和中美贸易摩擦加剧，我国产业链供应链创新链安全受到严峻挑战，加快解决关键核心技术"卡脖子"问题成为构建新发展格局的重要任务。解决关键核心技术难题，关键在于聚焦产业链关键环节"补短板""锻长板"，瞄准特定方向发展"专精特新"中小企业。2019 年 8 月，习近平总书记在中央财经委员会第五次会议上强调，"要发挥企业家精神和工匠精神，培育一批'专精特新'中小企业"。2022 年全国两会，"专精特新"更是首次写入《政府工作报告》，提出着力培育"专精特新"企业，在资金、人才、孵化平台搭建等方面给予大力支持，这为培育更多"专精特新"中小企业指明了方向。这一阶段，受国际环境恶化的影响，产业链供应链创新链安全被提到了新的高度。"专精特新"中小企业的补链固链强链作用在维护国家安全上扮演了关键作用。正是如此，"专精特新"中小企业高质量发展的政策支持力度不断增强（见图 9-1），"专精特新"中小企业的发展进入加速推进阶段。

加速推进阶段（2019年至今）

《关于健全支持中小企业发展制度的若干意见》——工业和信息化部——2020年7月

《关于促进中小企业"专精特新"发展的指导意见》——工业和信息化部等17部门——2013年7月

《关于2021年进一步推动小微企业金融服务高质量发展的通知》——中国银保监会办公厅——2021年4月

《为"专精特新"中小企业办实事清单》《提升中小企业竞争力若干措施》——国务院促进中小企业发展工作领导小组办公室——2021年11月

《关于支持"专精特新"中小企业高质量发展的通知》——财政部、工业和信息化部——2021年1月

《制造业单项冠军企业培育提升专项行动实施方案》——工业和信息化部——2016年3月

《关于加快培育发展制造业优质企业的指导意见》——工业和信息化部等六部门——2021年6月

《"十四五"促进中小企业发展规划》——工业和信息化部、国家发展改革委等19部门——2021年12月

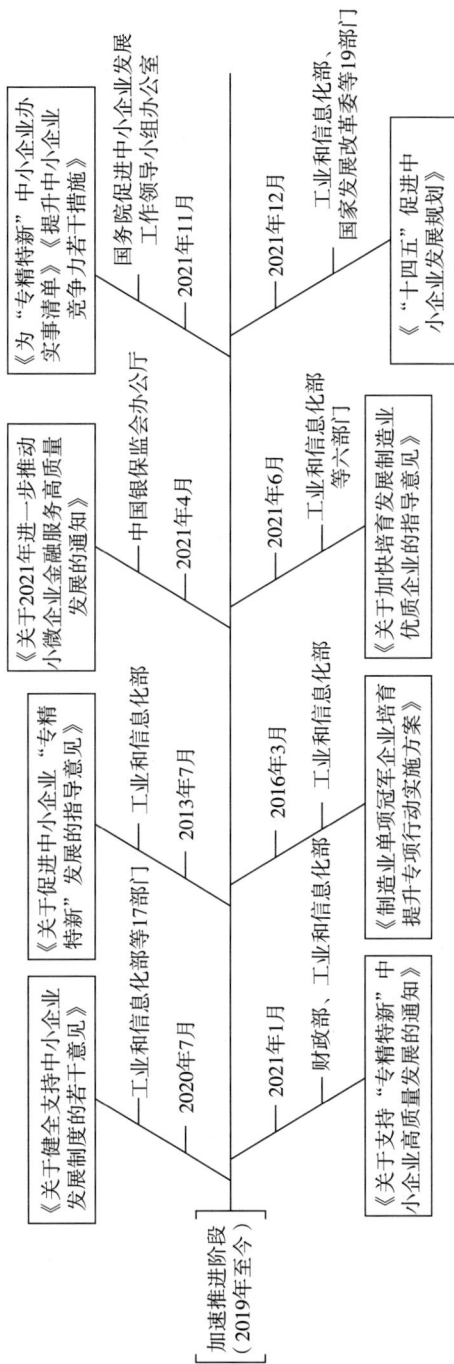

图 9-1 2019 年至今 "专精特新" 中小企业加速推进阶段的政策演变过程

（三）文献综述

关于创新激励政策的作用机制，多数研究认为政府为企业无偿提供的创新补助有利于弥补创新过程中的市场失灵，相当于直接缓解了企业创新活动所需内源融资的压力，降低了企业研发创新的投资成本，使企业有更加充足的资金用于研发创新（安同良等，2009；黎文靖和郑曼妮，2016；Alhusen and Bennat，2021；Bougrain and Haudeville，2022）。这称为创新激励政策的研发额外性。就创新激励政策能否通过技术创新影响企业全要素生产率主要有以下三大观点：

（1）挤入效应。政府通过税收优惠等创新激励政策，不仅提高了企业研发活动的动力，还会降低企业研发投资的风险性、增加投资收益，进而导致企业生产的边际成本下降，促进了生产率水平的提升（朱平芳和徐伟民，2003；Coad et al.，2016；高雨辰等，2018；Leckel et al.，2020）。特别是在发展中国家以及民营企业中，出口退税、创新补贴政策以及产业政策等对研发活动的挤入效应更加显著（陈林和朱卫平，2008；余明桂等，2016；郭玥，2018；洪俊杰和张宸妍，2020）。对于整个行业而言，企业创新可能引致生产要素从低生产率企业流向高生产率企业，迫使生产率更低的企业退出市场，从而提高整体的生产率（Bartelsman et al.，2004；Lentz and Mortensen，2008；戴小勇，2021；Singh et al.，2022）。

（2）挤出效应。相关文献认为，借助政府之手进行创新资源配置可能存在低效之虞，资源配置的所有制偏倚也可能加剧政策扭曲（余明桂等，2010；江飞涛和李晓萍，2018；徐明，2022）。此外，企业的道德风险等也会挤出研发投入。例如，企业的道德风险、官员晋升机制、"寻补贴"等，这些往往会导致政府将补贴给予低效的企业，扭曲企业间的竞争，从而打击创新能力强的企业（江飞涛和李晓萍，2010；齐结斌和安同良，2014）。当企业资金不足时，往往会放弃有利的投资机会，从而导致资源配置扭曲、生产率降低等问题。

（3）也有研究关注创新激励政策的行为额外性，即政府创新激励政策对外部投资者的行为决策影响。也就是说，当企业获得创新补助，相当于是对其自身研发技术水平和申请补助科研项目的一项官方肯定，无疑向外传递了企业技术优势的积极信号，这称为创新激励政策的认证效应。一般情况下，外部投资者将企业是否为创新补助对象作为其信贷决策有用的信息资源，可以降低其对企业的风险评估，一定程度上解决民营企业所面临的谈判劣势与"信用歧视"问题，充分发挥创新激励政策对于企业创新投入和资源配置的促进作用（赵驰等，2012；Wonglimpiyarat，2015；郭本海等，2018；巫强和刘蓓，2024）。Lerner（2000）指出创新补助可通过政府机构对企业研发技术能力的考察认证向外释放信号，进而吸引更多的风险投资支持企业研发创新，此后，有研究进一步验证了创新补助的信号传递机制（郭玥，2018；苏媛和李广培，2021；Fernandez，2022；Irfan et al.，2022；Ramírez-Solis et al.，2022）。相关研究也证实，市场普遍存在的信息不对称和代理问题会产生融资约束，从而对企业的投资活动产生抑制作用，进而降低生产率水平（吕劲松，2015；柳光强，2016；王刚刚等，2017；Bakhtiari et al.，2020；赖烽辉等，2021）。由此可知，创新激励政策信号传递机制的作用主要在于降低企业与外部投资者之间的信息不对称程度，即企业获得创新补助会向外释放积极信号，对于缓解中小企业融资约束、促进技术创新具有正面作用。

三、研究设计

（一）模型设定

专精特新"小巨人"企业是指具有专业化、精细化、特色化、新颖化特征企业中的佼佼者，它们专注细分市场、创新能力强、市场占有率高、掌握关键核心技术、质量效益优。我国政府希望精准培育这类中小企业茁壮成长，让它们最终成为行业中的"巨人"。由于数据可得性，本章选取中国工业和信息化部公布的前三批专精特新"小巨人"企业作为研究对象。其中，第一批"小巨人"企业的公示时间为 2019 年 6 月 18 日，第二批"小巨人"企业的公示时间为 2020 年 11 月 12 日，第三批"小巨人"企业的公示时间为 2021 年 7 月 19 日。由于第二批企业公示时间处于 2020 年末，因此将第二批"小巨人"企业的政策冲击时间设为 2021 年，与第三批企业合并。

在实证分析上，本章构建了多时点双重差分模型来考察获批成为"小巨人"企业这一冲击对处理组企业的经济影响。基准回归方程如式（9-1）所示：

$$Y_{itk} = \beta_0 + \lambda * did_{itk} + Controls_{itk} + \mu_i + \eta_t + \theta_k + \xi_{itk} \tag{9-1}$$

在式（9-1）中，i 表示企业，t 表示年份，k 表示行业。Y_{itk} 表示一系列被解释变量，did_{itk} 表示本章的核心解释变量；$Controls_{itk}$ 表示企业层面的控制变量。μ_i 表示企业个体固定效应，η_t 表示时间固定效应，θ_k 表示行业固定效应，ξ_{itk} 表示服从正态分布随机扰动项。

（二）变量选取与解释

1. 被解释变量

（1）全要素生产率（Total Factor Productivity，TFP）。本章基于 Olley 和 Pakes（1996）、Levinsohn 和 Petrin（2003）两种半参数估计方法测算了"专精特新"中小企业的全要素生产率。但这两种方法在估计上存在不可识别性及内生性问题。为了解决这一问题，出于稳健性分析的考虑，本章使用了国际前沿的 ACF 法（Ackerberg et al.，2006，2007）测算，将劳动投入引入中间投入函数，避免或缓解了 OP 法和 LP 法在估计上的不可识别性及内生性问题，提高了估计结果的准确性。在计算全要素生产率时，本章采用如下方式计算企业中间投入：中间投入=营业成本+销售费用+管理费用+财务费用−职工薪酬−折旧，使用营业收入代替企业总产出，增加值的计算由总产出减去中间投入得来。

（2）技术创新能力（Technological Innovation Capability，TIC）。借鉴李华晶等（2017）学者的研究，本章从投入产出角度出发，把企业技术创新能力划分为技术创新投入能力和技术创新产出能力两个维度。根据已有研究可知（毕克新，2014；李婉红，2017），本章分别选取研发费用来度量企业技术创新费用的投入能力；在对技术创新产出能力进行测度时，大多学者采用新产品产出与专利等指标，本章选取企业当年授权的专利数量及公司专利累计数来衡量企业技术创新产出。

（3）资本配置效率（Capital Allocation Efficiency，CAE）。本章用（购建固定资产、无形资产和其他长期资产支付现金−处置固定资产、无形资产和其他长期资产回收的现金）/期末总资产来衡量企业资本配置效率，检验创新激励政策是否通过改善企业的资源配置效率促进全要素生产率（任胜钢等，2019）。

（4）政府补助（Government Subsidies，GS）。本章使用企业补贴占销售额的比例衡量创新激励政策对中小企业的支持。

2. 解释变量

双重差分变量 did_{itk} 为本章的核心解释变量，当企业 i 在第 t 年获批成为小巨人企业时，将 did_{itk} 赋值为 1；否则，将其赋值为 0。构造该变量的关键在于设置对照组企业，由于"小巨人"企业具有鲜明的个体特征，这类企业创立的时间较短，其规模往往较小，研发投入高，所处行业特殊，因此，不可简单地将未获评"小巨人"的上市企业设为对照组。本章使用如下方法设置对照组：

（1）首先按照"小巨人"企业的门槛评选标准，将主营业务收入总额占营业收入总额比重低于70%、企业资产负债率高于70%的样本进行剔除，其次剔除营业收入总额在1亿元以上但近2年研发费用总额占营业收入总额比重低于3%

的样本；剔除营业收入总额在 1 亿元以下 5000 万元以上但近 2 年研发费用总额占营业收入总额比重低于 6%的样本；剔除营业收入总额在 5000 万元以下，研发费用不足 3000 万元或研发人员占企业职工总数低于 50%的样本。

（2）在对不符合"小巨人"准入门槛的企业进行剔除后，本章使用 PSM-DID（Rosenbaum and Rubin，1983）方法为"小巨人"企业寻找相似的对照组企业，使用倾向得分匹配法计算企业的相似度可以为处理组企业匹配到最相近的"反事实"对照企业，本章使用的匹配方法为 K 近邻匹配，处理组与对照组企业的比例为 1：2。

3. 控制变量

本章控制了企业年龄、营业收入、固定资产净值、企业增加值、资产负债率、营业毛利率、资产报酬率等多重企业特征，以使系数估计结果更加准确，具体说明如表 9-1 所示。

表 9-1 变量的符合与定义

性质	名称	符号	说明
解释变量	创新激励政策	Policy	2018 年工业和信息化部发布的《关于开展专精特新"小巨人"企业培育工作的通知》
被解释变量	全要素生产率	TFP	基于 OP 法、LP 法和 ACF 法测算的 TFP
	技术创新能力	log_R&D	使用企业年研发投入衡量企业技术创新投入能力
		log_patent	使用企业年专利发明数量来衡量企业技术创新产出能力
		log_PC	使用企业专利累计数来衡量企业技术创新产出能力
	政府补助	log_GS	使用政府对企业补贴额来衡量
	资源配置效率	CAE	使用企业投资水平来衡量，其中：企业投资水平=（购建固定资产、无形资产和其他长期资产支付现金-处置固定资产、无形资产和其他长期资产回收的现金）/期末总资产
控制变量	企业规模	log_NFA	使用企业固定资产净值来衡量
	财务状况	log_OG	使用营业收入来衡量
	资本结构	roa	使用资产负债率来衡量
	发展阶段	Age	使用企业年龄来衡量，其中：企业年龄=当年年份-企业开业年份+1

（三）数据来源与描述性统计分析

根据国家给出的"专精特新"中小企业培育发展名单可知，2019 年公布的第一批企业共 248 家，其中在 A 股上市的公司 35 家；2020 年公布的第二批企业共 1744 家，其中在 A 股上市的公司 157 家；2021 年公布的第三批企业共 2930 家，其中在 A 股上市的公司 119 家。本章的数据来源为 CSMAR 上市企业数据库以及工业和信息化部所公布的"小巨人"企业名单，我们对上述两个数据库进行手工匹配，精确找到了上市企业中所包含的"小巨人"企业样本，得到了本章的研究数据。

表 9-2 为本章的描述性统计结果，整体来看，样本的分布合理。其中，研发投入总额、政府补助、固定资产净值等变量的原始单位为元，发明专利数和公司专利累计数的原始单位为个。"专精特新"中小企业全要素生产率的均值为 16.715（LP 法），标准差为 0.630，最大值为 19.504，最小值为 12.797，说明在样本期内"专精特新"中小企业的生产率差异明显。"专精特新"企业技术创新投入能力和产出能力均值分别为 17.519、1.277 和 4.251，政府补助的均值为 8.139，最大值和最小值差异较大，说明"专精特新"企业的技术创新能力存在差异性。从控制变量来看，企业规模、财务状况、资本结构、企业年龄均值大于中位数值，整体分布偏右，说明这些变量差距较大。

表 9-2　描述性统计

变量名称	样本量	均值	标准差	最小值	中位数	最大值
创新投入能力（研发投入）	2991	17.519	0.873	13.063	17.489	21.310
政府补助	2991	8.139	7.394	0.000	11.736	19.458
创新产出能力（专利数）	2991	1.277	1.363	0.000	0.693	6.217
创新产出能力（专利累计数）	2991	4.251	1.141	0.000	4.304	7.662
投资水平	2618	0.053	0.052	−0.040	0.041	0.374
全要素生产率（LP 法）	2902	16.715	0.630	12.797	16.690	19.504
全要素生产率（ACF 法）	2902	14.856	0.547	11.271	14.825	17.464
全要素生产率（OP 法）	2902	14.760	0.529	10.949	14.727	17.198
企业规模（固定资产净值）	2991	19.545	1.461	12.939	19.456	24.379
财务状况（营业收入）	2991	0.396	0.171	−0.020	0.364	0.967
资本结构（资产负债）	2991	0.074	0.066	−0.482	0.069	0.604
企业年龄	2991	20.114	5.175	5.000	20.000	46.000

四、实证结果与分析

（一）"专精特新"激励政策与中小企业全要素生产率

表9-3代表基准回归的结果，其中第（1）列、（2）列、（3）列表示控制了行业、地区、时间、企业固定效应后"专精特新"扶持政策对企业全要素生产率的影响，双重差分变量 did 的估计系数显著为正，且在1%上显著，说明相比于行业内未被认证为"小巨人"的中小企业，获得"专精特新"扶持政策支持的"小巨人"上市企业的全要素生产率提升了1.34%~8.67%。从表9-3中可以进一步观察到，在加入多角度的企业层面控制变量后，回归系数仍显著为正，且都在1%上显著，即"专精特新"扶持政策的实施能够促进企业全要素生产率的提升。

表9-3 "专精特新"激励政策与中小企业全要素生产率

	企业全要素生产率			动态效应检验
	TFP_LP	TFP_ACF	TFP_OP	TFP_ACF
	（1）	（2）	（3）	（4）
did	0.0134***	0.0867***	0.0534***	
	(4.51)	(4.51)	(4.51)	
D^{-5}				−0.0672
				(−1.64)
D^{-4}				0.0173
				(0.97)
D^{-3}				0.0154
				(1.11)
D^{-2}				−0.0167
				(−1.39)
D^0				0.0321
				(1.48)
D^1				0.0691**
				(2.55)
D^2				0.0255**
				(2.31)

	企业全要素生产率			动态效应检验
	TFP_LP	TFP_ACF	TFP_OP	TFP_ACF
	（1）	（2）	（3）	（4）
_cons	1.079***	7.000***	4.310***	5.182***
	(16.31)	(16.31)	(16.31)	(10.19)
控制变量	Yes	Yes	Yes	Yes
行业/企业/时间固定效应	Yes	Yes	Yes	Yes
样本量	2902	2902	2902	2902
r^2	0.994	0.655	0.860	0.336

注：括号内为省份层面的稳健标准误；***、**、*分别表示在1%、5%、10%的水平上显著。

（二）动态效应检验

本章借鉴 Jacobson 等（1993）提出的事件研究方法进行平行趋势检验。具体模型设置如式（9-2）所示：

$$Y_{itk} = \beta_0 + \sum_{t \geqslant -5,\ t \neq -1}^{2} \lambda_t D_{itk} + \text{Controls}_{itk} + \eta_t + \mu_i + \theta_k + \xi_{itk} \tag{9-2}$$

其中，Y_{itk} 表示被解释变量，D_{itk} 表示虚拟变量，若企业 i 在 t 年获批成为"小巨人"企业，则赋值为 1。举例来说，当 t=1 时，D_{ilk} 为 1 表示企业 i 在第一年获批成为了"小巨人"企业，因此其系数估计值衡量的是政策实施后第一年的效应。

表9-3 中第（4）列和图9-2报告了"专精特新"激励政策实施对中小企业全要素生产率的动态效应。在控制了企业个体与时间的双重固定效应及多个企业层面的控制变量之后，可以看出，"专精特新"激励政策实施前五年的估计系数基本不显著，该结果表明，在政策实施之前实验组与对照组企业的生产率水平并未有显著变化；而在"专精特新"激励政策实施之后，"小巨人"企业生产率得到显著增加，具体表现为 2020 年和 2021 年交互项的系数均在 5% 水平上显著为正，这说明获批成为"小巨人"企业对实验组的全要素生产率起到了显著的提升作用，估计结果表明平行趋势检验通过，使用双重差分法的前提条件得到满足。

进一步分析可知，"专精特新"激励政策对"小巨人"企业的生产率的影响存在一定的时滞。其影响滞后的原因可能是：全要素生产率的提高可能通过技术创新路径，而技术研发具有投资大、周期长的特点，所以最终反映在技术创新能力和全要素生产率的政策效果上可能有一定的滞后性（万攀兵等，2021；谢红军等，2021）。

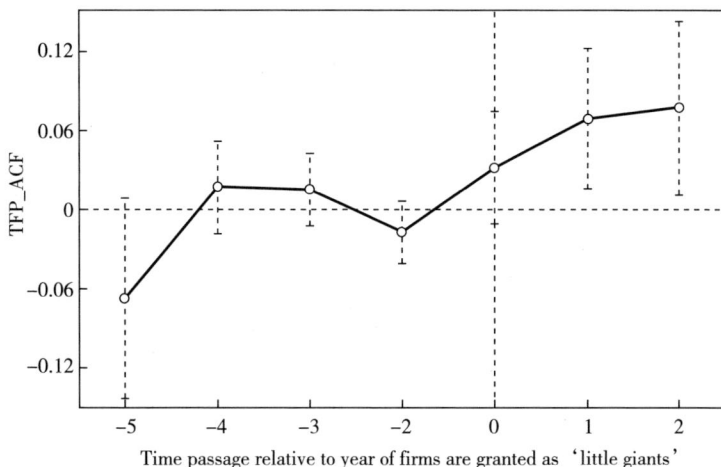

图 9-2 "专精特新"激励政策对中小企业全要素生产率的动态效应

(三) 稳健性检验

1. 替换核心变量

表 9-4 报告了运用三种方法测算的全要素生产率作为因变量的回归结果，可以发现改变因变量的测算方法不会影响本章的估计结果，进一步支持了基准回归结果的稳健性。此外，本章参照 Squicciarini 等（2013）、郝项超等（2018）的做法，使用企业每年度公司专利累计数作为企业技术创新产出能力的替代变量，发现回归结果与基准结果一致，说明本章的主要结论具有稳健性。

表 9-4 稳健性检验：替换核心变量

	(1)	(2)	(3)	(4)
	log_公司专利累计数	TFP_LP	TFP_ACF	TFP_OP
did	0.0992*	0.0134***	0.0867***	0.0534***
	(1.83)	(4.51)	(4.51)	(4.51)
_cons	−5.766***	1.079***	7.000***	4.310***
	(−8.39)	(16.31)	(16.31)	(16.31)
控制变量	Yes	Yes	Yes	Yes
行业/企业/时间固定效应	Yes	Yes	Yes	Yes
样本量	2983	2902	2902	2902
r^2	0.325	0.994	0.655	0.860

注：括号内为省份层面的稳健标准误；***、**、*分别表示在1%、5%、10%的水平上显著。

2. 安慰剂检验

参考 Ferrara 等（2011）和吕越等（2019）的做法，式（9-3）如下所示：

$$\hat{\lambda}=\lambda+\gamma\frac{cov(Treated_i\times Policy_t,\ \xi_{i,t}\mid c)}{var(Treated_i\times Policy_t\mid c)} \tag{9-3}$$

式（9-3）中，c 表示所有的控制变量，若 γ 为 0，则非观测因素不会干扰估计结果，即 $\hat{\lambda}$ 是无偏的。为了验证非观测因素对估计结果的影响，我们采用如下方法生成处理组企业：①对所有企业生成随机数 id；②对 id 按年份进行排序，这个排序是完全随机的；③由于本章中处理组分为两批企业，其观测样本分别为 2019 年的 145 家与 2020 年的 1199 家，故将 2019 年随机数 id 排名前 145 的企业设为处理组，2020 年随机数 id 排名前 1199 的企业设为处理组企业。上述做法实际上相当于将处理组各行业的企业随机重新产生，因而此时 λ 的值为 0（宋弘等，2019）。在生成处理组企业后，我们估计了系数 $\hat{\lambda}$ 的值，并将该过程重复 500 次，结果如图 9-3 所示。

以被解释变量为专利累计数为例，不难发现，系数 $\hat{\lambda}$ 的估计值分布类似于正态分布，其均值为 0.0001，接近于 0，且仅有 0.8% 的 P 值在 5% 的水平上显著，这符合安慰剂检验的预期，说明不存在非观测因素干扰估计结果的情况。图 9-3 中细虚线交点代表了真实的政策效应估计值及 P 值，可见其与随机生成的政策效应系数估计值存在显著差异，"小巨人"的政策效应的确显著存在。使用相同的方法，我们更换被解释变量为企业研发投入、企业全要素生产率（TFP_ACF）再次进行安慰剂检验，如图 9-3 所示。P 值大都不显著，系数估计值的分布近似于正态分布，真实的估计值显然属于"异常值"，通过了安慰剂检验。

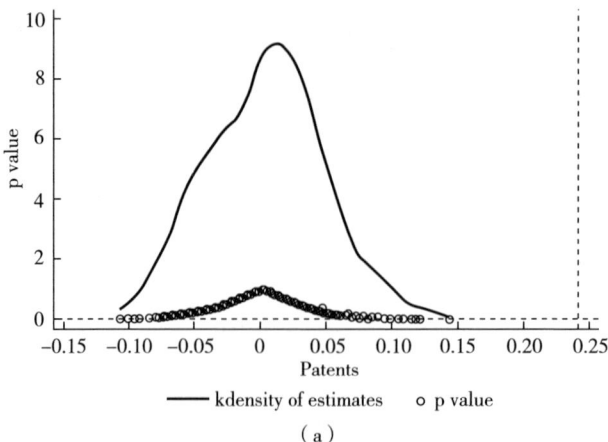

（a）

图 9-3　安慰剂检验

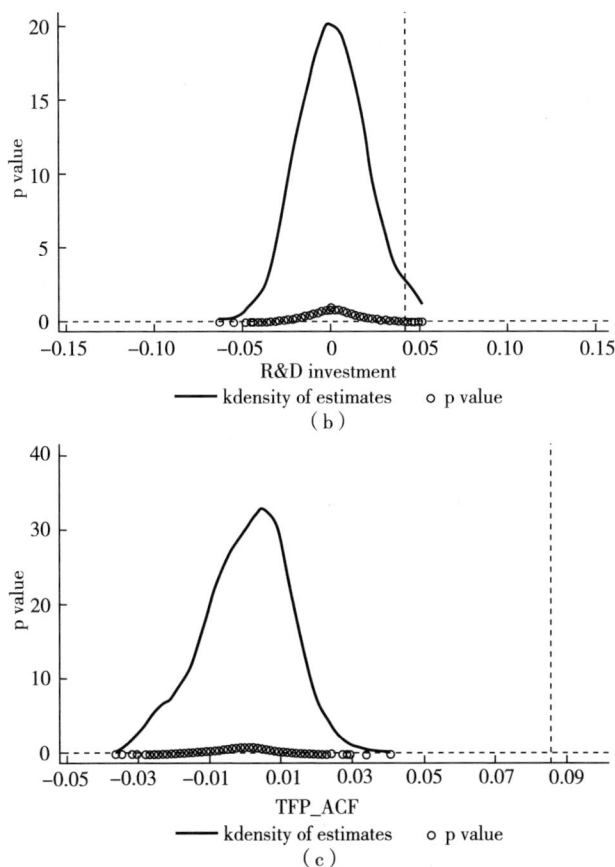

图 9-3　安慰剂检验（续）

注：X 轴表示来自 500 个随机分配的估计系数。曲线是估计的核密度分布，点是相关的 p 值。

（四）进一步分析

1."专精特新"激励政策的信号传递机制分析

（1）技术创新效应。"专精特新"激励政策通过技术创新促进企业全要素生产率。为了检验这一传导机制是否成立，本章选取研发投入总额和专利授权数量作为技术创新投入能力和产出能力的代理变量进行实证检验。研发投入总额和授权专利数据作为企业技术创新的投入和产出指标，反映了企业的科研人员、科研经费、科研能力等创新信息，能直接测度自主创新能力（付明卫等，2015），表9-5 中的 Panel A 第（1）列、（2）列报告了"专精特新"激励政策的实施对企业技术创新投入能力和产出能力的影响，双重差分变量 did 的估计系数显著为正。该结果表明，相比于行业内未被认证为"小巨人"的中小企业，获得"专精特新"激励政策支持的"小巨人"企业的技术创新投入能力和产出能力平均分别提高了 4.13% 和 24.1%，说明"专精特新"激励政策的实施有效增强了"小巨人"企业的技术创新能力。对比两者的估计系数可知，"专精特新"激励政策对中小企业创新产出能力的影响要大于对企业创新投入能力的影响，这符合授权发明专利质量更高的事实。总之，"专精特新"激励政策不仅有利于中小企业创新的投入，也显著提高了创新产出能力。

Panel A 中的第（3）列、（4）列、（5）列检验了企业是否通过创新补偿效应来实现全要素生产率的提高。回归结果表明，"专精特新"激励政策的实施并未通过创新补偿使得企业的生产率显著提高。鉴于技术创新本身需要一定的技术积累、回报周期较长，并且存在较大的不确定性（Minetti et al.，2015）。在"专精特新"激励政策实施后的较短时间内，即使"小巨人"企业加大了创新投入，这部分创新投入可能也难以有效转化成创新产出。因此，本章的上述回归结果并不能否定企业技术创新能力的增加。但是至少表明，短期内"专精特新"激励政策并非通过技术创新来推动中小企业生产率的提高。

（2）资源配置效应。"专精特新"激励政策通过改善资源配置效率促进企业全要素生产率。为了检验这一传导机制是否成立，参照任胜钢等（2019），企业资本配置效率用企业投资效率表示，本章利用资本配置效率代替资源配置效率检验"专精特新"扶持政策对"小巨人"企业资源配置效率的影响。Panel B 中第（1）列报告了"专精特新"激励政策的实施对企业资源配置效率的影响，双重差分变量 did 的估计系数显著为正，且在 1% 水平上显著，说明"专精特新"激励政策的实施能为"小巨人"企业扩大要素供给，具体包括人才培养、资金扶持、公共服务、创新发展、基础设施建设（包括土地供给）等方面，直接缓解中小企业所面临的资源歧视，帮助中小企业解决"融资难""招工难"等现实问题，缓解环境不确定性和生存压力，降低经营者通过多元化经营分散风险、赚取短期利润的倾向，有效改善了"小巨人"企业的资源配置效率并提高其生产率水平。

Panel B 中第（2）列、（3）列、（4）列结果表明，"专精特新"激励政策的实施并未通过调整资源配置效率使企业的生产率显著提高。但 Panel C 中第（1）列、（2）列、（3）列回归结果显示，"专精特新"激励政策的实施会自发通过资本配置优化和投资组合优化来寻求更优的生产前沿，或者是企业生产性资本和技术投资的优化配置（Barbera and McConnell，1986），以及生产性投资在不同领域的优化组合（Leiter et al.，2011）。具体表现在新产品上节约的资金也可能用于投资净现值较高的短期项目以谋求更高的收益（汪海凤等，2018），相应就表现为企业投资效率的改进和企业总体优化。由此可知，"专精特新"激励政策的实施具有显著的"去"资源错配、提升生产率的积极作用。

表 9-5　作用机制检验

Panel A：技术创新效应

	投入能力	产出能力	TFP_LP	TFP_ACF	TFP_OP
	（1）	（2）	（3）	（4）	（5）
did	0.0413*	0.241***			
	(1.66)	(3.05)			
Treat×year×logR&D			0.00354	0.0141	0.0230
			(0.99)	(0.99)	(0.99)
Treat×year×logPatent			0.0334	0.133	0.217
			(1.46)	(1.46)	(1.46)
控制变量	Yes	Yes	Yes	Yes	Yes
行业/企业/时间固定效应	Yes	Yes	Yes	Yes	Yes
Observations	2983	2983	2559	2559	2559
r²	0.763	0.322	0.994	0.866	0.666

Panel B：资源配置效应

	资源配置效率	TFP_LP	TFP_ACF	TFP_OP
	（1）	（2）	（3）	（4）
did	0.00939***			
	(2.94)			
Treat×year×invest level		0.826	3.299	5.357
		(1.24)	(1.24)	(1.24)
控制变量	Yes	Yes	Yes	Yes
行业/企业/时间固定效应	Yes	Yes	Yes	Yes
Observations	2614	2559	2559	2559
r²	0.188	0.994	0.866	0.666

Panel C：技术创新效应*资源配置效应

	TFP_LP	TFP_ACF	TFP_OP
	（1）	（2）	（3）
Treat×year×logR&D×invest level	−0.0495	−0.198	−0.321
	(−1.29)	(−1.29)	(−1.29)
Treat×year×logPatent×invest level	0.0191*	0.0765*	0.124*
	(1.95)	(1.95)	(1.95)
Observations	2559	2559	2559
r²	0.994	0.866	0.666
控制变量	Yes	Yes	Yes
行业/企业/时间固定效应	Yes	Yes	Yes

注：括号内为省份层面的稳健标准误；***、**、*分别表示在1%、5%、10%的水平上显著。

2. 推动因素

"专精特新"企业扶持政策对中小企业生产率存在差异化现象的原因在于不同的企业在实践的生产经营活动中整体的发展策略和经营手段的不同。表9-6的（1）列检验了"专精特新"激励政策对企业融资约束的影响。实证结果显示，"专精特新"中小企业因符合"小巨人"企业的标准，能够获得银行等金融机构的融资支持，缓解中小企业所面临的资源歧视，帮助中小企业解决"融资难"等现实问题，显著促进了中小企业向"专精特新"转型发展。表9-6的第（2）列回归结果显示，"专精特新"激励政策的实施使得"小巨人"企业生产经营用固定资产投资的增幅提升12.5%，表明企业增加了新增生产经营用固定资产（如引进先进的生产线）来满足专精特新"小巨人"企业的达标。改进生产设备的动因可能在于企业满足"专精特新"政策要求带来的融资约束的缓解。表9-6的第（3）列实证结果显示，"专精特新"激励政策的实施使"小巨人"企业的政府补助提高了72.6%，显著促进了企业政府补助的获得。表9-6的第（4）列检验了企业微观行为的后果，即新增产值增加了7.19%，这一结果表明"专精特新"激励政策能够显著促进"小巨人"企业购买"新增生产经营用固定资产"即设备更新而实现，这一"推力"主要来自于融资约束的缓解，并通过总产值的增加，实现了企业总体优化，从而提升了企业全要素生产率。

表9-6　推动因素检验

	(1)	(2)	(3)	(4)
	融资约束	新增生产经营用固定资产	政府资助	新增产值
did	0.0147* (1.85)	0.125** (2.50)	0.726* (1.77)	0.0719** (2.02)
_cons	0.183*** (3.30)	18.91*** (52.82)	13.74*** (3.01)	18.05*** (35.95)
行业/企业/时间固定效应	Yes	Yes	Yes	Yes
Observations	2983	2983	2983	2983
r^2	0.047	0.439	0.347	0.105

注：括号内为省份层面的稳健标准误；***、**、*分别表示在1%、5%、10%的水平上显著。

总而言之，政府通过"专精特新"扶持项目对中小企业提供补贴为主。企业获得一定的资金扶持后，可以通过开展新的生产线进行产能扩张，在满足"专精特新"企业的标准的同时实现生产效率的提高。

3. 异质性分析

尽管本章已经论证了国家创新激励政策的扶持对中小企业发展的有效性，但是不同个体的企业受到国家扶持政策的影响是否存在差异？有关该问题的进一步探讨有助于深入了解创新激励政策的作用机制和基本条件。中国企业的组织形式有鲜明的特点，根据其所有制的差异，可区分为国有企业、民营企业、外资企业以及混合制企业。一般认为，中国国有企业与民营企业在生产效率、经营目标以及组织模式上均存在较大区别。因此，本章将获批成为"小巨人"的企业区分为国有及民营两类，考察"专精特新"激励政策对不同类型企业带来的异质性影响。实证结果如表9-7所示，其中，Panel A 为国有企业的回归结果，Panel B 为民营企业的回归结果。

表9-7 异质性分析

Panel A：国有企业				
变量	（1）	（2）	（3）	（4）
	创新投入	创新产出	资源配置	TFP
did	−0.0541	−0.0297	−0.0178***	0.0117***
	（−0.67）	（−0.12）	（−3.50）	（2.77）
控制变量	Yes	Yes	Yes	Yes
行业、企业、时间固定效应	Yes	Yes	Yes	Yes
样本量	2983	2983	2614	2902
r^2	0.763	0.119	0.189	0.994
Panel B：民营企业				
变量	（1）	（2）	（3）	（4）
	创新投入	创新产出	资源配置	TFP
did	0.0461*	0.248***	0.0267***	0.0267***
	（1.85）	（3.09）	（3.92）	（3.92）
控制变量	Yes	Yes	Yes	Yes
行业、企业、时间固定效应	Yes	Yes	Yes	Yes
样本量	2983	2983	2902	2902
r^2	0.763	0.122	0.994	0.994

注：括号内为省份层面的稳健标准误；***、**、*分别表示在1%、5%、10%的水平上显著。

由表9-7可以看出，在获批成为"小巨人"企业后，国有企业的研发投入以及专利发明数量的估计值均为负值但不显著，表明"专精特新"激励政策并未促进国有企业增加其研发投入或提升其创新能力，同时也反映了近年来国有企业正逐步中和过往体制僵硬、政企连带等问题所带来的负面效应，正在进行有效转型（车德欣等，2020；常曦等，2020）。但民营企业的研发投入以及专利发明数量等变量的估计值均显著为正，即"专精特新"激励政策显著促进了民营企业增加研发投入，并提高了其创新能力。进一步分析可知，"专精特新"激励政策通过调整资源配置效率提高民营企业的全要素生产率，但对国有企业的资源配置效率存在负向作用，该实证结果表明扶持政策能够有效提高民营企业存活能力、激励民营企业投资等，尤其能够改善民营中小企业的资源配置效率，从而提升中小企业生产率水平。

值得注意的是，国有企业以及民营企业的生产率系数估计值均显著为正，这说明小巨人政策同时提高了两类企业的生产率水平，但民营企业的生产率系数估计值显著大于国有企业，即相比国有企业而言，"专精特新"激励政策更能促进民营企业生产率提高。

五、结论及建议

本章采取"专精特新"激励政策——2018年工业和信息化部发布的《关于开展专精特新"小巨人"企业培育工作的通知》作为准自然实验，以2015～2021年上市公司数据为研究样本，检验"专精特新"激励政策对中小企业高质量发展的推动作用。实证结果表明，"专精特新"激励政策显著提高了中小企业的全要素生产率，且年度效应滞后一年后逐年递增。具体来看，"专精特新"激励政策同时激励了中小企业提升技术创新质量和创新数量。进一步实证分析验证了政策的信号传递机制发现，"专精特新"激励政策主要通过促进企业技术创新和优化企业资源配置两条途径作用于中小企业的全要素生产率。基于异质性视角发现，与国有企业相比，"专精特新"激励政策对民营企业的促进作用明显。

根据研究结论，本章提出以下政策建议：

（1）充分发挥中小企业主体作用。鼓励和引导中小企业实现自我提升和自我革新，优化自身组织形式和生产方式，提升自身管理水平，提高内生创新能力，加快推进数字化进程，努力提高自身在供应链的价值和优势，推动实现集群化发展，引导和扶助中小企业持续成长壮大，最终成长为"专精特新"小巨人企业。全面发挥政府导向作用。推动政府研究出台各类政策，从企业发展的各个方面推进中小企业成长为专精特新"小巨人"企业。大力优化营商环境，努力破除制约中小企业发展的各种制度和门槛，充分释放中小企业发展活力。

（2）不断推进中小企业自身创新，提升企业产品竞争力。"专精特新"中小企业通常规模不大，它们时常难以独立打造技术创新的平台和条件。但是这些企业可以利用其专享的政策扶持和优惠，以技术外溢的方式推进调整转型，进而转化为区域创新能力。此外，在增加对产品技术创新的投资的同时，企业还需要关注产品设计的创新。对于能力相对较单薄的中小企业，积极参与合作创新可以有效地补充自主创新，同时为"专精特新"企业综合创新体系的形成创造条件；由此从多维角度促进企业的进步与发展，提高企业的自主创新能力和国际竞争力水平层次。

（3）探索产融结合新机制，加大对财税金融的支持力度。政府还应充分调动财税扶持这一宏观调控手段的力度和作用，以具有较强针对性的手段措施如投融资、外贸出口支持、税收优惠等减缓中小企业的外在发展负担。同时，大力发展和探索建立创新型风险投资实体和中小型科技企业的融资渠道和融资机制。在促进银企融合一体化中，支持建立银政交流合作平台，有效发挥财政资金作为种子基金的作用；建立风险投资政府投资基金，参与风险投资基金的建立，指导民间资本的合理投资，就"专精特新"中小企业未来中长期的工业发展方向予以带动和引导。从而充分发挥中小企业的优势和"领头羊"效应。

参考文献

［1］ Ackerberg D, Caves K, Frazer G. Structural identification of production functions ［J］. MPRA Paper, 2006, 88 (453)：411-425.

［2］ Alhusen H, Bennat T. Combinatorial innovation modes in SMEs：Mechanisms integrating STI processes into DUI mode learning and the role of regional innovation policy ［J］. European Planning Studies, 2021, 29 (4)：779-805.

［3］ Bakhtiari S, Breunig R, Magnani L, et al. Financial constraints and small and medium enterprises：A review ［J］. Economic Record, 2020, 96 (315)：506-523.

［4］ Barbera A J, McConnell V D. Effects of pollution control on industry productivity：A factor demand approach ［J］. The Journal of Industrial Economics, 1986 (5)：161-172.

［5］ Bartelsman E J, Haltiwanger J, Scarpetta S. Microeconomic evidence of creative destruction in industrial and developing countries ［Z］. 2004.

［6］ Bougrain F, Haudeville B. Innovation, collaboration and SMEs internal research capacities [J]. Research Policy, 2002, 31 (5): 735-747.

[7] Chung J E, Oh S G, Moon H C. What drives SMEs to adopt smart technologies in Korea? Focusing on technological factors [J]. Technology in Society, 2022, 71: 102109.

[8] Coad A, Blasco A S. Teruel M. Innovation and firm growth: Does firm age play a role? [J]. Research Policy, 2016, 45 (2): 387-400.

[9] De Marco C E, Martelli I, Di Minin A. European SMEs' engagement in open innovation when the important thing is to win and not just to participate, what should innovation policy do? [J]. Technological Forecasting and Social Change, 2020, 152: 119843.

[10] Fernandez V. Environmental management: Implications for business performance, innovation, and financing [J]. Technological Forecasting and Social Change, 2022, 182: 121797.

[11] Ferrara E L, Duryea S, Chong A E. Soap operas and fertility: Evidence from brazil [Z]. IDB Publications (Working Papers), 2011.

[12] Hervas-Oliver J L, Parrilli M D, Sempere-Ripoll F. SME modes of innovation in european catching-up countries: The impact of STI and DUI drivers on technological innovation [J]. Technological Forecasting and Social Change, 2021, 173: 121167.

[13] Hervás-Oliver J L, Parrilli M D, Rodríguez-Pose A, et al. The drivers of SME innovation in the regions of the EU [J]. Research Policy, 2021, 50 (9): 104316.

[14] Irfan M, Razzaq A, Sharif A, et al. Influence mechanism between green finance and green innovation: Exploring regional policy intervention effects in China [J]. Technological Forecasting and Social Change, 2022 (182): 121882.

[15] Leckel A, Veilleux S, Dana L P. Local Open Innovation: A means for public policy to increase collaboration for innovation in SMEs [J]. Technological Forecasting and Social Change, 2020 (153): 119891.

[16] Leiter T. Do governments track the implementation of national climate change adaptation plans? An evidence-based global stocktake of monitoring and evaluation systems [J]. Environmental Science & Policy, 2021 (125): 179-188.

[17] Lerner J. The government as venture capitalist: The long-run impact of the SBIR program [J]. The Journal of Private Equity, 2000, 3 (2): 55-78.

[18] Levinsohn J, Petrin A. Estimating production functions using inputs to con-

trol for unobservables [J]. The Review of Economic Studies, 2003, 70 (2): 317-341.

[19] Minetti R, Murro P, Paiella M. Ownership structure, governance, and innovation [J]. European Economic Review, 2015 (80): 165-193.

[20] Olley G S, Pakes A. The dynamics of productivity in the telecommunications equipment industry [J]. Econometrica, 1996, 64 (6): 1263-1297.

[21] Paul R R, Donald B R. The central role of the propensity score in observational studies for causal effects [J]. Biometrika, 1983, 70 (1): 41-55.

[22] Ramírez-Solis E R, Llonch-Andreu J, Malpica-Romero A D. How beneficial are relational capital and technology orientation for innovation? Evidence from Mexican SMEs [J]. International Journal of Innovation Studies, 2022, 6 (1): 1-10.

[23] Singh R, Chandrashekar D, Hillemane B S M, et al. Network cooperation and economic performance of SMEs: Direct and mediating impacts of innovation and internationalisation [J]. Journal of Business Research, 2022 (148): 116-130.

[24] Squicciarini M, Dernis H, Criscuolo C. Measuring patent quality: Indicators of technological and economic value [Z]. 2013.

[25] Ullah B. Financial constraints, corruption, and SME growth in transition economies [J]. The Quarterly Review of Economics and Finance, 2020 (75): 120-132.

[26] Veugelers R. The role of SMEs in innovation in the EU: A case for policy intervention [J]. Review of Business and Economics, 2008, 53 (3): 239-262.

[27] Wonglimpiyarat J. Challenges of SMEs innovation and entrepreneurial financing [Z]. 2015.

[28] 安同良, 周绍东, 皮建才. R&D 补贴对中国企业自主创新的激励效应 [J]. 经济研究, 2009 (10): 87-98.

[29] 毕克新, 王禹涵, 杨朝均. 创新资源投入对绿色创新系统绿色创新能力的影响——基于制造业 FDI 流入视角的实证研究 [J]. 中国软科学, 2014 (3): 153-166.

[30] 常曦, 郑佳纯, 李凤娇. 地方产业政策、企业生命周期与技术创新——异质性特征、机制检验与政府激励结构差异 [J]. 产经评论, 2020, 11 (6): 21-38.

[31] 车德欣, 吴传清, 任晓怡, 等. 财政科技支出如何影响企业技术创新?——异质性特征, 宏微观机制与政府激励结构破解 [J]. 中国软科学, 2020 (3): 171-182.

[32] 陈林，朱卫平．出口退税和创新补贴政策效应研究 [J]．经济研究，2008，43（11）：74-87．

[33] 陈强远，林思彤，张醒．中国技术创新激励政策：激励了数量还是质量 [J]．中国工业经济，2020（4）：79-96．

[34] 戴小勇．中国高创新投入与低生产率之谜：资源错配视角的解释 [J]．世界经济，2021，44（3）：86-109．

[35] 董志勇，李成明．"专精特新"中小企业高质量发展态势与路径选择 [J]．改革，2021（10）：1-11．

[36] 付明卫，叶静怡，孟俣希，等．国产化率保护对自主创新的影响——来自中国风电制造业的证据 [J]．经济研究，2015，50（2）：118-131．

[37] 高雨辰，柳卸林，马永浩，等．政府研发补贴对企业研发产出的影响机制研究——基于江苏省的实证分析 [J]．科学学与科学技术管理，2018，39（10）：51-67．

[38] 郭本海，李军强，张笑腾．政策协同对政策效力的影响——基于227项中国光伏产业政策的实证研究 [J]．科学学研究，2018，36（5）：790-799．

[39] 郭玥．政府创新补助的信号传递机制与企业创新 [J]．中国工业经济，2018（9）：98-116．

[40] 郝项超，梁琪，李政．融资融券与企业创新：基于数量与质量视角的分析 [J]．经济研究，2018，53（6）：127-141．

[41] 洪俊杰，张宸妍．产业政策影响对外直接投资的微观机制和福利效应 [J]．世界经济，2020，43（11）：28-51．

[42] 江飞涛，李晓萍．产业政策中的市场与政府——从林毅夫与张维迎产业政策之争说起 [J]．财经问题研究，2018（1）：33-42．

[43] 江飞涛，李晓萍．直接干预市场与限制竞争：中国产业政策的取向与根本缺陷 [J]．中国工业经济，2010（9）：26-36．

[44] 赖烽辉，李善民，王大中．企业融资约束下的政府研发补贴机制设计 [J]．经济研究，2021，56（11）：48-66．

[45] 黎文靖，郑曼妮．实质性创新还是策略性创新？——宏观产业政策对微观企业创新的影响 [J]．经济研究，2016，51（4）：60-73．

[46] 李华晶，孙怡，任璐．新能源上市公司绿色技术创新绩效研究 [J]．科技管理研究，2017，37（21）：240-246．

[47] 李婉红．中国省域工业绿色技术创新产出的时空演化及影响因素：基于30个省域数据的实证研究 [J]．管理工程学报，2017，31（2）：9-19．

[48] 林敏．中小企业技术创新的国际镜鉴 [J]．改革，2017（5）：114-

123.

[49] 刘昌年，梅强．"专精特新"与小微企业成长路径选择研究 [J]. 科技管理研究，2015，35（5）：126-130.

[50] 刘方．我国中小企业发展状况与政策研究——新形势下中小企业转型升级问题研究 [J]. 当代经济管理，2014，36（2）：9-18.

[51] 柳光强．税收优惠、财政补贴政策的激励效应分析——基于信息不对称理论视角的实证研究 [J]. 管理世界，2016（10）：62-71.

[52] 吕劲松．关于中小企业融资难、融资贵问题的思考 [J]. 金融研究，2015（11）：115-123.

[53] 吕越，陆毅，吴嵩博，等．"一带一路"倡议的对外投资促进效应——基于 2005—2016 年中国企业绿地投资的双重差分检验 [J]. 经济研究，2019，54（9）：187-202.

[54] 齐结斌，安同良．企业家精神、寻租活动与企业研发投入 [J]. 华东经济管理，2014，28（5）：114-116.

[55] 任胜钢，郑晶晶，刘东华，等．排污权交易机制是否提高了企业全要素生产率——来自中国上市公司的证据 [J]. 中国工业经济，2019（5）：5-23.

[56] 宋弘，孙雅洁，陈登科．政府空气污染治理效应评估——来自中国"低碳城市"建设的经验研究 [J]. 管理世界，2019，35（6）：95-108+195.

[57] 苏媛，李广培．绿色技术创新能力、产品差异化与企业竞争力——基于节能环保产业上市公司的分析 [J]. 中国管理科学，2021，29（4）：46-56.

[58] 孙早，许薛璐．前沿技术差距与科学研究的创新效应——基础研究与应用研究谁扮演了更重要的角色 [J]. 中国工业经济，2017（3）：5-23.

[59] 万攀兵，杨冕，陈林．环境技术标准何以影响中国制造业绿色转型——基于技术改造的视角 [J]. 中国工业经济，2021（9）：118-136.

[60] 王刚刚，谢富纪，贾友．R&D 补贴政策激励机制的重新审视——基于外部融资激励机制的考察 [J]. 中国工业经济，2017（2）：60-78.

[61] 魏志华，赵悦如，吴育辉．财政补贴："馅饼"还是"陷阱"？——基于融资约束 VS. 过度投资视角的实证研究 [J]. 财政研究，2015（12）：18-29.

[62] 巫强，刘蓓．政府研发补贴方式对战略性新兴产业创新的影响机制研究 [J]. 产业经济研究，2014（6）：41-49.

[63] 谢红军，张禹，洪俊杰，等．鼓励关键设备进口的创新效应——兼议中国企业的创新路径选择 [J]. 中国工业经济，2021（4）：100-118.

[64] 徐明．政府风险投资、代理问题与企业创新——来自政府引导基金介入的证据 [J]. 南开经济研究，2022（2）：51-67.

［65］余明桂，范蕊，钟慧洁．中国产业政策与企业技术创新［J］.中国工业经济，2016（12）：5-22.

［66］余明桂，回雅甫，潘红波．政治联系、寻租与地方政府财政补贴有效性［J］.经济研究，2010，45（3）：65-77.

［67］张杰，陈志远，杨连星，等．中国创新补贴政策的绩效评估：理论与证据［J］.经济研究，2015，50（10）：4-17+33.

［68］张其仔，许明．中国参与全球价值链与创新链，产业链的协同升级［J］.改革，2020（6）：58-70.

［69］赵驰，周勤，汪建．信用倾向、融资约束与中小企业成长——基于长三角工业企业的实证［J］.中国工业经济，2012（9）：77-88.

［70］朱平芳，徐伟民．政府的科技激励政策对大中型工业企业 R&D 投入及其专利产出的影响——上海市的实证研究［J］.经济研究，2003（6）：45-53.

第十章　新时代民营企业家精神研究

一、引言

　　党的十八大以来，习近平总书记多次强调要大力弘扬企业家精神，要求广大企业家在爱国、创新、诚信、社会责任和国际视野等方面不断提升自己，积极推动经济高质量发展。2017 年印发的《中共中央　国务院关于营造企业家健康成长环境弘扬优秀企业家精神更好发挥企业家作用的意见》，首次以专门文件明确企业家精神的重要价值和提升路径。从学理角度来看，企业家精神不仅是影响解决扩大内需、优化和稳定产业链供应链等我国中长期经济社会发展战略若干重大问题的关键变量，而且也是有效应对复杂多变国际政治经济形势下我国经济发展短期面临需求收缩、供给冲击、预期转弱三重压力的内在驱动。民营经济是经济社会发展的重要基础，民营企业占企业总量超过 90%，是稳增长、促创新、保就业的主力军（张菀洺和刘迎秋，2021）。由于其巨大的规模效应、创新效应和增长效应，激发弘扬民营企业家精神显得尤为重要和紧迫，这就需要坚持"两个毫不动摇"，切实疏堵点、提信心、破壁垒、解难题、抓落实。党的二十大明确提出，优化民营企业发展环境，依法保护民营企业产权和企业家权益，促进民营经济发展壮大。2023 年 7 月，《中共中央　国务院关于促进民营经济发展壮大的意见》进一步强调，在民营经济中培育和弘扬企业家精神，不断激发创新活力和创造潜能，发挥优秀企业家示范带动作用。

　　因此，当前如何破题弘扬企业家精神必须准确理解新时代民营企业家精神的丰富内涵，进一步厘清其驱动民营经济高质量发展的内在机制，进而提出针对性对策建议。

二、企业家精神驱动民营经济高质量发展的理论分析

（一）企业家精神：内涵与特征

法国经济学家坎蒂隆在《商业性质概论》中最早开始强调企业家精神在经济中的重要性，引起了更多学者对企业家精神的关注。以熊彼特和鲍莫尔为代表的德国学派、以奈特和舒尔茨为代表的芝加哥学派以及以科兹纳和米塞斯为代表的奥地利学派分别从创新性、冒险性和发现性三个不同角度对企业家精神的内涵进行了深刻阐释，企业家精神也越来越多地被纳入经济分析框架中。纵观世界经济发展史，企业家精神对于各国的经济增长、结构演进、创新发展等至关重要（Acs et al.，2017；马忠新和陶一桃，2019；戴维·兰德斯等，2021）。

企业家精神至少具有三大特征：一是异质性。Baumol（1990）将企业家精神从结构上区分为生产性与非生产性、创新型与复制型。此外，由于历史、文化、制度的差异，企业家精神往往还具有地理空间、所有制等方面的异质性（张博和范辰辰，2021；姜付秀等，2021）。二是层次性。Miller（1983）认为企业家精神体现在个人、组织等不同层面，有学者将其进一步拓展到社会层面。三是动态性。企业家精神会随着企业生命周期、经济发展阶段的变化而发生演进（余菁，2018）。梳理相关文献发现，多数学者对企业家精神异质性的分析主要延续了鲍莫尔的思路（朱彤等，2015；胡永刚和石崇，2016），少部分国内学者关注了所有制层面的企业家精神异质性。姜付秀等（2021）认为国有企业的企业家精神既强调创新意识又强调政治意识。从动态演进视角对新时代企业家精神的探讨通常将其内涵概括为创新、责任、担当、诚信等（黄海艳和张红彬，2018；李政，2019）。虽然学术界对企业家精神内涵的认识有不同角度或流派，但总的来说，西方学者普遍将企业家精神理解为创新、创业意愿与行为。本章认为，中国企业家精神与西方企业家精神存在一些共性内容，如创新、创业的冲动、行动与能力，但同时也受中华历史文化基因传承的深刻影响，如新时代中国企业家精神还包含了家国情怀、社会责任、诚信道德等中华优秀传统文化的印记。

现有的对企业家精神影响经济发展的分析往往主要针对增长（汪辉平和王增涛，2018）、集聚（欧雪银，2013）、创新（冉茂盛等，2021）、出口（李小平和李小克，2017）、协调（程锐，2019）等某个具体方面。由于超出了包容性增长一般范畴（Dhahri et al.，2021），企业家精神对具有创新、协调、绿色、开放、

共享等诸多特点的经济高质量发展的影响很难构建起统一的分析框架，而企业家精神对民营经济高质量发展的影响分析就更加少见。

（二）企业家精神驱动民营经济高质量发展理论机制

1. 创新驱动民营经济高质量发展

创新推动民营经济增长和产业结构变化的内在机制。一方面，创新主要通过技术进步、产品多样化、要素高级化和组织创新四个方面驱动民营经济增长。技术进步通过全要素生产率的提高可以促进产出的增加，还会引起经济波动。产品多样化可以激发有效需求，不仅有利于熨平需求波动提升民营经济韧性，而且有利于完善分工提高企业生产效率。创新可以促进要素高级化，提升全要素生产率。组织创新通过推动资源优化配置，减少结构性矛盾，提升组织运行、经济增长的效率和稳定性。另一方面，创新主要通过影响分配、投入和要素结构来改变民营经济产业结构。创新在做大"蛋糕"的同时，也破坏了原先的分配格局，生产要素会在部门间、企业间再流动、再配置，推动产业结构发生演变。创新活动随着研发经费和研发人员的投入，创新要素的投入方向、规模、结构等会影响增量、存量市场主体在整体经济中的比重，并体现出一定的区域差异。创新还会改变要素质量和结构，通过要素高级化进程促进产业结构进化。

2. 创业驱动民营经济高质量发展

创业推动民营经济增长和产业结构变化的内在机制。一方面，创业主要通过企业成长、知识溢出、促进竞争、多样化、提升配置效率等方面驱动民营经济增长。大量的证据表明，初创企业特别是战略性新兴产业领域的企业成立后大概率会进入高速增长通道，从而助力就业创造和经济增长。创业不仅为知识的价值实现提供了可能，而且也有利于知识溢出，进而促进经济增长。创业是市场结构变化的诱因，在一定程度上增强了竞争程度，可以通过知识扩散和压力传导来刺激创新（Jacobs，1984；张杰等，2014）。创业也增加了企业种类，有助于市场发现并实现不同类型企业间的复杂联系，从而增加增长潜力。创业的过程也是资源优化配置的过程，有利于生产效率和产出规模的提升。另一方面，创业主要通过收入分配、新部门发展等途径改变民营经济结构。根据企业生命周期理论，创业企业相对于成熟期企业具有更快发展速度，其产品可能有效激发潜在市场需求，因而能够获取高额垄断利润，这会推动生产要素在部门间发生重新配置并促进产业结构调整。同时，创业企业除了丰富市场供给，还可能对原有的市场供给进行替代、升级，从而致使原先的产业部门的衰退和新兴产业部门的成长，并协同带动上下游产品部门的发展。

3. 企业家精神驱动民营经济发展：基于制度变迁的视角

正如上文所述，企业家精神还受到地区历史文化的影响，这些无形的历史文化变量从某种程度上讲可以转化成有形的正式或非正式制度因素。著名制度经济学家诺斯认为，制度变迁是影响组织和企业家所从事有目的活动的重要因素。制度变迁改变激励结构，Baumol（1990）提出的企业家活动的方向和密度也必然是在一定的制度框架下进行的。迈克尔·波特同样认为制度对于指引企业家思想发展和创新活动起到决定性作用。本章认为，从空间和时间两个维度来看，制度的差异会导致企业家精神呈现异质性，从而使得企业家行为出现不同。

根据 Baumol 的企业家精神配置理论，本章认为，由于企业家精神在生产性活动和非生产性活动之间以及在具体产业领域之间的不同配置会产生不同的经济影响，我国民营经济从萌芽到发展再到高质量发展的演进机制可以概括为：企业家精神在内涵、结构等方面具有显著的异质性，制度变迁作为激励变化的重要诱因会推动企业家精神的配置、程度发生演进，从而对企业创新和创业行为产生巨大影响，驱动民营经济的形成、发展、演进。比如，江苏苏南民营经济发展、演变是我国民营经济发展的典型缩影，制度变迁影响企业家行为来推动民营经济发展可以管中一窥（程俊杰，2016）。

一是政治制度。改革开放以来，中国政治制度体现出"一变一不变"，"变"的是政府效能不断提高，"不变"的是强政府属性。由于掌握了土地、资本、环境等大量关键生产要素，在地方竞争的背景下，政府在地方发展中的干预甚至是主导能力始终很强，这会推动企业家精神向具有政府偏好的领域进行配置，能够有效整合资源，实现民营经济快速发展。党的十八大以来，中央反腐败力度持续加大，政府效能明显改善，可以有效化解强政府可能的腐败对企业家精神激发及配置产生的负面影响，促使其向生产性活动进行配置，从而推动民营经济量质齐升。

二是经济制度。推进市场化进程是改革开放以来中国经济制度改革的政策取向。这一方面为社会资本提供了更多的盈利机会，另一方面也增强了企业家承担商业性风险的意愿。现实中，很多地区社会创业活动非常活跃，企业家精神得到持续激发和恢复，并被越来越多地配置到生产性活动中去，民间投资也逐渐由第二产业转向第三产业。

三是文化制度。文化本质上也是一种制度。中国儒家文化的内涵特质主要包括规避风险、善良勤劳、崇尚教育、变通开放等。其对民营经济发展的影响主要体现在：随着民营经济的迅速发展，企业家精神也更多地被配置到民营经济领域，并进入具有比较优势或熟悉的领域以规避分享。勤劳善良使得企业家的创业精神较强，踏实苦干是很多企业家共同的标签，从而驱动了民营经济后发赶超。

文化、教育、科研资源的不断丰富和良好的学习精神为战略性新兴产业领域民营企业的迅猛发展提供了优势条件，如能够通过学习、吸收、创新，快速开展技术、资本的原始积累，并逐渐实现"弯道超车"。开放变通使得民营企业家能够较好地处理好与政府的关系，在企业发展中得到政府的大力支持。

四是法律制度。法律制度对民营经济发展的影响主要体现在尊重契约精神、保护私有财产和保护知识产权三个方面。这使得营商环境日益完善，各类主体能够享有公平竞争的市场氛围。契约精神和私有财产的保护可以降低企业家创新、创业行为的风险，激发了创新、创业的意愿。严格的知识产权保护明确了通过创新、创业可以获取合理的垄断收益，也增强了企业家创新、创业的意愿。

三、企业家精神与民营经济发展的实证研究

（一）样本说明

为了验证本章提出的民营经济发展机制，本章采用 2006～2020 年全国省级面板数据进行实证研究。之所以选择省级样本，主要因为同一省辖范围内的制度及其变迁、企业家精神基本是同质的，更微观的行政区划中可能会出现所有制、产业等结构单一的现象。本章的数据来源主要是中经网统计数据库、国家及各省统计局网站、《中国科技统计年鉴》等。对原始数据进行了两方面处理：一是样本选择 31 个省（区、市），剔除香港、澳门和台湾；二是对于缺省级数据采用插值、外推、替代等方法进行补齐。

（二）变量与指标选择

本章对于相关变量选取了一系列指标，具体说明如下：

1. 企业家精神

国内外大量的实证研究均从创业和创新两个方面来分析企业家精神的结构、配置及异质性。沿着这一思路，本章对企业家精神进行衡量主要采用三方面指标：一是创新意愿指标，企业家精神更侧重意愿而非能力和绩效，这里采用企业 R&D 经费内部支出占 GDP 比重进行衡量。二是创业指标，用私营企业和个体户数占总就业人口的比重来代表自我雇佣率。三是企业家精神配置指标，用私营企业产值与国有企业产值之比来表示企业家精神向生产性活动和非生产性活动配置的情况。

2. 民营经济发展

民营经济高质量发展的测度有总量规模、产业结构、创新驱动能力以及价值链地位等多个维度，因此相应的采用四大指标进行衡量，分别是私营企业产值占GDP的比重、二次产业增加值与三次产业增加值之比、新产品销售收入占总产值的比重、私营企业利润额占总产值比重。

3. 控制变量

有证据表明，要素禀赋、区位条件、教育水平等也是影响企业家精神的重要变量。因此，借鉴已有文献选择以下控制变量：自然资源禀赋指标为单位国土面积煤炭、石油储量，资本指标为单位 GDP 资本存量[①]，劳动力指标为单位国土面积人口数，教育指标为单位人口高校在校生数，基础设施和区位指标为单位国土面积铁路里程、单位国土面积高速公路里程。

（三）计量模型

根据以上分析，本章用回归方程（10-1）来实证检验企业家精神推动民营经济发展的重要影响。

$$\text{private-economy}_{it} = \beta_0 + \beta_1 \text{entrepreneurship}_{it} + \theta X_{it} + \xi_{it} \tag{10-1}$$

其中，i 表示地区，t 表示时间；被解释变量 private-economy 表示民营经济的总量规模、产业结构、创新驱动以及价值链地位；解释变量 entrepreneurship 表示企业家创新精神、创业精神以及企业家精神配置；X 表示控制变量的合集，包括资源、资本、劳动力、教育以及基础设施；ξ 表示随机误差项。

根据各主要解释变量的 Pearson 相关系数矩阵，相关系数均小于 0.4，说明没有严重的多重共线性问题。为规避内生性问题，本章选择面板工具变量（Ⅳ）法进行回归估计。工具变量选择步骤如下：首先，分别加入市场化指数（market）、财政支出占 GDP 比重（expenditure）、金融发展水平（finance）、对外开放水平（trade）以及城市化率（urban）逐一进行回归；其次，进行 Hausman 内生性检验和 Sargan 过度识别检验；最后，确定工具变量为市场化指数。

（四）回归结果

回归结果如表 10-1 所示，据此可以得出以下结论：

第一，企业家精神有助于民营经济规模的增长。回归系数表明，创新、创业和企业家精神配置均与民营经济规模显著正相关。结论与已有理论和相关实证文章的证据一致（李宏彬等，2009）。首先，经济学理论在创新是经济增长的源泉

---

① 对于资本存量的估算采用永续盘存法，以 90 年为基期。

表10-1　企业家精神与民营经济发展关系检验

被解释变量（面板Ⅳ估计）

解释变量	private			structure			new			profit		
	方程1	方程2	方程3	方程4	方程5	方程6	方程7	方程8	方程9	方程10	方程11	方程12
R&D	88.58*** (9.49)			60.94*** (10.70)			7.36*** (1.57)			-7.01*** (2.06)		
selfemployment		4.59*** (0.56)			3.16*** (0.71)			0.38*** (0.09)			-0.36*** (0.13)	
state			0.27*** (0.01)			0.19*** (0.03)			0.02*** (0.01)			-0.02*** (0.01)
控制变量	Y	Y	Y	Y	Y	Y	Y	Y	Y	Y	Y	Y
_cons	-0.66*** (0.09)	-0.89*** (0.13)	-0.07*** (0.01)	0.71*** (0.11)	0.55*** (0.17)	1.12*** (0.07)	0.07*** (0.02)	0.05** (0.02)	0.12*** (0.01)	0.04*** (0.01)	0.06*** (0.02)	-0.01 (0.01)
R^2	0.52	0.28	0.86	0.22	0.28	0.20	0.16	0.19	0.18	0.13	0.28	0.19
观测值	465	465	465	465	465	465	465	465	465	465	465	465

注：括号内为标准误差，***、**和*分别表示在1%、5%和10%水平上显著。

方面已经形成共识。其次，创业可以通过创造就业和知识的价值实现两大机制推动经济增长。最后，根据鲍莫尔的理论，企业家精神越多地配置到生产性活动中越有利于推动经济增长。

第二，企业家精神对民营经济产业结构的影响方向不确定。虽然基础回归的结果表明，创新、创业以及企业家精神配置与产业结构显著正相关，但是 GMM 估计的稳健性检验却发现以上三者与产业结构的关系显著为负。这说明虽然影响确实存在，但是影响方向却并不确定。根据上一部分理论机制的分析，创新、创业以及企业家精神配置可以深刻改变产业结构，但是无法决定"此消彼长"究竟发生在哪些具体部门。产业结构的变化往往受产业生命周期和经济发展阶段的决定性影响，企业家精神只是加速推进演变的重要力量。

第三，企业家精神有利于促进民营经济创新驱动发展。根据回归结果，创新、创业以及企业家精神配置与民营经济创新驱动均具有显著的正相关关系，其中，创新精神对民营经济创新驱动发展的正向作用最大，这也符合一般的理论逻辑推演。虽然针对国外地区的实证研究证据显示，企业家创新意愿的确有助于创新绩效的提高（Hewitt-Dundas Ropers，2009），但我国的经验证据却无法支持这一结论，原因主要包括项目设置、经费管理、遴选方式、补贴方式、考核方式等的不科学、不合理、不精准等。本章结论的一个可能较为合理的解释是：国有企业、高校及科研院所等获取了更高比例、更大规模的创新研发支持，而民营企业创新资金的主要来源往往是自有资金，这就要求民营企业在创新决策、创新活动中不仅要更有针对性，而且还要更加追求效率和投入产出比，因此，创新绩效自然会随之提高。创业的正向作用主要是因为创业带来至少三个方面的变革，这也正是创新的"题中之义"，包括空白市场的发掘，新产品设计、生产与销售，以及以更低成本、更有效率的方式提供成熟产品。企业家精神配置通过竞争对创新发展施加影响。更多向生产性活动配置，有利于民营企业创新，为持续获得足够的竞争优势企业将不得不更多地开展创新活动；相反，如果企业家精神更多地配置到非生产性活动中，将会由于寻租垄断获益而产生创新惰性，从而不利于民营企业创新。

第四，企业家精神可能并不利于民营经济在全球价值链实现攀升。根据回归结果，企业家创新、创业以及企业家精神配置与以民营企业利润率指标为代表的价值链地位之间的关系均显著为负，其中，从回归系数来看，企业家创新精神对于企业的盈利能力和价值链地位攀升的负面影响最大。虽然这一结论与普遍的正常理解相左，但是亦有合理解释。其一，企业家创新精神不利于民营企业盈利能力的提升和价值链地位的攀升可能原因是：首先，近年来，随着市场化改革进程的推进，过去被认为扭曲的要素价格逐渐回归正常，特别是由于稀缺性，创新要素价格上涨迅速，各地频频发生"抢人大战"，也造成企业用人成本急剧上升，加上全球经济不景气，从而导致企业盈利能力下降。其次，从调研反馈的情况来看，我国产业链现代化的一个重要的制约因素就是企业能力不足，尤其是创新能力短板，使投入产出效率不高，从而影响了企业盈利能力和价值链地位的提升。再次，很多民营企业仍按照过去加入全球价值链的方式参与国际分工，即主要从事国际代工，两头在外，很可能被低端锁定，难以开展创新，从而陷入"微利化"陷阱，企业盈利能力和价值链地位呈现下滑趋势。最后，现实证据表明，除非是颠覆性创新，边际性质的创新一般很难改变已经进入成熟期或衰退期的产品销售格局，也无法阻止民营企业盈利能力和价值链地位的下降颓势。其二，企业家创业精神不利于民营企业盈利能力的提升和价值链地位的攀升，主要可能由于过度进入和恶性竞争。很多企业家往往过于依赖国家产业政策进行决策，比如，前些年严重的产能过剩危机就是因为企业家对少数具有政府偏好的行业进行"潮涌"投资，造成行业平均利润率的下降。其三，企业家精神被更多地配置到生产性活动中也不利于民营企业盈利能力的提升和价值链地位的攀升，可能的解释是：在行业生产技术普遍不高的情况下，企业家精神被更多地配置到生产性活动中可能会造成同质化生产竞争，如果寻租利益逐渐消失，再加上国外同业对手的冲击，必然会造成企业在短期内盈利能力下降，也难以实现全球价值链地位的攀升。

第五，控制变量与民营经济发展的关系。①民营经济规模。根据回归结果，自然资源禀赋、资本存量、教育对民营经济规模增长的影响均不确定，以上三者对不同类型民营企业的影响均不相同。劳动力与民营经济总量规模之间存在显著的负相关关系，一方面当前我国很多地区已经进入人口老龄化社会，劳动力占总人口的比重有所下降，劳动力绝对规模在减少；另一方面在某些生产环节或细分领域，劳动力投入过多可能形成拥挤也在一定程度上造成边际贡献负增长。此外，近年来，劳动力价格明显上升也是重要原因，用人成本越来越高也不利于民营经济规模扩大。基础设施有利于民营经济规模的增长，其内在逻辑有两个方面：一是基础设施本身就是一种生产要素，可以直接促进民营经济规模增长。二是基础设施可以有效降低企业间、地区间生产性活动的交易成本，从而可以间接促进民营经济增长。②产业结构。从回归结果来看，自然资源禀赋与民营经济产业结构的回归系数显著为正，说明自然资源越富足，民营经济中第二产业的比重就越高。基础设施、劳动力与产业结构之间存在显著的负相关关系，原因主要在于：从学理上讲，第二产业与第三产业有明显不同，前者对要素成本更为敏感，而后者对交易成本更为敏感；第三产业的就业弹性相对第二产业更大，是吸纳就业的蓄水池，因此，劳动力越多的地区第三产业的比重自然越高。此外，资本存量对民营经济产业结构的影响不确定，而教育的影响不显著。③创新发展。从回归结果来看，自然资源、资本存量越多反而不利于民营经济实现创新驱动发展，说明资源、资本等要素投入与创新投入之间可能存在一定的挤出效应。劳动力、教育、基础设施有利于民营经济实现创新驱动发展。劳动力越多，高技能劳动力的绝对量也越多，同时，还能通过增强竞争程度来刺激创新；教育质量越高，知识生产的能力越强、密度越大，也越能推动民营经济创新发展；基础设施是吸引创新要素集聚的重要的支撑条件，基础设施水平越高，区域交易成本就会越低，越能虹吸创新要素推动民营经济创新发展。④盈利能力或价值链地位。根据回归结果，自然资源、基础设施不利于民营经济盈利能力和价值链地位的提升。一是越是资源富足的地方，越有可能产生"资源依赖症"，从而陷入单一发展模式的路径依赖，不利于开展创新。二是自然资源独特的优势还有可能导致产业选择"一支独大"并被牢固锁定，比如，那些矿产资源丰富的城市的地标产业十分鲜明，但一旦陷入资源枯竭，实现转型发展难度极大，换句话说，如果比较优势衰减或消失，产业也容易会呈现衰退态势。三是基础设施水平的提高可能会使企业更容易享受交易成本下降的红利，而产生创新的惰性，不利于盈利能力和价值链地位的提升。资本、劳动力、教育与民营经济盈利能力及价值链地位之间的关系存在显著的正相关关系，前两者作为重要的生产要素，禀赋越好越能降低生产成本，从而提升企业利润水平；而教育质量越高，知识生产和发掘市场机会的能力也就越强，越有利于提升民营经济盈利能力和价值链地位。

（五）稳健性检验

本章的稳健性检验主要采用基于动态面板 GMM 的再估计和剔除直辖市样本两个方法论证企业家精神影响民营经济发展实证结论的可靠性，由于篇幅所限，检验结果并未列出。动态面板 GMM 估计是克服解释变量内生性的一种重要方法，特别是，如果扰动项存在异方差或自相关，GMM 估计将比面板 IV 更加有效。根据 Wald 检验、AR（2）检验以及 Sargan 检验，各方程误差项均不存在二阶序列相关，不存在过度识别问题，工具变量选择亦是有效的。从回归系数和变量符号来看，除对产业结构的影响不一致外，其余符号均完全一致，结论可靠。

剔除直辖市样本主要是考虑到影响直辖市民营经济发展的因素可能更多、机制也可能更加复杂，为避免样本选择可能导致的研究结论偏差，本章剔除相关样本后再次回归，得到的结果同样一致。此外，本章还分别从三大区域，即东部地区、中部地区、西部地区进行检验，主要研究结论依然成立。

四、结论与建议

（一）基本结论

推动民营经济高质量发展是贯彻落实党中央"经济要稳住、发展要安全"重大要求的具体体现。本章从历史逻辑、理论逻辑和现实逻辑三个方面分析论证了企业家精神对民营经济演变、发展的重要作用，提出了从制度变迁到企业家精神再到民营经济发展的理论逻辑，即企业家精神在内涵、结构等方面具有显著的异质性，制度变迁作为激励变化的重要诱因会推动企业家精神的配置、程度发生演进，从而对企业创新和创业行为产生巨大影响，驱动民营经济的形成、发展、演进。

根据本章实证研究，制度设计的完善以及市场化改革的深入将十分有利于企业家创新和创业精神的激发，也有利于促进企业家精神更多地向生产性活动领域进行配置。企业家的创新和创业精神以及企业家精神更多地向生产性活动领域进行配置，有利于促进民营经济规模增长和创新发展，但不利于提高民营经济的盈利能力和价值链地位，显著影响民营经济的产业结构，但方向并不确定，与产业生命周期和经济发展阶段密切相关。

（二）政策建议

激发企业家精神，推动民营经济高质量发展，至少需要从以下几个方面突破：

第一，营造激活企业家精神的良好氛围。完善企业家的激励机制，建立健全保护民营企业家合法权益的相关制度，帮助推动企业转型发展，充分发挥企业家的创新本能。明确界定政府与企业的边界，在市场准入与退出、融资、竞争等方面消除所有制歧视，降低制度性交易成本。工匠精神也是企业家精神的一个重要方面，激发"十年磨一剑"的工匠精神必须营造其尊重工匠的社会氛围，提升一线工程师薪酬水平，优化行业薪酬结构，让工匠也能有高身价。推行和完善负面清单管理。要围绕政府权力、政府责任、企业项目投资、政府部门专项资金管理等影响民营经济发展的重点方面加快制订各类"清单"，加强"放管服"，最大限度减少政府对生产性资源的直接配置和市场主体决策的管理干预。以全国统一大市场建设契机，加快打造各级行政审批"一张网"，增强部门间、地区间协同高效，实现"一站式"办理和"全流程"监督，打造国际化、法治化一流营商环境。

第二，优化人才供给。一方面，要解决人才结构的问题。相对于一些重点领域的人才缺口，人才结构矛盾是更广泛存在、更难以突破的难题。随着产业链的系统性、复杂性日益提升，跨产业链融合发展不断涌现，除了高层次创业人才、科技企业家等的需求明显增多，越来越多的产业领域和应用场景要求具有复合型的专业领域人才，这与现行的学校培育模式产生矛盾。一是要完善教育系统。加强校企联动，畅通企业和高校人才流动机制，鼓励企业可以提前介入人才培养，可以利用提供奖学金等方式提前锁定学生服务一定年限。二是基于应用导向，要加快建立起以庞大"腰部"人才为主体的多层次人才队伍。另一方面，要不断丰富应用场景促进人才集聚和成长。各地不应也不能过分追求所谓"高层次人才"，以免落入名义光环与实际效用"两张皮"的陷阱。

第三，鼓励推动企业兼并重组。从产业集群和区域经济发展的历程来看，兼并重组是推动演进的重要市场行为，也是企业家精神发挥的具体表现。比如，几乎所有的跨国公司都经历过兼并重组，从而为其成长插上腾飞的翅膀。我国目前企业兼并重组面临的障碍较多，特别是地方竞争下政府干预导致的制度性障碍。根据《中共中央　国务院关于加快建设全国统一大市场的意见》，应加快发展统一的资本市场，建设一批包括产权、技术、金融资产、知识产权、环境等多层次交易平台，推动交易平台不断优化迭代。尽快破除地方保护和区域壁垒，完善企业动态进入和退出机制，对于一些重大兼并重组项目可以设立绿色通道，以此强化产业链竞争力。

第四，加强政策精准性和协调性。不断提升制度框架、优化制度基础设施。相关部门应主动下沉到企业，真真切切了解企业的政策需求，创新政策供给方式，如开发"政策计算器"提升政策供给的精准性、便捷性。一是改进"专精特新"企业、重大科技专项等的评选和考核方法，完善指标体系，防止各方流于形式、疲于奔命。二是对于产业链供应链上重点企业的扶持方式应从以财政补贴为主转向财政补贴与税收返还并重，用企业创造的税收来奖励企业，以此进一步吸引社会资本、金融资本等的投入。一些新兴领域、细分领域可以更多地尝试事后补贴、需求端补贴，如政府采购支持，从补贴企业转向补贴要素，如利用个人所得税优惠等方式帮助企业引进发展急需的紧缺人才等。三是实施最严格的知识产权制度，完善纳入刑法保护的范围，强化知识产权仲裁调解、司法衔接、预警分析和交易运营支持。缩短发明专利、实用新型专利以及外观设计专利的授权周期。对知识产权的评价也要从传统的政府评价、专家评价为主转向以市场评价为主。四是优化财税政策。对于非战略性环节将前补变成后补，出台针对存量企业的支持政策。对于"卡脖子"领域中可以国产的产品限制进口，暂时无法国产的也不能零关税。五是强化监督管理的科学性、协调性。要促进环保、安监、消防、外汇等监管政策与国家加快关键核心技术攻关的政策协同，要促进国资监管和上市公司监管的政策协调，加快形成发展合力。

参考文献

[1] Acs Z A, Stam E, Audretsch D B, et al. The lineages of the entrepreneurial ecosystem approach [J]. Small Business Economics, 2017 (49): 1-17.

[2] Baumol W. Entrepreneurship: Productive, unproductive and destructive [J]. Journal of Political Economy, 1990, 98 (5): 893-921.

[3] Dhahri S, Slimani S, Omri A. Behavioral entrepreneurship for achieving the sustainable development goals [J]. Technological Forecasting and Social Change, 2021 (165): 1-11.

[4] Hewitt-Dundas N, Roper S. Output additionality of public support for innovation: Evidence for irish manufacturing plants [R]. CSME Working Papers, 2009.

[5] Jacobs J. Cities and the Wealth of Nations: Principles of Economic Life [M]. New York: Random House, 1984.

[6] Miller D. The correlates of entrepreneurship in three types of firms [J]. Management Science, 1983, 29 (7): 770-791.

[7] 程俊杰. 制度变迁、企业家精神与民营经济发展 [J]. 经济管理, 2016 (8): 39-54.

[8] 程锐. 企业家精神与区域内收入差距: 效应与影响机制分析 [J]. 经济管理, 2019 (6): 91-108.

[9] 戴维·兰德斯, 乔尔·莫克尔, 威廉·鲍莫尔. 历史上的企业家精神: 从古代美索不达米亚到现代 [M]. 姜井勇, 译. 北京: 中信出版集团, 2021.

[10] 道格拉斯·C. 诺斯. 制度、制度变迁与经济绩效 [M]. 刘守英, 译. 上海: 上海三联书店, 1994.

[11] 胡永刚, 石崇. 扭曲、企业家精神与中国经济增长 [J]. 经济研究, 2016 (7): 87-101.

[12] 黄海艳, 张红彬. 新时代企业家精神内涵及培育机制研究 [J]. 国家行政学院学报, 2018 (6): 42-46+187.

[13] 姜付秀, 王莹, 李欣哲. 论国有企业的企业家精神 [J]. 中国人民大学学报, 2021 (5): 84-94.

［14］李宏彬，李杏，姚先国，等．企业家的创业与创新精神对中国经济增长的影响［J］．经济研究，2009（10）：99-108．

［15］李小平，李小克．企业家精神与地区出口比较优势［J］．经济管理，2017（9）：66-81．

［16］李政．新时代企业家精神：内涵、作用与激发保护策略［J］．社会科学辑刊，2019（1）：79-85．

［17］马忠新，陶一桃．企业家精神对经济增长的影响［J］．经济学动态，2019（8）：86-98．

［18］迈克尔·波特．国家竞争优势［M］．李明轩，邱如美，译．北京：华夏出版社，2002．

［19］欧雪银．企业家精神与产业集聚关系研究新进展［J］．经济学动态，2013（6）：132-141．

［20］冉茂盛，陈亮，李万利．经济不确定性、企业家精神与区域创新效率［J］．研究与发展管理，2021（3）：149-162．

［21］汪辉平，王增涛．创新型企业家精神更有利于经济的长期增长吗？［J］．南开经济研究，2018（4）：85-101．

［22］余菁．企业家精神的涌现：40年的中国实践历程回顾与未来展望［J］．经济体制改革，2018（4）：12-19．

［23］张博，范辰辰．稻作与创业：中国企业家精神南北差异的文化起源［J］．财贸经济，2021（6）：71-86．

［24］张杰，郑文平，翟福昕．竞争如何影响创新：中国情景的新检验［J］．中国工业经济，2014（11）：56-68．

［25］张菀洺，刘迎秋．开拓政治经济学中国话语新境界——中国民营经济理论的创新发展［J］．中国社会科学，2021（6）：77-97+205-206．

［26］朱彤，刘鹏程，王小洁．贸易开放对发展中国家企业家精神的影响［J］．南开经济研究，2015（5）：111-125．

第十一章　新时代民营企业代际传承研究

调查统计结果显示，我国民营企业中近八成是家族企业。根据国家市场监督管理总局发布的数据，截至 2023 年底，我国民营企业超过 5300 万户，占企业总量的 92% 以上。相关调查统计结果显示，民营企业中近八成是家族企业。近年来，家族企业已经进入代际传承高峰。了解民营企业代际传承的关键影响因素并据此采取相应举措选取合格的接班人是实现传承的成功、家族企业的基业长青以及民营企业的高质量发展的基础。本章选取 2013~2021 年民营上市企业中的家族企业为样本，对代际传承的影响因素展开研究。研究发现：个体层面的影响因素主要有继任者的年龄、性别、受教育程度以及与在任者之间的血亲关系。具体来说继任者的年龄、性别以及与在任者之间的血亲关系对代际传承具有显著正向影响。而学历对代际传承具有显著负向影响。公司层面的影响因素主要有董事会规模、两职兼任、公司规模、上市年限、资产负债率、净资产收益率。其中，董事会规模、公司规模对代际传承有着显著负向影响。两职兼任、上市年限、资产负债率、净资产收益率对代际传承具有显著正向影响。宏观环境层面的影响因素主要是行业集中程度。家族企业所处行业集中程度越高，竞争程度越低，越有助于代际传承的发生。据此得出，代际传承过程中各参与主体要做到：重视继任者个体，培养接管能力；制订传承计划，选取传承时机；加强公司治理，优化治理机制；关注外部氛围，完善制度环境。

一、引言

改革开放以来，我国民营经济持续快速发展。尤其是党的十八大以来，以习近平同志为核心的党中央提出一系列推动民营经济发展的新理念新思想新战略，并采取了一系列重大举措，我国民营经济取得长足发展。2018 年 11 月 1 日，习近平总书记在民营企业座谈会上，对民营经济的地位和作用作了新的重大概括："民营经济是社会主义市场经济发展的重要成果，是推动社会主义市场经济发展的重要力量。"我国民营企业中涌现出一大批优秀的家族企业，家族企业成为民营企业的主流模式和重要组成部分。家族企业的持续经营与健康发展成为推动我国经济发展的重要力量。

"子承父业"、代际传承是家族企业成长与发展的主流和关键，与一般企业相比，其领导人的继任具有独特性和复杂性，其影响也更为广泛（陈凌和应丽芬，2003）。初步统计表明，只有大约1/3的家族企业能够存活到第二代，12%的家族企业存活到第三代，大约3%的家族企业能够运营到第四代或更久（Harris and Ozdemir，2020）。代际传承后，继任者可以通过推行先进的管理实践，改善公司治理水平。也可能因为继任者管理权威不足而经历组织动荡，面临较大的不确定性，并带来冲突与风险，从而导致企业经营绩效降低（Hambrick and Fukutomi，1991；Eddleston et al.，2006；程晨等，2019）。近年来，我国家族企业已经进入代际传承高峰，老一代企业家年龄增大，陆续隐退、逐渐淡出管理，新一代接任者参与到企业经营管理中，并逐步开始接管企业。了解代际传承的研究现状及影响因素并据此采取相应举措选取合格的接班人以实现传承的成功、家族企业的基业长青以及民营企业的高质量发展，成为备受企业界和学术界关注的问题。

二、民营企业代际传承的理论分析

（一）代际传承的概念

有学者指出代际传承是指家族企业一代在任者与二代继任者之间经营管理权、所有权、管理控制权力等的转移（李婵等，2021），其核心是权力的转移。还有学者认为家族企业的代际传承是一个长期的连续性过程，一代在任者与二代继任者既需要经营管理权的继承，还包括企业财富、家族文化、创业精神及其他权利的继承（汪祥耀和金一禾，2015）。家族企业的代际传承是一个多维的现象（Kaye，1996；Drozdow，1998），成功传承意味着一系列核心要素的留存和转移，但已有研究大都重点关注企业所有权和/或管理权的代际传递，忽略了对其他要素的关注（余向前等，2013）。

因此，从传承内容角度看，代际传承的概念有广义和狭义之分。狭义的代际传承仅仅是指企业经营管理权/所有权的传承。广义的代际传承不仅包括经营管理权/所有权的转移，还涉及企业文化、管理理念、能力、使命、社会网络等能够为企业带来竞争优势的要素，这些要素往往以隐性知识的形式存在。

（二）代际传承的影响因素

目前，有关代际传承影响因素的研究主要从个体和家族因素、企业内部因素、企业外部因素三个方面展开。

个体和家族因素的研究主要有：Harveston 等（2004）研究证实了家族企业管理者的性别对继承计划的制定具有很大影响，男性和女性领导的企业在制定传承计划过程中存在一定异同之处。王呈斌和伍成林（2011）基于在任者视角，发现家族因素和在任者因素在很大程度上影响着家族企业传承意愿。He 等（2015）结合中国传统的家族文化，研究了家族关系对家族企业代际传承的影响，发现家族关系包括家族凝聚力、家族合作精神、在位者—继承者关系和家族委员会的影响四个维度，且家庭成员的满意度在家庭关系和代际传承绩效之间起着中介作用。Shen 和 Su（2017）数据分析结果显示家族企业创始人的宗教信仰有利于他们的继承意愿。Howorth 和 Ali（2004）研究发现儿子在进入家族企业时，几乎没有外部工作经验，教育水平也不高，而女儿往往不被期望参与到家族企业中，她们更有可能获取更高的教育水平，也就是说女儿的教育程度比儿子高，但进入家族企业的可能性较小。

企业内部因素主要有创始人政治身份、战略选择、财务因素、高管因素等。胡旭阳和吴一平（2017）通过数据分析发现创始人政治身份显著增加了继承人担任公司董事长或总经理的可能性。林海波和任雪溶（2019）以浙江宁波的家族企业为样本，研究发现利润、运营成本、出口导向型以及资产规模均对代际传承概率有影响。窦丽等（2012）指出董事会与高层管理员的信任有助于促进传承计划的顺利实施。Pan 等（2018）发现家族企业采取积极主动地参与社会宣传活动尤其慈善活动的战略，以确保顺利继承。Calabrò 等（2018）对家族企业继承选择展开研究，结果发现当社会情感财富水平较高，且家族企业在继承前的业绩低于期望水平时，任命家族长子继承的可能性更大。

有关企业外部因素的研究主要集中在文化、制度环境、社会背景等方面。杨光飞（2010）分别研究了代际传承中财富传承和职位传承。结果发现华人家族企业财富传承由于承受文化嵌入的影响具有内倾性特征，职位传递受结构嵌入和文化嵌入的共同影响则具有偏私化特征。何轩等（2014）采用实证研究方法研究了外部制度环境因素对家族企业代际传承的影响，结果显示企业家对制度环境的不利感知会削弱他们的传承意愿，Bjuggren 和 Sund（2004）发现对于整个社会而言，提供一个有利于家族企业在家族内部传承的法律制度是很重要的，因为除了与家族企业有关的其他积极因素外，法律制度将保留家族特征的异质性知识。Yang 等（2021）考察了制度环境缺失对家族企业继任的影响，实证结果显示，在制度环境不佳的地区，家族企业代际传承难度更大。刘婷和刘巨钦（2012）从传统文化、社会背景、制度背景、共同愿景四个方面来考虑我国家族企业子承父业模式的影响因素。

三、假设提出

代际传承是权力、职位、财产、能力、价值观、社会资本、企业家精神等显性内容和隐性知识在在任者与继承者之间的传递。家族企业成功传承的影响因素是该领域的首要研究主题（窦军生和贾生华，2008）。明确代际传承的关键影响因素有助于在任者与继任者在传承过程中识别关键要素，制定详细计划，从而实现顺利传承，提供传承的成功率。为判断影响民营企业代际传承的关键影响因素，本章基于已有研究，从企业内外部角度梳理出民营家族企业代际传承的多层次影响因素：个体层面因素、企业层面因素、外部环境因素。第一，个体层面因素基于继承者视角展开，主要包括接任者的年龄、接任者的性别、接任者的受教育程度、接任者与在任者是否具有血亲关系。如果接任者是在任者的儿子女儿等直系亲属，则认为两者具有血亲关系，接任者是儿媳、女婿等非直系亲属，则认为两者不具有血亲关系。第二，企业层面因素包括治理因素、特征因素和财务因素三部分。其中，治理因素包括董事会规模、两职兼任情况，特征因素包括企业规模、上市年限、员工人数，财务因素包括资产负债率、净资产收益率。第三，外部环境因素包括经济发展水平、地区市场化进程、行业集中程度。

（一）个体层面因素对代际传承的影响

继任者自身的性别、年龄、受教育程度、与在任者的血亲关系等个体层面因素影响着代际传承的发生。一般而言，随着新一代接任者年龄的增加，老一代也不再年轻，逐渐退居幕后，新一代开始掌管企业。

在性别方面，与女性相比，男性事业心、冒险精神、自信程度更强，因此当继承人为男性时可能会更愿意实现继任。已有研究也证实了男性在接管名单中排在前列，男性后代当作"显性继承人"（Tatoglu et al.，2008）。家族企业继承过程中存在性别差异，当二代性别为女性时家族企业更偏好聘任职业经理人（王哲兵等，2019）。在年龄方面，继任者年龄越大意味着在任者年龄越大，退居幕后的意愿越强，且继任者年龄越大，管理经验越丰富、适应能力越强、认知水平越高，有助于顺利接管企业。在受教育程度方面，继任者的受教育程度越高，学习能力与认知能力越强，应对环境复杂性和不确定性的能力也会越强，其为继任所做的准备工作就越充分，因此越有助于代际传承的顺利实现。在血亲关系方面，家族企业管理者更加相信血缘关系，由亲缘关系产生的信任和忠诚度降低了企业代理成本，家族荣辱感更会使得家族成员表现出"利他主义"行为，以家族整体利益为核心而适时舍弃个人私利。提前培养接班人，实现家族式继承与管理。很少有企业从外部引入经理人，家族企业与外部职业经理人之间存在信任危机。家族企业认为一旦职业经理人掌握家族企业的隐私信息、商业机密等，将会给创始人家族带来风险，另外随着职业经理人的引入，创始人可能逐渐失去对企业的控制（李新春，2003）。

综上，提出以下研究假设：

H_1：继任者个体层面因素对代际传承具有显著正向影响。

H_{11}：继任者性别对代际传承具有显著的正向影响，即相对于女性继任者，继任者为男性更加有助于代际传承的发生。

H_{12}：继任者年龄对代际传承具有显著的正向影响，即继任者年龄越大，越有助于代际传承的发生。

H_{13}：继任者受教育程度对代际传承具有显著的正向影响，即继任者受教育程度越高，越有助于代际传承的发生。

H_{14}：继任者与在任者的血亲关系对代际传承具有显著的正向影响，即二代之间的亲缘关系越近，越有助于代际传承的发生。

（二）公司层面因素对代际传承的影响

从公司层面来看，与一般民营企业聘用职业经理人相比，大部分家族企业由家族内部成员接管。家族内部人员继承代理成本很低（Fama and Jensen，1983），且有助于规避委托人与代理人利益不一致、信息不对称导致的风险。但是，代际传承将继承人限定在了家族内部，加之父辈对权力的留恋、奋斗成果的不舍，以及继任过程中为帮助子辈构建权威，实现顺利接班，会对子辈的管理进行支持、帮扶与干涉（祝振铎等，2018）。在此影响下，继任者往往会延续父辈的管理方式、治理模式，很少会进行大刀阔斧的战略变革，新理念、新思想难以引入，不利于企业在动荡变化的市场环境中构建竞争优势。

企业内部治理结构因素对代际传承的影响主要有：第一，在一定范围内，家族企业董事会规模越大，董事越能够发挥监督职能。民营企业家族化特点导致董事会成员很多都是家族内部成员，董事会规模越大，引入专业人才的可能性越大（张纯和段逆，2008），越有利于提高决策科学性和治理效率，为子辈接管企业奠定了基础。Umans 等（2020）研究表明，董事会参与继任过程，说服家族 CEO

及时执行继任计划，有助于家族企业及时推进代际传承，实现经营发展的连续性。第二，在两职兼任情况下，总经理具有更大权力和自由，能够更及时地应对飞速变化的环境，拥有更多的企业及产业专业知识，对公司具有更大的责任感（宋增基和张宗益，2003）。且家族企业代理成本很低，适合采用董事长和总经理两职兼任模式，保障代际传承计划的顺利实现。

综上，提出以下研究假设：

H_2：公司治理因素对代际传承具有显著正向影响。

H_{21}：董事会规模对代际传承具有显著的正向影响，即董事会规模越大，越有助于代际传承的发生。

H_{22}：两职兼任对代际传承具有显著的正向影响，即两职兼任有助于代际传承的发生。

公司自身特征因素对代际传承的影响为：第一，企业规模越大，竞争力越强，规模效应越明显，代际传承越顺利。现实情况却是许多家族企业规模较小，资金有限，它们往往集中针对某个"小生境市场"（niche market），在该行业做到低成本、差异化或者两者兼之，以培养竞争优势，家族企业的一定封闭性有利于这样的特殊产品与市场知识能够不为竞争者马上获取（陈凌和应丽芬，2003）。第二，一般情况下，家族企业上市年限越长，说明其制度越完善、管理越标准，从而越有助于促进代际传承。第三，一般而言，企业实力越强，经营范围越广泛，市场份额越大，员工人数就越多，此时企业稳定有序，子辈接管后也更加容易保持原有竞争优势。

综上，提出以下研究假设：

H_3：公司特征因素对代际传承具有显著的正向影响。

H_{31}：公司规模对代际传承具有显著的正向影响，即公司规模越大，越有助于代际传承的发生。

H_{32}：上市年限对代际传承具有显著的正向影响，即上市年限越长，越有助于代际传承的发生。

H_{33}：员工人数对代际传承具有显著的正向影响，即员工人数越多，越有助于代际传承的发生。

企业业绩表现等财务因素对代际传承也有一定的影响，一般而言，创始人选择在企业经营环境相对宽松或企业高速成长时将职位和权力传给继承者。一定范围内，家族企业资产负债率越高，说明企业能够通过举债经营，扩大生产规模，开拓市场，增强企业活力，获取较高的利润；净资产收益率越高，说明家族企业经营效果越好，盈利能力越强，业绩越高。家族企业状态良好、前景明朗、高速发展是二代接管的好时机，有助于代际传承的顺利进行。

综上，提出以下研究假设：

H_4：公司财务因素对代际传承具有显著正向影响。

H_{41}：资产负债率对代际传承具有显著正向影响，即资产负债率越高，越有助于代际传承的发生。

H_{42}：净资产收益率对代际传承具有显著正向影响，即净收益率越高，越有助于代际传承的发生。

（三）外部环境因素对代际传承的影响

一代在任者的传承意愿往往会受到外部环境的影响，不同经济发展水平、地区市场化进程、行业竞争力度状态下传承意愿不同。当经济状况不好，企业所面临的外部环境不确定性高、风险大，企业经营陷入动荡，甚至已经受到了严重损伤时，传承意愿会降低。家族企业领导人应尽可能地避免在动荡环境中进行传承，选择在企业经营环境相对宽松或企业高速成长时将一些职位和权利传给后继者，既有利于后继者顺利地承接，也有利于企业的稳定发展（李蕾，2003）。市场在资源配置中的作用也与私有产权的保障程度密切相关。借助有效率的市场，私营企业能公平自由地获取资源，其产权权利才能得以真正实现（何轩等，2014）。因此，市场化程度越高，制度环境越完善，家族企业越能够享受公平对待，越能够实现持续经营。这种情形下家族企业创始人的传承意愿也就越高，从而有助于代际传承的发生。行业和社会背景是家族企业代际传承的重要约束（窦军生和贾生华，2006）。家族企业所在行业集中程度和垄断程度越高，说明企业市场占有率越大，面临的竞争压力越小，经营发展越平稳，此时适合将企业传承给继任者。

综上，提出以下研究假设：

H_5：外部环境因素对代际传承的发生具有显著的正向影响。

H_{51}：经济发展水平对代际传承具有显著的正向影响，即经济发展水平越高，越有助于代际传承的发生。

H_{52}：地区市场化进程对代际传承具有显著的正向影响，即地区市场化程度越高，越有助于代际传承的发生。

H_{53}：行业集中程度对代际传承具有显著的正向影响，即行业集中度越高，越有助于代际传承的发生。

图 11-1 为代际传承影响因素模型。

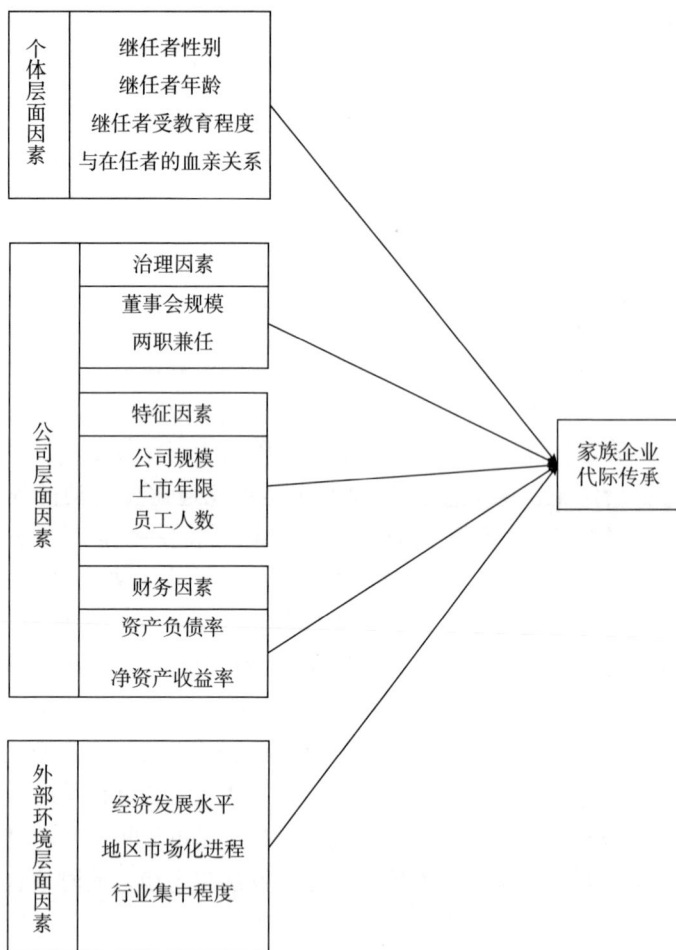

图 11-1　代际传承影响因素模型

四、研究设计

（一）样本选取与数据来源

为探究新时代民营企业代际传承的关键影响因素，本章选取 2013~2021 年国泰安 CSMAR 数据库中民营上市企业数据为研究对象。借鉴 La Porta 等（1999）、胡旭阳（2020）等的研究定义家族企业：实际控制人类型为自然人或者家族；实际控制人作为第一大股东拥有公司控制权的比例为15%以上。

（1）研究样本的筛选标准为：第一，根据家族企业的定义，从民营上市企业中选取正在进行或者已经完成代际传承的家族企业。第二，剔除ST与*ST企业、金融保险行业企业。第三，剔除数据缺失或异常的企业。

（2）数据获取过程为：第一，关于董事会规模、两职兼任情况、企业规模、上市年限、员工人数等治理因素与特征因素，资产负债率、净资产收益率等财务因素，外部环境层面的行业集中程度赫芬达指数数据从CSMAR数据库中获得。第二，关于代际传承情况、继任者年龄、性别、职位、受教育程度等个人情况、与在任者血亲关系等数据主要是通过上市公司年报披露的高管信息，并结合巨潮资讯网、新浪财经网、百度等手工搜集完成。第三，外部环境层面经济发展水平GDP数据来自国家统计局发布的国民经济和社会发展统计公报，衡量地区市场化发展水平的市场化指数数据来自中国分省份市场化指数报告，并参考俞红海等（2010）、马连福等（2015）的研究进行了推算。共获得460家正在进行或者完成代际传承的企业，其中完成代际传承的有220家，构成了具有3141个观测值的非平衡面板数据。

为缓解异常值对结果的影响，对于本章所涉及的连续变量，在1%和99%的水平上进行Winsorize缩尾处理。

（二）变量测量

（1）被解释变量。代际传承（inherit）。借鉴Handler（1990）、吴炯和朱贵芳（2016）、范作冰和王婷（2018）、程晨和李宛蓉（2019）、王哲兵等（2019）的观点，本章认为若企业创始人的子辈（包括子女、女婿、儿媳、侄子、侄女等）进入企业担任公司领导岗位，参与公司管理，则该家族企业开始代际传承。子辈担任董事、监事等其他非关键管理岗位则说明继任者还处在参与管理阶段，家族企业未完成代际传承，取值为0。子辈担任公司董事长或总经理等关键岗位说明继任者真正接手企业，家族企业完成代际传承，取值为1。

（2）解释变量。个体层面因素包括性别（sex）、年龄（age）、受教育程度（education）、与在任者血亲关系（brelation）。如果接任者是在任者的儿子女儿等直系亲属，则认为两者具有血亲关系，取值为1，否则认为两者不具有血亲关系，取值为0。企业层面因素包括董事会规模（board）、两职兼任（dual）、公司规模（size）、上市年限（time）、员工人数（nemployee）、资产负债率（debt）、净资产收益率（roe）。外部环境因素包括经济发展水平（gdp）、地区市场化进程（market）、行业集中程度（HHIA）。控制年份变量。

表 11-1 为变量名称和测度。

表 11-1　变量名称和测度

	变量名称与代码	定义与测度
被解释变量	代际传承（inherit）	完成代际传承的企业为 1，否则为 0
个体层面变量	性别（sex）	男取 1，女取 0
	年龄（age）	用 2021 减去继任者的出生年份
	受教育程度（education）	本科及以上为 1，否则为 0
	继任者与在任者的血亲关系（brelation）	继任者为在任者的儿子、女儿等直系血亲则为 1，女婿、儿媳等非直系血亲则为 0
公司层面变量 治理因素变量	董事会规模（board）	用董事会人数表示
	两职兼任（dual）	董事长和总经理两职兼任取 1，否则为 0
特征因素变量	公司规模（size）	总资产取自然对数
	上市年限（time）	用 2021 减上市时间，然后取自然对数
	员工人数（nemployee）	企业员工总数
财务因素变量	资产负债率（debt）	总负债/总资产×100%
	净资产收益率（roe）	净利润/平均净资产×100%
外部环境层面变量	经济发展水平（gdp）	用 GDP 增长率表示，GDP 增长率 =（本期 GDP － 上期 GDP）/本期 GDP×100%
	地区市场化进程（market）	市场化指数表示
	行业集中程度（HHIA）	用赫芬达指数表示

（三）实证模型

由于代际传承为二分变量，因此采用 Logistic 模型来验证前文提出的假设。首先构建实证模型，模型（11-1）为个体层面因素，模型（11-2）加入公司层面因素，模型（11-3）加入外部环境因素，据此判断多层次因素对代际传承的影响。其中 inherit 为被解释变量，β_0 为常数项，β_i 为各类解释变量系数，control 为控制变量，ε 为误差项。

$$\text{inherit}_{i,t} = \beta_0 + \beta_1 \text{sex}_{i,t} + \beta_2 \text{age}_{i,t} + \beta_3 \text{education}_{i,t} + \beta_3 \text{brelation}_{i,t} +$$
$$\sum \beta_k \text{control}_{i,t} + \varepsilon_{i,t} \tag{11-1}$$

$$\text{inherit}_{i,t} = \beta_0 + \beta_1 \text{sex}_{i,t} + \beta_2 \text{age}_{i,t} + \beta_3 \text{education}_{i,t} + \beta_4 \text{brelation}_{i,t} +$$
$$\beta_5 \text{board}_{i,t} + \beta_6 \text{dual}_{i,t} + \beta_7 \text{size}_{i,t} + \beta_8 \text{time}_{i,t} + \beta_9 \text{nemployee}_{i,t} +$$
$$\beta_{10} \text{debt}_{i,t} + \beta_{11} \text{roe}_{i,t} + \sum \beta_k \text{control}_{i,t} + \varepsilon_{i,t} \tag{11-2}$$

$$\begin{aligned}
\mathrm{inherit}_{i,t} = & \beta_0 + \beta_1 \mathrm{sex}_{i,t} + \beta_2 \mathrm{age}_{i,t} + \beta_3 \mathrm{education}_{i,t} + \beta_4 \mathrm{brelation}_{i,t} + \\
& \beta_5 \mathrm{board}_{i,t} + \beta_6 \mathrm{dual}_{i,t} + \beta_7 \mathrm{size}_{i,t} + \beta_8 \mathrm{time}_{i,t} + \beta_9 \mathrm{nemployee}_{i,t} + \\
& \beta_{10} \mathrm{debt}_{i,t} + \beta_{11} \mathrm{roe}_{i,t} + \beta_{12} \mathrm{gdp}_{i,t} + \beta_{13} \mathrm{market}_{i,t} + \beta_{14} \mathrm{HHIA}_{i,t} + \\
& \sum \beta_k \mathrm{control}_{i,t} + \varepsilon_{i,t}
\end{aligned} \tag{11-3}$$

五、实证检验

（一）描述性统计分析

继承者个体与企业自身的基本特征如表 11-2 所示。通过对继任者个体特征的分析可以看出，继任者大部分集中在 30~50 岁，处于这一阶段的继任者相对成熟、情绪稳定、目标明确，个人素养、管理能力与经营经验得以锻炼，能够顺利实现传承。从性别方面来看，继任者以男性为主，占比达 77.39%。从受教育程度方面来看，创始人重视对子女教育与培养，90.43% 的继任者接受了本科及以上的高等教育。通过对企业自身特征的分析可以看出，随着年份增加，家族企业数量逐年增加。在企业所处行业方面，制造业占 85%，其他行业仅 15%。在企业所处地理位置方面，80.43% 的企业分布在经济相对发达、基础设施相对完善的东部地区。

表 11-2　继任者个体与企业自身的基本特征

继任者个体与企业自身特征	分类	企业数	占总样本比重（%）
年龄	≤30	16	3.48
	30<年龄≤40	223	48.48
	40<年龄≤50	150	32.61
	50<年龄≤60	67	14.57
	>60	4	0.87
性别	男	356	77.39
	女	104	22.61
受教育程度	本科以下	44	9.57
	本科及以上	416	90.43

继任者个体与 企业自身特征	分类	企业数	占总样本比重（%）
	2013 年	245	53.26
	2014 年	275	59.78
	2015 年	310	67.39
	2016 年	334	72.61
年份	2017 年	401	87.17
	2018 年	405	88.04
	2019 年	410	89.13
	2020 年	424	92.17
	2021 年	337	73.26
行业	制造业	391	85
	其他	69	15
地区	东部地区	370	80.43
	中西部地区	90	19.57

对各变量进行描述性统计分析，主要包括均值、标准差、极大值与极小值。分析结果如表 11-3 所示。结果显示：两代之间血亲关系均值为 0.938，说明家族企业在任者更偏向由具有直系血亲关系的儿子、女儿等接任。受教育程度均值为 0.905，说明大部分继任者都接受了本科及以上的高等教育。参与代际传承的性别均值为 0.775，说明男性参与居多。参与传承的接任者年龄均值为 41.78。这些都与继任者个体基本特征分析相吻合。

表 11-3 描述性统计分析结果

变量	样本数量	均值	标准差	极小值	极大值
inherit	3141	0.485	0.500	0	1
sex	3141	0.775	0.418	0	1
age	3141	41.78	7.943	27	69
education	3141	0.905	0.294	0	1

续表

变量	样本数量	均值	标准差	极小值	极大值
Brelation	3141	0.938	0.241	0	1
board	3141	8.262	1.397	4	17
dual	3141	0.320	0.467	0	1
size	3141	22.02	1.060	20.15	25.30
time	3141	2.212	0.644	0	3.367
nemployee	3141	4138	10141	17	177129
debt	3141	0.374	0.188	0.0478	0.851
roe	3137	0.0756	0.107	−0.554	0.326
gdp	3141	0.0638	0.0174	0.0224	0.0811
market	3141	10.04	1.382	5.425	12.39
HHIA	3141	0.136	0.116	0.0263	0.649

（二）相关性分析

变量之间的 Pearson 相关系数分析结果如表 11-4 所示。结果显示：性别、年龄、血亲关系与代际传承的相关系数为正，在 1%水平上显著正相关；受教育程度与代际传承之间系数为负，在 1%水平上显著负相关。在治理因素方面，董事会规模与代际传承之间系数为负，在 1%水平上显著负相关；两职兼任与代际传承之间系数为正，呈正相关关系，但不显著。在企业层面因素方面，公司规模与代际传承之间系数为正，呈正相关关系，但不显著；上市年限与代际传承之间系数为正，在 1%水平上显著正相关；员工人数与代际传承之间系数为负，呈负相关关系，但是并不显著。在财务因素方面，资产负债率与代际传承之间系数为正，在 1%水平上显著正相关；净资产收益率与代际传承之间系数为负，呈负相关关系，但是并不显著。在外部环境因素方面，行业集中程度与代际传承之间系数为正，在 1%水平上显著正相关；经济发展水平、地区市场化进程与代际传承之间系数为正，呈正相关关系，但不显著。为进一步判断变量之间的因果关系，进行 Logistic 回归分析。

表 11-4 相关性分析

	inherit	sex	age	education	Brelation	board	dual	size	time	nemployee	debt	roe	gdp	market	HHIA
inherit	1														
sex	0.067***	1													
age	0.283***	0.062***	1												
education	-0.102***	0.007	-0.243***	1											
Brelation	0.049***	0.009	-0.210***	0.069***	1										
board	-0.060***	0.025	0.028	0.034*	-0.002	1									
dual	0.028	-0.043**	-0.052***	0.032*	0.018	-0.137***	1								
size	0.003	-0.026	0.052***	0.100***	0.048***	0.197***	-0.096***	1							
time	0.076***	0.012	0.142***	0.0210	-0.0110	0.115***	-0.105***	0.384***	1						
nemployee	-0.011	-0.060***	0.075***	0.076***	0.056***	0.199***	0.051***	0.493***	0.117***	1					
debt	0.101***	0.088***	-0.008	0.064***	0.022	0.050**	-0.043**	0.549***	0.205***	0.207***	1				
roe	-0.008	-0.011	-0.003	0.043**	0.040**	0.051***	-0.017	0.100***	-0.091***	0.124***	-0.116***	1			
gdp	0.007	-0.003	0.020	0.002	0.003	0.032*	-0.006	-0.069***	0.155***	-0.0260	-0.037**	0.021	1		
market	0.015	0.056***	0.061***	-0.034*	-0.083***	-0.048***	0.063***	-0.017	-0.252***	-0.003	0.009	-0.002	-0.155***	1	
HHIA	0.083***	-0.014	0.094***	-0.074***	-0.129***	-0.013	-0.012	0.057***	-0.012	0.092***	0.093***	-0.049***	-0.052***	0.083***	1

注：*** 表示在 1% 水平上显著，** 表示在 5% 水平上显著，* 表示在 10% 水平上显著。

（三） 回归分析

回归分析结果如表 11-5 所示。利用模型（11-1）验证个体层面因素对代际传承的影响，结果显示：性别对代际传承的影响系数为 0.2594，年龄系数为 0.0810，血亲关系系数为 1.0620，均在 1% 的水平上显著，说明性别、年龄、血亲关系对代际传承有显著正向影响。H_{11}、H_{12}、H_{14} 得以验证。原因可能在于：性别方面，相对女性，男性思维更加理性，适应能力、事业心与风险偏好更高，接管企业的意愿更强。年龄方面，子女年龄越大，意味着一代管理者年龄更大，可能受身体状况影响，已经完成了代际传承。血亲关系方面，家族企业管理的传承一般是由子女继承，"子承父业"仍然是我国家族企业的主流管理模式。但是，由于个人、家庭、制度等原因的影响，部分家族企业的传承范围也在逐步扩大，继承人由子女等直系血亲向亲戚等非直系血亲、姻亲等扩展。受教育程度系数为 -0.3117，在 5% 的水平上显著，说明受教育程度对代际传承有着显著负向影响。H_{13} 未通过验证，可能是因为：一般来说，受教育程度反映其认知能力和专业素养。继任者的受教育水平越高，表明其接受新思想的能力越强，专业素养越高，未来选择性更多，他们更加倾向于遵从本心、选择真正喜爱的事业，从而导致继承家族企业的概率降低。因此 H_1 部分得以验证。

表 11-5 Logistic 回归分析结果

变量	模型（11-1）	模型（11-2）	模型（11-3）
sex	0.2594*** [0.0881]	0.1898** [0.0910]	0.1914** [0.0924]
age	0.0810*** [0.0051]	0.0852*** [0.0053]	0.0846*** [0.0053]
education	-0.3117** [0.1310]	-0.3011** [0.1310]	-0.2799** [0.1325]
Brelation	1.0620*** [0.1488]	1.1020*** [0.1521]	1.1839*** [0.1555]
board		-0.0887*** [0.0280]	-0.0859*** [0.0280]
dual		0.1978** [0.0821]	0.2041** [0.0823]
size		-0.2210*** [0.0534]	-0.2257*** [0.0541]

续表

变量	模型（11-1）	模型（11-2）	模型（11-3）
time		0.2127*** [0.0670]	0.2394*** [0.0715]
nemployee		-0.0000 [0.0000]	-0.0000 [0.0000]
debt		1.9189*** [0.2573]	1.8679*** [0.2591]
roe		0.6575* [0.3680]	0.7478** [0.3719]
gdp			-0.8372 [2.2876]
market			0.0100 [0.0301]
HHIA			1.3499*** [0.3362]
年份	控制	控制	控制
常数项	-4.3544*** [0.3249]	-0.2046 [1.0873]	-0.4690 [1.1649]
Observations	3141	3136	3136
PR²	0.0726	0.0928	0.0964

注：***表示 $p<0.01$、**表示 $p<0.05$、*表示 $p<0.1$；[ ]内为标准误。

利用模型（11-2）验证公司层面因素对代际传承的影响。结果显示：治理因素中，董事会规模系数为-0.0887，在1%的水平上显著，说明董事会规模对代际传承有着显著负向影响，H_{21}未通过检验。可能是因为：董事会规模越大，沟通与协调难度越大，各个成员对家族继任者能力了解越清楚，对继任者的争议越大，同时获取外部职业经理人能力信息越多，相较之下发现企业更加适合外部经理人管理，因此聘任职业经理人，而非家族内部人员继承的概率会增大。两职兼任系数为0.1978，在5%的水平上显著，说明两职兼任对代际传承有着显著正向影响，H_{22}通过验证。两职兼任说明管理者在企业中拥有较大控制权，能够快速做出战略选择和有效决策，代际传承计划制定和实施过程中受其他因素的干扰较小，有助于代际传承的发生。因此 H_2 部分通过验证。

在特征因素方面，公司规模系数为-0.2210，在1%的水平上显著，公司规模对代际传承有着显著负向影响，H_{31}未通过验证。这可能是因为：企业规模越大，对继承人管理水平的要求越高，需要上一代的帮扶，可能会导致代际传承的滞后。企业规模越小，层级越少，与大企业相比，能迅速针对市场环境变化做出反应，具有灵活性和内部团结性，因此企业规模越小，越有助于继任者顺利接班。上市年限系数为 0.2127，在 1% 的水平上显著，说明上市年限对代际传承具有显著正向影响。H_{32} 通过验证。可能是由于家族企业上市年限越长，意味着企业建设越成熟，与市场联系更加密切，治理结构越完善，越有助于接管的顺利实施。员工人数对代际传承的影响不显著。H_{33} 未通过检验。可能是因为家族企业代际传承更多关注继任者自身因素、治理结构因素等，与普通员工数量关系不大，代际传承进展情况不受员工数量的影响。因此假设 H_3 部分通过验证。

财务因素中资产负债率对代际传承的影响系数为 1.9189，在 1% 的水平上显著。净资产收益率系数为 0.6575，在 10% 的水平上显著。这表明资产负债率、净资产收益率对代际传承具有显著正向影响。因此，H_4、H_{41}、H_{42} 通过验证。原因可能在于：对于家族企业在任者而言，适度范围内，资产负债率越高说明企业经营越有活力；净资产收益率越高，说明企业发展能力强，因此有助于代际传承的完成。

利用模型（11-3）验证外部环境因素对代际传承的影响。结果显示：赫芬达指数系数为 1.3499，在 1% 的水平上显著，说明行业集中程度对代际传承具有显著正向影响，H_{53} 通过验证，主要是因为赫芬达指数越高，说明市场集中度越高，行业竞争程度越低，企业保持平稳发展，有助于代际传承的完成。gdp 增长率系数为 -0.8372，市场化指数系数为 0.0100，但是并不显著，H_{51}、H_{52} 未通过验证。原因可能在于，相较于宏观经济发展和地区市场化水平，所处行业竞争力度与家族企业的关系更加密切，代际传承受行业影响也更加明显。因此假设 H_5 部分通过验证。

六、结论与建议

（一）结论

本章选取 2013~2021 年民营上市企业中的家族企业为样本，对代际传承的影响因素展开研究。研究发现：第一，个体层面的影响因素主要有继任者的年龄、性别、受教育程度以及与在任者之间的血亲关系。具体来说继任者的年龄、性别以及与在任者之间的血亲关系对代际传承具有显著正向影响。而受教育程度对代际传承具有显著负向影响。第二，公司层面的影响因素主要有董事会规模、两职兼任、公司规模、上市年限、资产负债率、净资产收益率。其中董事会规模、公司规模对代际传承有着显著负向影响。两职兼任、上市年限、资产负债率、净资产收益率对代际传承具有显著正向影响。第三，外部环境层面的影响因素主要是行业集中程度。家族企业所处行业集中程度越高，竞争程度越低，越有助于代际传承的发生。

（二）对策建议

基于上述结论，本章主要提出以下几个对策：第一，重视继任者个体，培养接管能力。由于继任者的成长环境、教育水准、知识结构、思维方式等与在任者不同，继任者接管企业之后，完全依赖照搬父辈理念或者全盘否定过去对企业发展都是不利的。要重视继任者的培养，既要接受良好教育，学习现代管理知识，也要提早让继任者进入企业内部，实质性的参与管理。利用家族企业内部的信任和相互依赖使得企业成员之间的信息交流与知识传递极其充分，这样的环境也使得继任者能够较早地接触企业经营的核心内容并不断进步成长。经过竞争和锻炼，继任者既能够培养能力、积累经验，又可以树立权威以获得内部人员的认可，将新理念与父辈原有理念相结合，实现"家业长青"。第二，制定传承计划，选取传承时机。创始人要重视继任者的选取考察，提早制定传承计划。关注外部环境因素、公司治理状况、公司特征等方面，选取合适的传承时机，尽量在企业经营环境相对宽松或企业高速成长时将职位和权利传给后继者，保障传承的顺利进行，减轻传承所导致的绩效波动。第三，加强公司治理，优化治理机制。虽然继任者提早进入可以积累相关经验，但是在任者却难以将管理经验、关系网络、企业家能力、声誉、权威和关系等隐性知识和特殊资产转移到继任者身上。加之家族成员接管公司后所做的决定往往是以家族目标为导向，而不是以企业目标为导向，因此代际传承可能会改变企业的发展方向，不利于企业绩效提升。因此，父辈需要不断完善治理机制，创新管理理念，提升企业风险承担水平，继任者初步接任会存在一定的困难，完善的治理机制可以协助继任者制定兼具前瞻性与科学性的决策，度过初期困难，实现企业转型升级。父辈还要关注企业资本结构，根据企业的融资能力、风险的变化制定合理的代际传承计划。第四，关注外部氛围，完善制度环境。制度环境是民营企业所面临的外在环境的重要构成部分，对企业的生存和发展以及企业之间的竞争都发挥着至关重要的作用。民营企业尤其家族企业的发展以及创始人的传承意愿受到外部环境的影响，健全、完善的法律制度体系和公正有效率的社会法制环境有助于企业经营发展以及传承计划的顺利开展。为此，政府部门要提高公共治理水平，出台相关政策，完善企业外部制度环境，为家族企业代际传承与延续发展、为民营企业持续创新提供公平有序的环境，进而实现民营经济的高质量发展。

参考文献

［1］Alessandri T M，Cerrato D，Kimberly A E. The mixed gamble of internationalization in family and nonfamily firms：The moderating role of organizational slack ［J］. Global Strategy Journal，2018，8（1）：46–72.

［2］Anderson R，Reeb D. Founding family ownership and firm performance：Evidence fovm the S&P 500 ［J］. Journal of Finance，2003，58（3）：1301–1328.

［3］Bjuggren P，Sund L. Strategic decision making in intergenerational successions of Small–and Medium–Size family–Owned businesses ［J］. Family Business Review，2004，14（1）：11–24.

［4］Calabrò A，Minichilli A，Amore M D，et al. The courage to choose！Primogeniture and leadership succession in family firms ［J］. Strategic Management Journal，2018，39（7）：2014–2035.

［5］Colot O，Bauweraerts J. Succession in family versus nonfamily SMEs：What influence does it have on performance？［J］. Canadian Journal of Administrative Sciences，2014，31（3）：149–159.

［6］Drozdow N. What is continuity？［J］. Family Business Review，1998，11（4）：337–347.

［7］Eddleston K A，Otondo R F，Kellermanns F W. Conflict，participative decision–making，and generational ownership dispersion：A multilevel analysis ［J］. Journal of Small Business Management，2006，46（3）：456–484.

［8］Fama E F，Jensen M C. Separation of ownership and control ［J］. Journal of Law and Economics，1983，26（2）：301–325.

［9］Garces–Galdeano L，Garcia–Olaverri C. How important is family involvement for small companies' growth？［J］. Journal of Small Business and Enterprise Development，2020，27（4）：531–554.

［10］Hambrick D C，Fukutomi G D S. The seasons of a CEO's tenure ［J］. Academy of Management Review，1991，16（4）：719–742.

［11］Handler W C. Succession in family firms：A mutual role adjustment between entrepreneur and next–generation family members ［J］. Entrepreneurship Theory and Practice，1990，15（1）：37–51.

[12] Harris P, Ozdemir O. Turkish delight a public affairs study on family business: The influence of owners in the entrepreneurship orientation of family-owned businesses [J]. Journal of Public Affairs, 2020, 20 (1): 1-11.

[13] Harveston P D, Davis P S, Lyden J A. Succession planning in family business: The impact of owner gender [J]. Family Business Review, 2004, 10 (4): 373-396.

[14] He B, Tang X, Ma C, et al. Impact mechanism of family relationships on intergenerational succession for family businesses [J]. 2015 International Conference on Information Science and Management Engineering (ICISME 2015), 2015: 307-312.

[15] Howorth C, Ali Z A. Family business succession in portugal: An examination of case studies in the furniture industry [J]. Family Business Review, 2004, 14 (3): 231-244.

[16] Kaye K. When the family business is a sickness [J]. Family Business Review, 1996, 9 (4): 347-368.

[17] Koji K, Adhikary B K, Tram L. Corporate governance and firm performance: A comparative analysis between listed family and non-Family firms in Japan [J]. Journal of Risk and Financial Management, 2020, 13 (9): 1-20.

[18] La Porta R, Lopez-de-Silanes F, Shleifer A. Corporate ownership around the world [J]. Journal of Finance, 1999, 54 (2): 471-517.

[19] Pan Y, Weng R, Xu N, et al. Chan. The role of corporate philanthropy in family firm succession: A social outreach perspective [J]. Journal of Banking and Finance, 2018, 88 (3): 423-441.

[20] Shen N, Su J. Religion and succession intention-Evidence from Chinese family firms [J]. Journal of Corporate Finance, 2017, 45 (4): 150-161.

[21] Shi H X, Graves C, Barbera F. Intergenerational succession and internationalisation strategy of family SMEs: Evidence from China [J]. Long Range Planning, 2019, 52 (4): 1-18.

[22] Tatoglu E, Kula V, Glaister K W. Succession planning in family-owned businesses: Evidence from Turkey [J]. International Small Business Journal, 2008, 26 (2): 155-180.

[23] Umans I, Lybaert N, Steijvers T, et al. Succession planning in family firms: Family governance practices, board of directors, and emotions [J]. Small Business Economics, 2020, 54 (1): 189-207.

[24] Villalonga B, Amit R. How do family ownership, control and management

affect firm value？［J］. Journal of Financial Economics，2006，80（2）：385-417.

［25］Yang B，Song Z，Feng Y. Institutional environment，state ownership and family business succession：Evidence from China［J］. Asia-Pacific Journal of Financial Studies，2021，50（5）：527-555.

［26］Yoo S S，Schenkel M T，Kim J. Examining the impact of inherited succession identityon family firm performance［J］. Journal of Small Business Management，2014，52（2）：246-265.

［27］Zhao J，Carney M，Zhang S B，et al. How does an intra-family succession effect strategic change and performance in China's family firms？［J］. Asia Pacific Journal of Management，2020，37（2）：363-389.

［28］陈凌，应丽芬. 代际传承：家族企业继任管理和创新［J］. 管理世界，2003（6）：89-97.

［29］程晨. 家族企业代际传承：创新精神的延续抑或断裂？［J］. 管理评论，2018，30（6）：81-92.

［30］程晨，李宛蓉. 家族企业代际传承对企业社会责任的影响［J］. 财会月刊，2019（24）：45-56.

［31］窦军生，贾生华. "家业"何以长青？——企业家个体层面家族企业代际传承要素的识别［J］. 管理世界，2008（9）：105-117.

［32］窦军生，贾生华. 家族企业代际传承影响因素研究述评［J］. 外国经济与管理，2006（9）：52-58.

［33］窦丽，张凤青，胡琬芸. 家族企业代际传承模式及影响因素分析——基于企业内部维度的一个概念分析框架［J］. 现代商贸工业，2012，24（9）：96-98.

［34］樊纲，王小鲁，马光荣. 中国市场化进程对经济增长的贡献［J］. 经济研究，2011（9）：4-16.

［35］范作冰，王婷. 代际传承对家族企业绩效影响研究［J］. 杭州电子科技大学学报（社会科学版），2018，14（6）：14-21.

［36］何轩，宋丽红，朱沆，等. 家族为何意欲放手？——制度环境感知、政治地位与中国家族企业主的传承意愿［J］. 管理世界，2014（2）：90-101.

［37］胡旭阳，吴一平. 创始人政治身份与家族企业控制权的代际锁定［J］. 中国工业经济，2017（5）：152-171.

［38］胡旭阳，吴一平. 中国家族企业政治资本代际转移研究——基于民营企业家参政议政的实证分析［J］. 中国工业经济，2016（1）：146-160.

［39］胡旭阳. 企业家政治身份"代际接力"与企业的社会责任担当——来

自我国上市家族企业的经验证据［J］. 经济社会体制比较，2020（2）：100-108.

［40］李婵，葛京，游海. 制度工作视角下家族企业代际传承过程中权威转换机制的案例研究［J］. 管理学报，2021，18（8）：1128-1137.

［41］李蕾. 家族企业的代际传承［J］. 经济理论与经济管理，2003（8）：45-48.

［42］李新春. 经理人市场失灵与家族企业治理［J］. 管理世界，2003（4）：87-95.

［43］林海波，任雪溶. 家族企业传承影响因素实证分析——以宁波家族企业为例［J］. 科技创业月刊，2019，32（7）：1-2.

［44］刘婷，刘巨钦. 我国家族企业子承父业影响因素及实施策略研究［J］. 宏观经济研究，2012（6）：100-106.

［45］马连福，王丽丽，张琦. 混合所有制的优序选择：市场的逻辑［J］. 中国工业经济，2015（7）：5-20.

［46］宋增基，曲宏懿，黄爽. 子女情况与企业创新投资——基于中国家族上市公司的实证研究［J］. 山西财经大学学报，2024，46（2）：84-96.

［47］宋增基，张宗益. 中国上市公司董事会治理与公司绩效实证分析［J］. 重庆大学学报（自然科学版），2003（12）：122-125.

［48］王呈斌，伍成林. 内部因素对家族企业传承影响的实证分析——基于在任者的视角［J］. 经济理论与经济管理，2011（8）：102-110.

［49］王哲兵，韩立岩，孙静. 家族企业代际传承：经理人能力和信息甄别的视角［J］. 管理科学，2019，32（4）：145-159.

［50］吴炯，朱贵芳. 家族企业代际传承中的权力过渡与绩效影响［J］. 现代财经（天津财经大学学报），2016，36（2）：16-26.

［51］许永斌，鲍树琛. 代际传承对家族企业风险承担的影响［J］. 商业经济与管理，2019（3）：50-60.

［52］杨光飞. 财富分化、子承父权与华人家族企业的代际传承［J］. 社会科学，2010（7）：27-35.

［53］余向前，张正堂，张一力. 企业家隐性知识、交接班意愿与家族企业代际传承［J］. 管理世界，2013（11）：77-88.

［54］俞红海，徐龙炳，陈百助. 终极控股股东控制权与自由现金流过度投资［J］. 经济研究，2010，45（8）：103-114.

［55］张纯，段逆. 我国民营上市公司董事会规模与绩效的实证研究［J］. 审计研究，2008（6）：71-78.

[56] 赵晶，张书博，祝丽敏.传承人合法性对家族企业战略变革的影响[J].中国工业经济，2015（8）：130-144.

[57] 祝振铎，李新春，叶文平."扶上马、送一程"：家族企业代际传承中的战略变革与父爱主义[J].管理世界，2018，34（11）：65-79.

保障篇

第十二章　推动民营经济高质量发展的政策优化

党的十八大以来，党中央、国务院出台了一系列重大文件，持续推动民营经济发展壮大。党的二十大明确提出"优化民营企业发展环境，依法保护民营企业产权和企业家权益，促进民营经济发展壮大"。长期以来，民营经济在稳定经济增长、促进科技创新、增加城乡就业、改善民生福祉等方面发挥了积极作用，然而，随着民营经济发展环境的变化，不少民营企业面临着一些问题和困难，迫切需要针对新情况，完善促进民营经济发展壮大的体制机制，优化推动民营经济实现高质量发展的制度政策。2023 年 7 月，《中共中央　国务院关于促进民营经济发展壮大的意见》发布，提出包括持续破除市场准入壁垒、完善融资支持政策制度、完善支持政策直达快享机制、构建民营企业源头防范和治理腐败的体制机制等 31 条重要举措，这对引导民营企业践行新发展理念，深刻把握存在的不足和面临的挑战，转变发展方式、调整产业结构、转换增长动力、提升发展质量等都至关重要。

一、推动民营企业高质量发展的制度供给分析

任何制度都会在一系列因素（如宏观制度背景、中观政治变量、微观主体行为）作用下出现结构性变迁（诺思，1994），呈现为强制性制度变迁和诱致性制度变迁两种模式。民营企业发展的制度环境也是如此，强制性制度变迁和诱致性制度变迁共同推动民营企业发展政策的变革，成为推动民营企业发展演化的"显变量"。党的十八大以来，着眼于推动民营企业高质量发展，制度供给在继承的基础上不断深化，制度创新、政策优化不断推出，民营企业发展的制度环境向着"高质量"方向持续演进和变迁，为民营企业带来积极的制度效应和实实在在的政策红利。

（一）中央大政方针为民营企业高质量发展定好"指南针"

关于发展民营经济、民营企业的"合法性""合意性"问题，在不同时期都存在不同范围、不同程度的争论甚至争议，但国家对坚定支持民营经济、民营企业发展壮大的基本取向一直没有改变。党的十八大以来，中央高度重视民营经济和民营企业发展问题，从大政方针上对推动民营企业高质量发展的基本方向进行了明确定调，尤其是党的二十大明确提出"优化民营企业发展环境，依法保护民营企业产权和企业家权益，促进民营经济发展壮大"，让民营企业和民营企业家吃下了"定心丸"。

一是进一步明确民营经济在经济社会发展中的重要地位和作用。党的十八届三中全会提出，公有制经济和非公有制经济都是社会主义市场经济的重要组成部分，都是我国经济社会发展的重要基础，要坚持和完善公有制为主体、多种所有制经济共同发展的基本经济制度。党的十九届四中全会对基本经济制度做出新的部署，要求坚持和完善"公有制为主体、多种所有制经济共同发展，按劳分配为主体、多种分配方式并存，社会主义市场经济体制等社会主义基本经济制度"，再次从基本经济制度层面对民营经济的地位进行了明确。与此同时，习近平总书记在民营企业座谈会上指出，"民营经济是我国经济制度的内在要素，民营企业和民营企业家是我们自己人""民营经济是社会主义市场经济发展的重要成果，是推动社会主义市场经济发展的重要力量，是推进供给侧结构性改革、推动高质量发展、建设现代化经济体系的重要主体，也是我们党长期执政、团结带领全国人民实现'两个一百年'奋斗目标和中华民族伟大复兴中国梦的重要力量"。

二是进一步强调"两个毫不动摇"的坚定态度。自党的十六大首次提出坚持"两个毫不动摇"即"毫不动摇地巩固和发展公有制经济""毫不动摇地鼓励、支持和引导非公有制经济发展"以来，中央多次对坚持"两个毫不动摇"进行重申和强调。党的十八大提出，要"毫不动摇鼓励、支持、引导非公有制经济发展，保证各种所有制经济依法平等使用生产要素、公平参与市场竞争、同等受到法律保护"。党的十八届三中全会进一步提出，"必须毫不动摇鼓励、支持、引导非公有制经济发展，激发非公有制经济活力和创造力"。党的十九大对全面准确贯彻落实习近平新时代中国特色社会主义思想提出要求，重申坚持"两个毫不动摇"，其后，党的十九届四中、五中、六中全会都对此进行了再次强调。党的二十大报告再次提出，"坚持和完善社会主义基本经济制度，毫不动摇巩固和发展公有制经济，毫不动摇鼓励、支持、引导非公有制经济发展"，完善促进中小微企业发展的政策体系。

三是进一步要求致力为民营企业发展营造良好环境和提供更多机会。党的十八届三中全会通过的《中共中央关于全面深化改革若干重大问题的决定》提出，"国家保护各种所有制经济产权和合法利益，保证各种所有制经济依法平等使用生产要素、公开公平公正参与市场竞争、同等受到法律保护"，"坚持权利平等、机会平等、规则平等，废除对非公有制经济各种形式的不合理规定，消除各种隐性壁垒"。党的十八届五中全会通过的《中共中央关于制定国民经济和社会发展的第十三个五年规划的建议》指出，"鼓励民营企业依法进入更多领域，引入非国有资本参与国有企业改革，更好激发非公有制经济活力和创造力"。党的十九大明确要求，"全面实施市场准入和负面清单制度，清理废除妨碍统一市场和公平竞争的各种规定做法，支持民营企业发展，激发各类市场主体活力"。党的十九届四中全会通过的《中共中央关于坚持和完善中国特色社会主义制度推进国家治理体系和治理能力现代化若干重大问题的决定》强调，要"健全支持民营经济、外商投资企业发展的法治环境""促进非公有制经济健康发展和非公有制经济人士健康成长"。党的十九届五中全会通过的《中共中央关于制定国民经济和社会发展第十四个五年规划和二〇三五年远景目标的建议》进一步提出，要"优化民营经济发展环境""依法平等保护民营企业产权和企业家权益，破除制约民营企业发展的各种壁垒"。习近平总书记在2020年7月的企业家座谈会上也特别强调，要"依法平等保护国有、民营、外资等各种所有制企业产权和自主经营权，完善各类市场主体公平竞争的法治环境"。党的二十大明确提出"优化民营企业发展环境，依法保护民营企业产权和企业家权益，促进民营经济发展壮大"，对民营经济工作提出了新要求。

（二）全面深化经济体制改革为民营企业高质量发展提供"动力源"

民营企业改革发展是国家经济体制改革的重要构成内容，同时全面深化经济体制改革又是促进民营企业改革发展的重要制度情境，为民营企业高质量发展提供了更强劲的动力和更宽阔的舞台。党的十八大以来，国家对全面深化经济体制改革做出新的重大部署，尤其是2013年11月印发的《中共中央关于全面深化改革若干重大问题的决定》、2020年5月印发的《中共中央　国务院关于新时代加快完善社会主义市场经济体制的意见》和2023年7月发布的《中共中央　国务院关于促进民营经济发展壮大的意见》，更是对全面深化经济体制改革做出了前瞻性、系统性的架构设计和实施部署，为民营企业高质量发展提供了基础性制度保障。

一是夯实市场经济基础性制度为民营企业高质量发展奠定了基础。《中共中央　国务院关于新时代加快完善社会主义市场经济体制的意见》明确提出，要建设高标准市场体系，全面完善产权、市场准入、公平竞争等制度，筑牢社会主义市场经济有效运行的体制基础。从完善产权制度来看，2016年11月印发的《中共中央　国务院关于完善产权保护制度依法保护产权的意见》提出，要进一步完善现代产权制度，推进产权保护法治化，健全以公平为核心原则的产权保护制度，加强各种所有制经济产权保护。从完善市场准入制度来看，重点是全面实施市场准入负面清单制度，2015年10月国务院印发的《关于实行市场准入负面清单制度的意见》明确了实行市场准入负面清单制度的重大意义，总体要求和适用条件，制定、实施和调整程序，确认方式及与现行制度的衔接，保障措施，加快相关体制改革和制度建设。从完善公平竞争制度来看，2014年6月国务院印发的《关于促进市场公平竞争维护市场正常秩序的若干意见》提出，要建设统一开放、竞争有序、诚信守法、监管有力的现代市场体系，平等保护各类市场主体合法权益，维护公平竞争的市场秩序。在此基础上，2016年6月国务院印发了《关于在市场体系建设中建立公平竞争审查制度的意见》，2017年10月国家发展改革委等五部门印发了《公平竞争审查制度实施细则（暂行）》，2021年6月市场监管总局等五部门经过修订正式公布了《公平竞争审查制度实施细则》，2023年7月印发的《中共中央　国务院关于促进民营经济发展壮大的意见》提出全面落实公平竞争政策制度。

二是构建更加完善的要素市场化配置体制机制为民营企业高质量发展提供了保障。2020年3月印发的《中共中央　国务院关于构建更加完善的要素市场化配置体制机制的意见》提出，要破除阻碍要素自由流动的体制机制障碍，扩大要素市场化配置范围，健全要素市场体系，推进要素市场制度建设，实现要素价格市场决定、流动自主有序、配置高效公平。特别强调要推进土地要素市场化配置，引导劳动力要素合理畅通有序流动，推进资本要素市场化配置，加快发展技术要素市场，加快培育数据要素市场，加快要素价格市场化改革，健全要素市场运行机制。2022年4月印发的《中共中央　国务院关于加快建设全国统一大市场的意见》提出，要促进商品要素资源在更大范围内畅通流动，加快建设高效规范、公平竞争、充分开放的全国统一大市场，包括打造统一的要素和资源市场。

三是推动国有企业与民营企业协同发展的制度安排为民营企业高质量发展带来了机遇。一方面，积极稳妥推进国有企业混合所有制改革、稳步推进自然垄断行业改革为国有资本与民营资本的互补融合起到重要推动作用。不仅如此，2018年11月，工业和信息化部等四部门联合印发了《促进大中小企业融通发展三年行动计划》，2022年5月，工业和信息化部等11部门联合印发了《关于开展"携手行动"促进大中小企业融通创新（2022—2025年）的通知》，2022年4月，国务院国资委印发了《关于推动中央企业民营企业协同发展的工作方案》，这些都直接为推动国有企业与民营企业协同发展做出了具体的制度安排。另一方面，鼓励和支持民间投资、社会投资的制度供给拓展了民营企业的发展空间。2014 年 11 月，国务院印发了《国务院关于创新重点领域投融资机制鼓励社会投资的指导意见》，2016 年 7 月，国务院办公厅印发了《关于进一步做好民间投资有关工作的通知》，2017 年 3 月，国务院办公厅印发了《关于进一步激发社会领域投资活力的意见》，2023 年 7 月印发的《中共中央　国务院关于促进民营经济发展壮大的意见》，都鼓励和支持民间投资、社会投资，实际上是对促进国有资本与民营资本在投资层面协同发展的间接性制度安排。

（三）营造更好发展环境为民营企业高质量发展当好"护航员"

良好的发展环境是推动民营企业高质量发展的重要诱致性因素，发挥着保驾护航的作用。党的十八大以来，国家一直致力于优化民营企业的发展环境，努力营造有利于民营企业高质量发展的更好环境。2019 年 12 月印发的《中共中央　国务院关于营造更好发展环境支持民营企业改革发展的意见》、2020 年 10 月国家发展改革委等六部门联合印发的《关于支持民营企业加快改革发展与转型升级的实施意见》以及 2020 年 1 月 1 日起施行的《优化营商环境条例》，对营造民营企业更好发展环境做出综合性的部署安排。

一是营造公平竞争市场环境。《中共中央　国务院关于营造更好发展环境支持民营企业改革发展的意见》提出，要优化公平竞争的市场环境，重点是要进一步放开民营企业市场准入，实施公平统一的市场监管制度，强化公平竞争审查制度刚性约束，破除招投标隐性壁垒。2018 年 10 月，国务院办公厅印发的《关于聚焦企业关切进一步推动优化营商环境政策落实的通知》要求，坚决破除各种不合理门槛和限制，进一步减少社会资本市场准入限制，清理地方保护和行政垄断行为。《优化营商环境条例》明确要求，市场准入负面清单以外的领域，各类市场主体均可以依法平等进入；招标投标和政府采购应当公开透明、公平公正，依法平等对待各类所有制和不同地区的市场主体，不得以不合理条件或者产品产地来源等进行限制或者排斥。2020 年 7 月印发的《国务院办公厅关于进一步优化营商环境更好服务市场主体的实施意见》再次强调，进一步降低市场准入门槛。2023 年 7 月印发的《中共中央　国务院关于促进民营经济发展壮大的意见》明确提出，持续破除市场准入壁垒，稳步开展市场准入效能评估，建立市场准入壁垒投诉和处理回应机制。

二是保障资源要素获取。《关于支持民营企业加快改革发展与转型升级的实施意见》提出，要完善资源要素保障，重点是创新产业用地供给方式，加大人才支持和培训力度，优化资质管理制度，破除要素流动的区域分割和地方保护；着力解决融资难题，重点是加大对民营企业信贷支持力度，支持开展信用融资，拓展贷款抵押质押物范围，拓展民营经济直接融资渠道，创新信贷风险政府担保补偿机制，促进及时支付中小企业款项。《优化营商环境条例》明确要求，国家保障各类市场主体依法平等使用资金、技术、人力资源、土地使用权及其他自然资源等各类生产要素和公共服务资源。《中共中央　国务院关于营造更好发展环境支持民营企业改革发展的意见》针对民营企业融资问题，要求健全银行业金融机构服务民营企业体系，完善民营企业直接融资支持制度，健全民营企业融资增信支持体系。特别是为了破解民营企业融资难融资贵的问题，2019年2月，中共中央办公厅、国务院办公厅印发了《关于加强金融服务民营企业的若干意见》，同月，中国银保监会印发了《关于进一步加强金融服务民营企业有关工作的通知》，2022年5月中国人民银行印发了《关于推动建立金融服务小微企业敢贷愿贷能贷会贷长效机制的通知》，同年7月中国证监会等三部门联合印发了《关于推动债券市场更好支持民营企业改革发展的通知》。

三是优化营商环境与减负降本。《国务院办公厅关于聚焦企业关切进一步推动优化营商环境政策落实的通知》《优化营商环境条例》《国务院办公厅关于进一步优化营商环境更好服务市场主体的实施意见》等一系列优化营商环境的法律法规和政策文件，对深化商事制度改革、简化企业投资审批、压减行政许可等事项、提升涉企服务质量和效率等做出了具体安排，为民营企业发展创造良好的营商环境。与此同时，减轻企业税费负担、降低企业生产经营成本，成为优化营商环境的重要内容，也是为民营企业营造更好发展环境的重要举措。2014年6月印发的《国务院办公厅关于进一步加强涉企收费管理减轻企业负担的通知》和2016年8月印发的《国务院关于印发降低实体经济企业成本工作方案的通知》，都推动了对包括民营企业在内的企业减负降本。《关于支持民营企业加快改革发展与转型升级的实施意见》则进一步提出，要继续推进减税降费，进一步降低用能用网成本，深入推进物流降成本。特别是面对各种外部冲击，国家针对民营企业尤其是中小企业推出了一系列惠企纾困政策，其中减轻企业税费负担、降低企业生产经营成本是重要的纾困解难助企惠企政策，为民营企业高质量发展守住"生命线"。

四是加强民营企业和企业家合法权益保护。《中共中央　国务院关于营造更好发展环境支持民营企业改革发展的意见》提出，要健全执法司法对民营企业的平等保护机制，保护民营企业和企业家合法财产，构建亲清政商关系。2017年9月印发的《中共中央　国务院关于营造企业家健康成长环境弘扬优秀企业家精神更好发挥企业家作用的意见》提出，要营造依法保护企业家合法权益的法治环境，依法保护企业家财产权、创新权益、自主经营权，强化企业家公平竞争权益保障。2020 年 9 月，中共中央办公厅印发的《关于加强新时代民营经济统战工作的意见》要求，完善民营企业诉求反映和权益维护机制，依法维护企业正常经营秩序，尊重和保护企业家合法人身和财产权益。

（四）改革创新与转型升级的支持政策为民营企业高质量发展增添"助推器"

改革创新与转型升级是民营企业实现高质量发展的内在要求，支持民营企业改革创新与转型升级是推动民营企业高质量发展的重要政策取向。党的十八大以来，国家高度重视对民营企业改革创新与转型升级的鼓励、引导和支持，既出台了全面性的综合指导意见，又针对相关重点主题制定了专项性的政策文件，形成了支持民营企业改革创新与转型升级的政策体系，对民营企业高质量发展起到了重要的助推作用。

一是支持民营企业加强科技创新。一方面，2013 年 1 月印发的《国务院办公厅关于强化企业技术创新主体地位全面提升企业创新能力的意见》、2015 年 3 月印发的《中共中央　国务院关于深化体制机制改革加快实施创新驱动发展战略的若干意见》、2016 年 5 月印发的《国家创新驱动发展战略纲要》等一系列关于增强企业创新能力的顶层设计，为包括民营企业在内的企业实施创新驱动发展战略、加强科技创新提供了重要指引。另一方面，《中共中央　国务院关于营造更好发展环境支持民营企业改革发展的意见》专门要求支持民营企业加强创新，从多个方面提出相应的举措。《关于支持民营企业加快改革发展与转型升级的实施意见》更是强调，要强化对民营企业科技创新的支撑，包括支持参与国家重大科研攻关项目、增加普惠型科技创新投入、畅通国家科研资源开放渠道、完善知识产权运营服务体系、促进民营企业数字化转型等。尤其是，2018 年 5 月科技部和全国工商联联合印发了《关于推动民营企业创新发展的指导意见》，提出大力支持民营企业参与实施国家科技重大项目，积极支持民营企业建立高水平研发机构，鼓励民营企业发展产业技术创新战略联盟，力促民营企业推动大众创业、万众创新，加强优秀创新型民营企业家培育，加强民营企业创新人才培育，落实支持民营企业创新发展的各项政策，完善科技金融促进民营企业发展，推动民营企业参与军民协同创新，推动民营企业开展国际科技合作，引导民营企业支持基础研究和公益性研究等 11 项重点任务。《中共中央　国务院关于促进民营经济发展壮大的意见》，提出要支持民营企业提升科技创新能力。鼓励民营企业根据国家战略需要和行业发展趋势持续加大研发投入、开展关键核心技术攻关、支持民营企业创新产品迭代应用、推动不同所有制企业以及大中小企业融通创新、支持民营企业与科研机构合作建立技术研发中心、支持民营企业加强基础性前沿性研究和成果转化等多项政策。

二是推动民营企业加快转型升级。从产业转型升级来看，《中共中央 国务院关于营造更好发展环境支持民营企业改革发展的意见》提出，要鼓励民营企业因地制宜聚焦主业加快转型升级，完善民营企业参与国家重大战略实施机制。《关于支持民营企业加快改革发展与转型升级的实施意见》指出，要引导民营企业扩大转型升级投资，包括鼓励产业引导基金加大支持力度，支持传统产业改造升级，支持民营企业平等参与项目投资，引导民营企业聚焦主业和核心技术，提升民营企业应急物资供给保障能力；要巩固提升产业链水平，重点是精准帮扶重点民营企业，依托产业园区促进产业集群发展，有序引导制造业民营企业产业转移，提高产业链上下游协同协作水平。从企业转型发展方向来看，《中共中央 国务院关于营造更好发展环境支持民营企业改革发展的意见》提出，要引导中小民营企业走"专精特新"发展之路。对此，2013年7月，工业和信息化部办公厅印发了《工业和信息化部关于促进中小企业"专精特新"发展的指导意见》，2021年1月，财政部、工业和信息化部联合印发了《关于支持"专精特新"中小企业高质量发展的通知》，2021年6月，工业和信息化部等六部门联合印发了《关于加快培育发展制造业优质企业的指导意见》，这些文件为推动中小民营企业向"专精特新"方向发展提供了政策指引。从数字化转型来看，2021年4月，全国工商联印发的《关于推动民营企业加快数字化转型发展的意见》提出，要推动民营企业加快数字化转型步伐，促进提升民营企业数字化转型能力，搭建民营企业数字化转型服务平台。2021年9月印发的《关于进一步发挥质量基础设施支撑引领民营企业提质增效升级作用的意见》，提出要支持民营企业加强质量基础能力建设，提供高效便捷的质量技术服务，促进民营企业提质增效升级。

三是鼓励引导民营企业深化改革。《中共中央 国务院关于营造更好发展环境支持民营企业改革发展的意见》提出，鼓励有条件的民营企业加快建立治理结构合理、股东行为规范、内部约束有效、运行高效灵活的现代企业制度；鼓励民营企业完善内部激励约束机制，规范优化业务流程和组织结构，建立科学规范的劳动用工、收入分配制度，推动质量、品牌、财务、营销等精细化管理。《关于支持民营企业加快改革发展与转型升级的实施意见》提出，鼓励有条件的民营企业优化产权结构，鼓励民营企业参与混合所有制改革，引导民营企业建立规范的法人治理结构。《关于加强新时代民营经济统战工作的意见》提出，引导民营企业完善法人治理结构，探索建立中国特色现代企业制度；推动民营企业主动加强与世界一流企业和优秀国有企业交流合作，不断提升经营能力和管理水平。2023年印发的《中共中央 国务院关于促进民营经济发展壮大的意见》指出，要引导完善治理结构和管理制度，支持引导民营企业完善法人治理结构、规范股东行为、强化内部监督，鼓励有条件的民营企业建立完善中国特色现代企业制度。

二、进一步推动民营企业高质量发展的政策优化

当前，国内外形势异常严峻复杂，给我国经济社会和市场预期带来很多不利影响。鉴于当前市场信心不足、民间投资乏力、民营经济发展面临传统压力和新挑战"叠加"的现实困境，需要进一步强化制度建设、加大支持力度、探索政策创新、注重协同发展、加大宣传教育，为民营经济发展壮大、助推中国式现代化提供有效支撑。

（一）强化制度建设，完善长效机制巩固民营经济地位

一是要全面落实市场准入负面清单管理制度。在全国统一大市场建设背景下，进一步优化营商环境，推动市场准入负面清单的全国一体化建设，以电子政务、智慧政务建设为契机，形成一体化、透明化、网络化的市场准入负面清单"一张表"。健全市场准入负面清单管理及动态调整机制，完善与之相适应的审批机制、监管机制。数字经济时代，尤其要健全大数据、人工智能、基因技术等新领域、新业态知识产权保护制度，切实保护民营企业合法权益。

二是强化政务服务的标准化建设。以国家政务服务清单为基准，推动各地打造省、市、区（县）、乡（镇）、村（社区）五级政务服务事项清单标准化、办事指南标准化、审查工作细则标准化、线上线下服务标准化。推动政务服务事项的一致化、办事指南的标准化、工作细则的统一化、审批流程的一纸化，真正打造标准化政务服务体系。加强统筹政府服务一体化在线平台建设，并以此为数据共享总枢纽，在确保数据安全的基础上，充分发挥政务数据共享协调机制作用，进一步提升政务服务效能。

三是要强化政府信用建设。政府信用是市场信用的基础，也是提升市场主体信心的根本。要切实将营造法制化、市场化和国际化营商环境为根本，从决策信用、执行信用、监督信用、服务信用、商务信用等维度共同发力，从根本上约束政府权力。强化干部思想教育和廉政教育，要求勤政高效、公开透明、压实责任，加大对官员和办事人员的信用评价并将其纳入考核评价体系中，对其个人不诚信导致政府信用受损的追究相关责任。

四是强化中央对地方的督查和各地自查。构建便于民营企业家问题反应和问题解决的正式通道，及时回应企业关切，对被索贿、强迫违规行为的企业家免除责任，对违法侵害企业家和企业的各类行为坚决打击并强化宣传，疏堵点、提信心、破壁垒、解难题、抓落实，充分尊重、积极关心民营企业发展，提振企业家信心。

五是立法明确企业家轻微违法的"容错机制"。为激发市场活力和社会创造力，激发民营企业家放手创业、大胆投资，建议基于《中华人民共和国行政处罚法》出台专项法律法规，对于民营企业历史上发生的非主动性的轻微违法行为，如税收遗漏、土地性质不明等，制定不予处罚清单，杜绝回溯追查，切实让民营企业家安心经营、安心创业。

（二）加大支持力度，为民营经济发展营造良好的市场环境

一是强化固定资产投资的引导功能，以经济增长提振民营企业信心。保持适度超前固定资产投资，加大对青年人、新市民的高质量（而非保障性）住房供给，进一步优化房地产投资结构；深挖现有房地产的增量投资，加大对老旧小区适老性改造以及新建电梯、立体停车场、公共服务设施建设的财政补贴力度；进一步加快新型基础设施投资力度，尤其是加大工业园区、重点产业集聚地的新型基础设施投资，形成产业基础投资的新增长极。

二是强化对重点领域和重点行业市场主体的重点支持。关注不同产业的经济社会属性，将提振市场主体预期、解决就业、促进经济发展有机协同起来。强化对建设现代产业体系、保障重点产业链供应链安全的"专精特新"中小企业的重点支持，给予创新投入的专项财政支持，按照产业属性给予税收优惠，支持其优先上市等，加速国产替代和保障产业安全。除了进一步加速中小企业数字化转型之外，重点关注具有重要支撑作用的制造业、批发零售、建筑业、农林牧渔等行业市场主体的生存问题，将解决就业和促进产业升级作为增强市场主体预期的重要抓手。提升经济系统对外部冲击应对的能力，聚焦医药行业高质量发展，强化前期干预，提升诊治能力，完善医疗体系，切实让市场主体能够在未来经营中避免因突发事件造成的严峻冲击。

三是围绕市场主体的痛点提升政策的可持续性，重点对民营企业的普惠性支持。进一步降低市场主体的税费水平，探索推动流转税向消费税转变的试点改革，减轻流转税对企业经营过程中的现金压力。进一步降低中小微企业的各项成本，如对月均（以3个月为周期平均）销售额15万元以下的纳税人免征增值税和所得税，加大研发费用加计扣除、固定资产、数字化投资加速折旧、支持科技创新进口等税收优惠政策。以现有"四险"基数为基准下调20%，加大中央企

业利润注入社保基金。加快推进中小企业公共服务体系全国交易平台建设，通过政府支持中小企业基金采购服务为中小企业提供首次使用的管理咨询服务提供现金券，真正实现将政策补贴精准落到企业身上。

四是进一步营造良好的外部环境，为民营企业在新发展格局下更深层次地融入国际大循环提振信心。积极引导民营企业尽快适应发展格局的变化，抓住国家转型升级的重大战略机遇，通过及时调整自身发展战略在新格局中找准定位。在着力扩大内需的基础上，要坚持扩大外需，尤其是巩固我国在全球产业链价值链中的地位，既要通过技术升级、品牌升级推动价值链升级，更要强化外部直接投资，稳固我国在传统制造业、工程基础设施等方面的优势，利用国际大市场加速经济大循环。

（三）探索政策创新，优化民营经济发展壮大的政策体系

对于政府来说，要围绕民营企业做大做优做强的现实需要，构建从政策理念创新到政策有效落地、从问题导向的政策方案到长效机制建设的高质量政策体系，为民营企业发展状态提供有力支撑、创造良好环境。

一是转变政策理念，树立质量导向的发展支撑体系。各级政府和相关职能部门要重新审视市场主体培育的政策取向，要转变"数量观"的评价方式以及长期形成对增长的"依恋心态"，关注市场主体的存活率、盈利能力、创新力、成长性、市场影响力等质量方面的动态变化。要切实关注高质量民营企业的培育，将其与优质中小企业培育的相关政策有机融合，对标隐形冠军、世界一流企业的成长路径，进一步完善从创新型企业到"专精特新"企业、"小巨人"企业、领航企业的培育路径。

二是强化政策落实，切实提升民营企业和企业家的"获得感"。《中共中央国务院关于促进民营经济发展壮大的意见》从持续优化民营经济发展环境、加大对民营经济政策支持力度、强化民营经济发展法治保障、着力推动民营经济实现高质量发展、促进民营经济人士健康成长、持续营造关心促进民营经济发展壮大社会氛围等方面提出了具体的要求，但相关要求落实到现实是政策效果显现的关键。要切实形成政策文件和政策体系，创新政策执行方式，构建监督和反馈机制，形成长效机制，真正能够让其中支持民营经济和民营企业的政策落到实处，增强民营企业的信心，提升民营企业的"获得感"。

三是立足现实需要，营造适应民营企业创新的宽松环境。充分尊重民营企业的创新性和创造性，强化包容审慎监管的落地，强化"法无禁止皆可行"的监管原则，进一步推动事中事后监管、信用监管、"双随机、一公开"监管等多种监管模式。坚决制止地方以监管之名对企业实施干预的错误做法，尤其要防止

和纠正利用行政手段或者刑事手段干预经济纠纷，构建有效防范和纠正冤错案件的长效机制，切实保障民营企业家积极性。逐步清理民营企业和中小企业发展的相关政策，在"减法"和"质量"两方面做文章，以"加一减二"的方式对现有政策进行整合、优化，以更高质量的政策供给来为民营企业发展提供政策支持。

四是构建长效机制，防范政策随意变更对企业的影响。要强化长效机制的建设与落实，对于民营企业普遍存在的隐性壁垒、政府欠款、融资约束等问题，构建长效解决机制。要强化清单管理与目录管理，将负面清单和正面清单相结合，将收费清单与优惠政策相结合，提升对民营企业服务的透明度。要强化政策的动态跟踪与系统评估，通过健全政策实施效果和第三方评价机制来推动政策改进，加强民营经济统计监测评估来及时掌握民营经济发展的现实情况和问题。要强化信息公开与有效监督，推动依法行政、廉洁行政、公正行政。

（四）注重协同发展，支持国有经济和民营经济融合发展

一是强化对重点产业"大中小企业融通示范工程""国有民营融通发展工程"的政策激励。财政部、国务院国资委联合相关行业管理部门（工业和信息化部、国家国防科工局、国家金融监督管理总局、交通运输部等）可积极设立"行业融通示范单位"称号，激励大企业尤其是国有企业，开展"携手行动"促进大中小企业融通创新，通过部门联动、上下推动、市场带动，促进大中小企业创新链、产业链、资金链、供应链、数据链、服务链、人才链全面融通，并设立"大中小企业融通专项基金""国有民营融通发展基金"，用于支持产业链中的民营企业融资。

二是强化对产业园区大中小企业融通发展的评价。联合商务部、国家发展改革委等相关部门，将大中小企业融通发展水平纳入经济开发区、工业园区考核体系中，设立"融通发展示范园区奖"并配套相关奖励措施，提高民营企业主动融通的意愿，激发涌现一批协同配套能力突出的民营企业，形成以创新创业为特征的生态融通等典型融通模式，支撑产业链供应链补链固链强链，推动园区内产业朝高附加值、高科技、高质量的方向发展。

三是鼓励重点行业龙头企业扎根和牵引配套企业发展。设立"国家级中心工厂""省级中心工厂"称号，并对其予以相关的财税金融优惠政策或相关奖励。通过"一企一策"推动行业龙头骨干企业集成应用创新，尤其在战略性新兴产业、未来产业和转型升级的传统产业上，推动产业链、供应链加快数字化升级，重点打造"链长制"，发挥龙头企业作为"链主"企业在产业和配套企业发展上的引领作用。

四是财政补贴建立连锁型创新平台促进各地区产业发展。集聚发展重大公共创新平台和新型产业创新服务组织，财政政策支持创新中心和创新平台对民营企业开放，鼓励民营企业更加便捷和积极利用研发平台、中试平台、检验检测平台等。构建"财政+"科技创新体系，从制度建立、加大投入、平台搭建、科研创新、税收减免、兑现奖补等方面引导全社会加大科技投入，缓解科技型企业"融资难""融资贵"问题，激发民营企业发展内生动力。

五是利用工业互联网示范平台发展新机遇。在新旧动能转换的交汇期，工业互联网平台以创新为引领、以数据为驱动，引起了生产方式、生产关系发生深刻变革。根据民营企业接入数、服务能力、服务频次、服务质量、服务价格、效益等指标对其予以评价，务实有效推动工业互联网平台建设，建立运营商服务奖励制度，并对民营企业接入工业互联网平台的价格予以监测和调查，防范大企业利用平台优势对中小企业的利益伤害。

（五）加大宣传教育，形成支持民营经济发展壮大良好社会氛围

一是加大对民营企业家的培育。借鉴国家中小企业银河培训工程，加大对企业家的再教育和培育，加大依法治国、依法治企、依法行为的相关培育，为企业主和潜在创业者提供基础的商业、法律、管理等方面的培训，对创业者开展创新创业知识和创新创业技能培训，提升中小微企业主的基本商业能力，尤其是强化民营企业家的法治教育，提高民营企业和企业家的法律素养，鼓励其利用法律手段保护自身合法权益。

二是强化对民营企业的司法救济。鼓励各地围绕民营企业发展面临的现实法律问题，如知识产权保护、合规管理、财产保全等，运用法治方式促进民营企业发展和治理，增强实质性化解民营企业矛盾纠纷的成效；鼓励各地法院牵头成立司法援助机构，为民营企业在面临侵权时提供法律援助服务；健全国际商事纠纷多元化解决机制，为民营企业"走出去"提供强有力的司法保障。

三是强化宣传提升社会认识和民营企业家信心。民营经济的健康发展、高质量发展，离不开正确的舆论引导和宣传支持。要进一步加大对民营企业及企业家的宣传提升其社会形象，如广泛利用中央媒体、地方媒体和自媒体等渠道，广泛宣传民营企业、民营企业家、创新发展历程、奉献社会的先进事迹和企业家精神等，形成关心、鼓励、支持民营经济发展的浓厚社会氛围。对违法侵害民营企业家和民营企业的各类行为坚决打击并强化宣传，增强民营经济发展决心、提升民营企业家信心。

参考文献

［1］道格拉斯·C.诺思.制度、制度变迁与经济绩效［M］.刘守英，译.上海：上海三联书店，1994.

［2］王欣.新时代推动民营企业高质量发展：制度演进、现实刻画和未来进路［J］.产业经济评论，2022（4）：5-25.

第十三章　推动民营经济高质量发展的营商环境优化

营商环境是企业生存发展的土壤，也是推动民营经济高质量发展的重要驱动力。优化营商环境是以习近平同志为核心的党中央在新时代作出的重大决策部署，习近平总书记多次强调要营造稳定公平透明可预期的营商环境，持续打造市场化、法治化、国际化营商环境。党的十八大以来，在党中央的坚强领导和国务院的重点部署下，各部门、各地政府发挥合力，以"营商环境评价"为抓手，形成了一套较为完善的营商环境政策体系，降低了市场准入门槛，激励了市场主体的快速增长，以企业全生命周期为核心，不断降低民营企业的制度性交易成本和经营成本，为民营企业高质量发展营造了良好的发展环境。当前仍需厘清营商环境驱动民营企业高质量发展的内在机制，为后续进一步优化营商环境，促进民营企业高质量发展提出建议。

一、我国营商环境建设的主要成效

（一）以国家政策为引领，形成了较为完善的政策体系

党中央、国务院高度重视营商环境建设。2014 年"营商环境"一词首次出现在《政府工作报告》以来，国务院密集出台有关营商环境优化的政策和条例，带动以国家发展改革委、国家税务总局、国家知识产权局为代表的 29 个部委和总局积极开展营商环境优化工作，从顶层设计、多部门协同上为营商环境建设提供了机制保障。通过在中国政府网营商环境政策库、北大法宝、各部委和各总局官网查询统计，2015~2023 年，国务院共出台涉及营商环境的政策和条例 150 个，各部委和各总局出台涉及营商环境的政策和条例 223 个，总计 373 个。（见表 13-1）。

表 13-1 2015~2023 年营商环境优化政策和条例发文单位与数量分布情况

序号	发文单位	时间									小计
		2015 年	2016 年	2017 年	2018 年	2019 年	2020 年	2021 年	2022 年	2023 年	
1	国务院	9	7	8	12	25	24	42	16	7	150
2	国家发展改革委	0	0	1	5	4	7	14	2	3	36
3	国家市场监督管理总局	0	0	0	1	2	3	14	0	1	21
4	国家税务总局	0	1	4	6	1	2	6	0	0	20
5	国家知识产权局	0	1	2	0	2	1	13	1	0	20
6	财政部	0	0	0	1	2	4	9	0	0	16
7	最高人民法院	0	0	1	0	5	4	5	0	0	15
8	人力资源社会保障部	0	0	0	0	2	6	6	0	1	15
9	自然资源部	0	0	0	0	5	1	5	0	0	11
10	工业和信息化部	0	0	0	0	0	1	4	3	2	10
11	交通运输部	0	0	0	0	0	2	5	1	0	8
12	住房城乡建设部	0	0	0	0	1	2	3	0	0	6
13	中国人民银行	0	0	0	0	0	1	4	1	0	6
14	国家能源局	0	0	0	0	1	1	4	0	0	6
15	农业农村部	0	0	0	0	1	2	2	0	0	5
16	海关总署	0	0	0	0	1	1	2	0	0	4
17	商务部	0	0	0	0	0	0	4	0	0	4
18	中国银保监会	0	0	0	0	1	1	2	0	0	4
19	文化和旅游部	0	0	0	0	0	1	2	0	0	3
20	司法部	0	0	0	0	0	1	1	0	0	2
21	国家医疗保障局	0	0	0	0	0	1	1	0	0	2
22	国家质检总局	0	0	0	1	0	0	0	0	0	1
23	公安部	0	0	0	0	0	0	0	1	0	1
24	科技部	0	0	0	0	0	1	0	0	0	1
25	生态环境部	0	0	0	0	0	1	0	0	0	1
26	国家档案局	0	0	0	0	0	0	1	0	0	1
27	水利部	0	0	0	0	1	0	0	0	0	1
28	国家烟草专卖局	0	0	0	0	1	0	0	0	0	1
29	民航局	0	0	0	0	0	1	0	0	0	1

序号	发文单位	时间									
		2015 年	2016 年	2017 年	2018 年	2019 年	2020 年	2021 年	2022 年	2023 年	小计
30	国家版权局	0	0	0	0	0	0	1	0	0	1
	总计	9	9	16	26	55	69	150	24	15	373

注：多部门分文的政策文件计入排名第一的部门中。不含 2018 年前银监会、保监会的发文。以发文的首单位统计。

资料来源：笔者收集整理。

全国各地积极响应营商环境优化工作，出台了一系列优化营商环境的针对性改革举措，以更好营商环境积极应对当前经济发展面临的风险挑战，推动高质量发展。以上海市和浙江省为例，据不完全统计，仅 2019~2023 年，上海市出台优化营商环境政策措施达 284 个，其中省级层面政策措施 169 个、市级层面政策 115 个；浙江省出台了涉及营商环境政策措施 303 个，其中省级层面政策措施 117 个、市级层面政策 186 个。全国各地围绕市场主体需求和现实需要，积极鼓励部门和基层推出创新举措试点，塑造了一批营商环境标杆城市，形成了一系列典型经验和优秀做法。

（二）以指标评价为抓手，提升了全国地方营商环境

国内外实践表明，营商环境评价是准确把握营商环境状况，推动营商环境持续优化的重要抓手。目前，以世界银行为代表的国际组织开展了连续性的营商环境调查和评价工作。我国围绕营商环境评价指标体系，多措并举，在全球整体排名逐年提升。据世界银行发布的《营商环境报告2020》，我国的营商环境整体排名已由 2015 年的第 90 位，于 2019 年跃居至第 31 位，连续两年跻身全球营商环境改善最快的前 10 个经济体。其中，开办企业、获得电力、登记财产以及执行合同等表现卓越，尤其是执行合同排名进入第 5 位（见表 13-2）。

表 13-2　2009~2019 年中国营商环境总排名及分指标排名

指标　　　　年份	2019	2018	2017	2016	2015	2014	2013	2012	2011	2010	2009
整体排名	31	46	78	84	90	96	91	91	87	89	83
开办企业	27	28	127	136	128	151				151	
办理施工许可	33	121	177	176	179	177				180	
获得电力	12	14	97	92	124	121				140	

续表

年份 指标	2019	2018	2017	2016	2015	2014	2013	2012	2011	2010	2009
登记财产	28	27	42	43	37	38				32	
获得信贷	80	73	62	79	71	67				61	
保护中小投资者	28	64	123	134	132	123				93	
纳税	105	114	131	132	120	127				130	
跨境贸易	56	65	96	96	98	98				44	
执行合同	5	6	5	7	35	36				18	
办理破产	51	61	53	55	53	52				65	

资料来源：世界银行《营商环境报告2020》。

国家发展改革委根据党中央、国务院部署，对标国际、结合中国特色，以市场主体和社会公众满意度为导向，牵头构建了中国营商环境评价体系，充分发挥营商环境评价对优化营商环境的引领和督促作用。2018年国家发展改革委牵头组织在东、中、西部和东北地区22个城市组织开展了两批次营商环境试评价，2019年营商环境评价扩展到直辖市、计划单列市、省会城市和部分地县级市等41个城市，以及东北地区21个城市。2022年在全国范围内80个城市和18个国家级新区组织开展了营商环境评价。国家发展改革委连续组织编写发布《中国营商环境报告》，定期梳理总结各地区、各领域优化营商环境的典型经验、成功做法和鲜活案例，提炼形成在全国复制推广的改革举措，鼓励带动了更多地方对标先进，推进重点领域改革，推动全国范围营商环境实现大幅度提升。

（三）降低市场准入门槛，刺激了市场主体高速增长

自2016年以来，国家各部委、各地区出台了一系列政策措施，进一步降低市场准入门槛，取消和下放审批事项，放宽市场准入限制，坚决破除隐性壁垒。为进一步放宽市场准入限制、实现平等准入，国家发展改革委、商务部连续多年发布《市场准入负面清单》，2022年版列有6项禁止准入事项、111项许可准入事项，共计117项，相较2020年版减少6项。同时，还发布了《外商投资准入特别管理措施（负面清单）》和《自由贸易试验区外商投资准入特别管理措施（负面清单）》，2021年版将全国和自贸试验区外资准入负面清单分别缩减至31条和27条，压减比例分别为6.1%和10%。同时，《鼓励外商投资产业目录（2022年版）》与2020年版相比，增加238条，修改114条（主要是扩展原条目涵盖领域），删除38条，持续鼓励外资投向制造业、生产性服务业，外资投向中西部和东北地区，极大地促进了市场主体培育。

自 2016 年起，全国市场主体连续八年保持超高速增长，新业态市场主体增幅明显高于总体水平。国家市场监督管理总局的数据显示，截至 2023 年底，全国登记在册经营主体达到 1.84 亿户，同比增长 8.9%，较 2016 年增长 211.36%。其中，企业 5826.8 万户，个体工商户 1.24 亿户，农民专业合作社 223 万户。2023 年，全国经营主体持续提质扩容。全年新设经营主体 3272.7 万户，同比增长 12.6%。其中，新设企业 1002.9 万户，增长 15.6%；新设个体工商户 2258.2 万户，增长 11.4%。2016~2023 年，日均新登记市场主体约 6.74 万户。2023 年日均新登记 8.96 万户，创历史新高（见表 13-3）。市场主体的快速增长极大地解决了城镇居民就业问题，有效地推进了经济高速增长。

表 13-3　2016~2023 年中国市场主体数量及变化情况

	2016 年	2017 年	2018 年	2019 年	2020 年	2021 年	2022 年	2023 年
期末实有（万户）	8705.4	9814.8	11020	12339.5	13840.7	15400	16900	18400
新登记（万户）	1651.3	1924.9	2149.6	2377.4	2502.1	2887.2	2907.6	3272.2
日均新增（万户/日）	4.52	5.27	5.89	6.51	6.86	7.91	7.97	8.96

注：2016~2023 年日均新登记数为年新登记户数除以 365 天计算所得。

资料来源：国家市场监督管理总局。

2023 年底，"四新经济"（新技术、新产业、新业态、新模式）企业占比达 39.4%。2012~2022 年全国新设"四新经济"企业 2545.4 万户，占全国新设企业的 41.7%，并且呈逐年上升态势。从细分行业来看，"现代技术服务与创新创业服务""现代生产性服务活动""新型生活性服务活动"占比较高，分别为 24.5%、19.5% 和 19.0%。党的十八大以来，全国新设数字经济核心产业企业 643.0 万户。从发展趋势上看，新设数字经济企业发展迅速，占比由 2012 年的 6.3% 提升到 2022 年的 15.3%，提升 9.0 个百分点。从细分行业来看，"数字技术应用业""数字要素驱动业"占比较高，分别为 50.0% 和 41.6%，数字赋能趋势加速发展。

（四）以企业全生命周期为核心，减少了制度性交易成本

营商环境优化着眼于提升市场主体，尤其是中小企业办事便利度，聚焦市场主体生产经营活动中的高频事项，从市场准入、投资建设、融资信贷、生产运营、退出市场五个阶段全过程，以企业全生命周期为核心，大力推进"放管服"改革，极大地减少了市场主体的制度性交易成本，激发了市场主体活力。

在优化营商环境总体要求下，全国各地着力在减环节、减材料、压时限，为

市场主体带来更好的办事便利性。

一是简化工程建设项目审批。在住房城乡建设部督促指导下，各地推动并联审批、联合图审、联合验收、区域评估、告知承诺制等改革措施，聚焦工程建设项目全生命周期管理，以"智慧式""链条式""精准式"服务助推审批"提速"，助力项目"加速"。比如，企业新购土地开工建设，审批时限由以往的106个工作日压缩至40个工作日，大幅减少了审批时间，有效推动工程建设项目早开工、早建设。

二是提升纳税便利度。近年来，国家税务总局强化顶层设计，进一步优化办税流程，大力推进"一网""一门""一次""一窗"办税；将增值税、消费税，附征城市维护建设税、教育费附加、地方教育附加自动计算，实行纳税人一次性完成主税附加税同步缴纳，合并城镇土地使用税和房产税纳税申报，将市场主体全年的纳税次数减少为四次；拓宽纳税渠道，实施线下办税；建立人员分流机制，大力推广"非接触式"办税缴费服务，实行纳税人"最多跑一次"；多渠道普及辅导，精准推送税收优惠，针对重点企业建立办税便利化机制，助力企业生产。

三是高效便捷提供政务服务。在国务院办公厅的引导下，我国已建成覆盖全国的整体联动、部门协同、省级统筹、一网办理的"互联网+政务服务"技术和服务体系，建立了电子证照共享服务系统，逐步实现了电子证照跨地区、跨部门共享，并在全国范围内互信互认；促进了央地数据共享，将直接关系到企业和群众办事的高频事项近1500项纳入共享范围，建立权威高效的数据共享协调机制，实现了政务服务的相对标准化、精准化、便捷化、平台化和协同化，打造了更大范围的"一网通办""异地可办""掌上可办"。

（五）以减税降费为先导，降低了生产经营成本

近年来，我国劳动力、土地、租金等价格持续上涨，原材料成本、库存和运输等费用支出增加，导致市场主体的生产经营成本增加，加大了经营活动的风险性。为此，国家尤其注重助企纾困，重点助力受冲击最直接、涉及面大而广的中小微企业和个体工商户。

一是减税降费取得突出成效。近年来，国家税务总局深化税制改革，各级税务机关采取有力措施，坚决落实国家减税降费政策，充分释放政策红利，落实落细优惠政策，切实减轻市场主体负担。尤其在减税降费方面，着力在降低小微企业纳税比例，提升企业研发费用加计扣除比例、加速固定资产折旧等政策，有效地减轻了市场主体的相关税费压力。2016~2023年，我国通过减税降费，共为企

业减轻负担超过 14.03 万亿元①，有效地缓解了企业，尤其是小微企业的生存压力。清理规范涉企收费方面，全国各地大力清理公用事业性收费，尤其是清理规范城镇供水供电供气供暖行业收费。国家市场监管总局部署全国开展转供电主体专项检查和重点检查，积极退还多收电费。

二是企业生产经营成本显著降低。国务院办公厅、国家发展改革委督促各地市场主体的经营性成本持续降低。在用能方面，2018 年和 2019 年底，一般工商业电价连续两年较期初下降 10%，2020 年后，国家连续两年推出阶段性降低企业用电、非居民用气等政策措施，对制造业中小微企业、煤电和供热企业实施阶段性缓缴税费，阶段性降低企业用电、用气成本，提前实行淡季价格政策，减少企业用电、用气支出超过 1080 亿元。在降低物流成本方面，在国家发展改革委和交通运输部统筹下，全国各地从制度、要素、税费、信息和综合成本等方面，全面提高社会物流效率水平，2020 年可量化降低物流成本超 1300 亿元，2021 年减费总额超过 1000 亿元，2022 年社会物流总费用较 2012 年下降 3.3 个百分点。在降低融资成本方面，我国根据形势变化灵活把握政策力度，保持流动性合理充裕，用好降准、再贷款等政策工具，加大对实体经济的有效支持，缓解中小微企业融资难融资贵等问题。2023 年《政府工作报告》显示，2022 年我国制造业贷款余额从 16.3 万亿元增加到 27.4 万亿元。普惠小微贷款余额从 8.2 万亿元增加到 23.8 万亿元、年均增长 24%，贷款平均利率较五年前下降 1.5 个百分点。

二、营商环境优化驱动民营经济高质量发展的内在机制研究

民营经济是地方经济发展的活力所在，营商环境是企业等市场主体在一地从事经济活动的总体制度环境。实践证明，营商环境优化有助于理顺政府与市场的关系、政府内部层级和部门间的关系，以及市场主体间的关系，进一步解放和发展社会生产力。优化营商环境已成为驱动民营经济高质量发展的内在要求，公平公正的法治环境、以市场为主导的生产要素环境、高效便捷的政务环境、开放包

① 2017~2024 年政府工作报告显示，2023 年新增税费优惠超过 2.2 万亿元；2022 年新增减税降费超过 1 万亿元；2021 年新增减税降费超过 1 万亿元；2020 年为市场主体减负 2.6 万亿元；2019 年减税降费 2.36 万亿元；2018 年为企业和个人减税降费 1.3 万亿元；2017 年共减轻市场主体负担 3 万多亿元；2016 年降低企业税负 5700 多亿元。

容的社会环境，这些无一不是驱动民营经济高质量发展的动力源泉。

（一）法治环境优化是民营经济高质量发展的基础保障

2019 年，习近平总书记在中央全面依法治国委员会第二次会议上提出"法治是最好的营商环境"。社会主义市场经济本质上是法治经济，公平对待所有市场主体，保护民营企业合法权益，有效提升民营经济持续发展的安全感，公平公正的法治营商环境为民营经济高质量发展保驾护航。

一是以《优化营商环境条例》为代表的法律法规陆续出台，从立法领域保障了民营经济的蓬勃发展。"法无禁止即可入""行业准入负面清单"等能打破各种市场准入隐性壁垒和行政垄断壁垒，为民营经济发展创造公平竞争市场环境。

二是以"大监管"为代表的市场监管手段，从执法领域保障了民营经济的健康发展。多地推行的市场监管、农业、城市管理、文化市场、交通运输、生态环境保护、应急管理等领域的"1+N"综合行政执法改革，实行执法清单管理、有效地厘清了部门权责边界、建立联动会商机制，推动了综合监管和执法质效的双提升，切实为市场主体松绑，让民营企业腾出更多精力安心生产经营。

三是以"司法服务、审慎监管"为代表的服务一体化，从法治服务领域保障了民营经济的包容发展。在优化法治服务赋能营商环境的理念指引下，司法系统推行"驻局律师""律师送法"等制度，对市场主体定期提供"普惠式"法律服务供给，指导线上听证、舆情处置等"应急式"法律服务项目，让各类不同法律服务需求得到充分响应。拓展包容审慎执法监管，多个领域制定《轻微违法违规经营行为免罚清单》，做到"首违不罚"，不以罚代管，让行政执法既有力度又有温度，提振市场主体信心、坚定企业投资决心。尤其对数字经济等新技术、新业态，实行发展"包容期"管理，使各类创新要素自由流动、创新基因在全国多地蓬勃裂变。

（二）生产要素市场优化是民营经济高质量发展的内在支撑

生产要素市场是生产要素在交换或流通过程中形成的市场。生产要素是作为民营经济微观主体的民营企业在生产经营过程运转的基本条件。生产要素市场化培育和发展，充分发挥市场在资源配置中的基础性作用，有效地支撑了民营经济解放生产力和转型发展。

一是金融市场优化支撑实体型民营企业抓住机遇、纾困度难。实体企业生产成本上升趋势明显，民营企业规模有限，固定资产数额较小，可抵押资产有限，抵御风险能力较弱，无银行授信，普遍存在发展资金紧张、融资困难。逐步增加的普惠型小微企业贷款规模、政策性基金和维持低位的贷款利率帮助实体民营企业短期纾困；"银税互动""信易+金融"等融资服务平台，以及政府性融资担保平台，帮助缺乏抵押又具有良好发展的中小微企业、科技创新企业；常态化产融对接机制、政金政对接平台、政府引导基金和上市协调机制帮助了民营企业进入多层次的资本市场融资。

二是劳动力市场优化促进了就业创业市场的供需对接和劳动关系的和谐发展。劳动力是民营企业生产经营的基础要素。随着智慧就业服务和用工保障专项行动的开展，不仅使企业和劳动力之间可以多渠道、多平台终端开展供需对接，还通过"创业一件事""培训（鉴定）一件事""补贴一件事""政策找人"等精准服务，促进了劳动力就业、企业创业的便利性。以"调解工作室"为代表的基层调解组织建设，加大劳动争议案件调解力度，推进劳动关系和谐发展。

三是城乡土地市场优化确保了我国社会主义高标准市场体系建设。深化土地要素市场化改革，进一步盘活城乡建设用地，推进城乡建设用地增减挂钩制度，有利于企业、政府、群众的利益共享。多样化供地方式能提高工业用地使用周期和企业生命周期匹配度，有利于推进工业和基础设施、公益设施等建设用地逐步过渡到"市场定价"。

四是现代技术市场优化保证了民营企业掌握未来发展主动权。技术市场是以技术要素交易为核心、配套其他要素的创新服务市场。民营企业已逐渐成为我国高新技术企业的主体。技术资本化、技术产业化有利于民营企业以技术创新为主要抓手，加速转型升级，把握未来市场竞争的主动权。

五是信息市场优化提升了民营企业主体的服务获得感。以大数据、人工智能、量子科技、移动通信、物联网、区块链等为代表的新型信息技术迅猛发展，为政府部门广泛接收信息、打破"信息孤岛""职能孤岛"、促进信息交互、深化公共服务和社会治理场景化应用、提升政府供给侧在行政审批服务和监管执法水平，有效地提升了民营企业主体感受的整体服务获得感。

（三）政务服务环境优化是民营经济高质量发展的效率助力

全国各地多级联动的线上政务服务"一张网"，实现"数据跑"代替"企业跑"，线下行政服务大厅（中心）服务功能助力企业办事"就近办""马上办""一次办"。线下线上一体化政务服务体系的完善，提升了审批服务效能，帮助民营企业公开公平、便捷、低成本地参与各项招投标工作。

一是行政审批效率和服务效能提升助力缓解民营企业"办事难"。全国各地大力推行行政审批权力清单、责任清单制，将涉及多个部门和市政公用服务单位的百余事项进驻市县（区）政务服务大厅，做到"应进尽进"，建立工程建设项目审批管理系统"一个系统"线上线下联动机制，实行"综合窗口受理、并联集成审批、一个窗口出件"的工作模式。这些举措极大地方便了民营企业的项目建设报审报批拿证，真正实现便企利企。

二是招投标全流程电子化、公开化有效助力招投标交易效率提升。公共资源法人机构数字证书、在线合同签订和变更、招标投标全过程信息公开自动推送等数字化手段有效地确保了招标投标实施"全流程电子化""不见面开标""远程异地评标"等制度落地实施，为投标的民营企业营造了更为公开公平的投标氛围。招标人减免保证金、应用"电子保函"、完善保证金退付管理制度，实现保证金自动缴交、自动退还，加大因特殊情况逾期未退保证金清查力度，确保保证金100%及时退付，切实降低了企业投标成本，减轻了企业负担。

三是帮办代办服务助力民营企业省心省力。全国各地大多依托政务服务中心集中办公的优势和政务服务帮办代办要求，为企业提供"一对一"贴心帮办代办服务，甚至"定制保姆""项目管家"的服务，为民营企业提供了咨询引导、材料提交、代办帮办等，极大地提升了政务服务事项办理的效能。

（四）社会环境优化是民营经济高质量发展的外在支撑

社会环境是营商环境的软实力，为民营企业和民营经济转型发展，主动融入国家战略提供了外在土壤，也为人才引入、留育生根提供了坚实保障。

一是诚实守信文化的营造支撑民营企业的长期存续和发展。各级政府正大力营造"知信、用信、守信"的良好氛围有利于提升政府公信力；信用信息"双公示"制度有利于执法单位开展守信联合激励，失信联合惩戒。诚信系统的建立有利于民营企业在生产经营、财务管理和劳动用工管理等各环节强化信用自律；廉洁文化的贯彻更有利于构建亲清政商关系，帮助民营经济人士树立具有理想信念的企业家精神。

二是宜居宜业宜游的生活环境吸引了人才的长期流入和留育。综合立体交通配套不仅有利于企业降低物流成本，还有利于建立便捷的通勤圈、生活圈、快货物流圈，便于人员流动，快速获得生活所需。青山绿水的生态环境、人与自然和谐共生的共融环境有利于城乡居民置业长居。优质的教育、医疗资源更易吸引人员的举家迁移聚集。

三、进一步优化营商环境促进民营经济
高质量发展的对策建议

当前，全国各地要以民营经济高质量发展目标和2035年远景目标为指引，进一步深化对营商环境的认识，做实支撑营商环境持续改善的基础，推动重点领域突破，精准发力，发挥广大干部的积极性和创造性，推动营商环境建设的渗透力和延伸度，补足营商环境的"短板"，打造营商环境的"亮点"，真正实现以优化营商环境提升民营企业和企业家的获得感和满意度，促进民营经济高质量发展。

（一）深化认识，提升营商环境优化的主动性和创造性

要真正落实优化营商环境的目标，需要在全国掀起一轮乃至多轮的营商环境大宣传和培训工作，各级领导干部需深化认识、转变观念、创新方法，共同发力优化营商环境以驱动民营经济高质量发展。

一是要认识到营商环境建设的重要性和长期性。2021年12月，国家发展和改革委员会营商环境发展促进中心成立，围绕营商环境建设开展相关政策、标准评价指标体系研究，并不断扩充编制充实人员参与市场化、法治化、国际化、便利化一流营商环境建设。《中华人民共和国国民经济和社会发展第十四个五年规划和2035年远景目标纲要》提出，要"完善营商环境评价体系"。营商环境优化建设已被超过20个省份列为"一号工程"。可以看出，无论是中央还是地方均高度重视营商环境建设工作。在"十四五"时期直到2035年，开展科学、独立的营商环境评价是促进各地营商环境改善的重要切入点，建设市场化、法治化、国际化的营商环境是构建现代市场经济体系的重要构成。为此，各级领导干部要从认识上真正转变，要认识到营商环境工作的长期性和战略性，要切实改变工作方式，将营商环境工作融入日常工作中，主动参与营商环境的建设工作，为营商环境的逐步改善贡献力量。但是，在认识上尤其需要注意的是，评价只是促进营商环境改善、优化的一种方式和手段，更多的营商环境优化工作应当有效融入日常工作，应当在工作全过程、全视域中关注营商环境。

二是要认识到营商环境评价指标与日常工作的关联性。营商环境本质是区域内市场主体生存与发展的制度环境，是区域政务服务能力、资源禀赋、创新生态等综合能力的体现，是用综合指标体系对已有事项的一个全面、系统的反映，所有事项均可与现有各个部门的工作结合，尤其是在"放管服"改革主导下，各部门相关事项与营商环境的结合度更高。这就要求各级政府部门、职能部门及相关单位，要以优化营商环境为指引，以国际国内卓越行动和一流绩效为目标，发掘其内在机理，以体制机制创新来推动政务服务、投资吸引力、创新水平的进一步提升，真正打造市场化、法治化和国际化的营商环境。具体来看，省市县各级政府及相关部门，要对照营商环境评价指标体系和最新进展开展学习和研究，将营商环境所涉及的指标与日常工作相关联，以营商环境优化促进工作改进，以工

作改进带来营商环境指标的实质性改善。对于一些难以理解的指标，可以采取"模拟"的方式重走流程，按照业务流程再造（BPR）模式对现有流程反思、解构和重构，实现"干"与"学"的有机结合。

三是要认识到多部门推动营商环境改善的协同性。营商环境的系统性、综合性和复杂性要求各部门要站在全局视角，改变各个部门"各自为政"的局面，将协同推进营商环境优化作为一项本职工作，提升本地在推进营商环境方面的合力。各个部门、市县（区）要加强交流和协作，推动相互之间的经验共享，要将打造中国营商环境品牌作为一个整体体系，防范内部无效竞争和"孤军奋战"。此外，要发挥体制机制的作用，建立起省域各部门协同推进营商环境优化的领导小组和责任机制，实现对省域各部门协同推进的有效促动和保障。

（二）做实基础，加强营商环境优化的保障性和持续性

为确保我国营商环境的长期可持续改善，需要进一步夯实营商环境的建设基础，构建起促进营商环境改善的长效机制。

一是进一步推动诚信法治体系，夯实营商环境法治保障。《优化营商环境条例》等一系列鼓励、支持和引导民营经济发展壮大的法律法规出台，为民营经济深入、持续、健康发展提供法治氛围。但是，商事法律制度建设仍相对滞后、行政审批效率偏低、执法司法不公、诚实守信契约精神缺失等方面的法律问题依然存在，需要进一步完善以信用体系为基础、以法规机制为核心、以数据共享为抓手、以平台为支撑的营商环境诚信法治保障体系，确保市场主体依靠规则公正和法律保护健康发展，夯实民营企业规范化经营的基础。

二是进一步推动数字政府建设，创新营商环境服务效率。数字政府的建设是营商环境提升的着力点和突破口。需要以数据+技术+平台的融合进化和应用为支撑力，以政治愿望和政治意志为改革推动力，以重塑为手段，以"业务数据化、数据业务化、业务协同化"为着力点，聚焦"减环节、减材料、减时限、减成本、优化服务"，按照"最小颗粒化—数源标准化—数据共享化—组织协同化—业务融合化"的实施路径与推进方式，通过数据驱动重塑政务信息化管理架构、业务架构和组件架构，以全局、整体的思路整合资源，着力破解市场主体办事的堵点问题，实现以政府流程再造为主的政府形态升级，全面提升政府在经济调节、公共服务、社会治理、市场监管、环境保护等领域的履职能力，形成"用数据决策、数据服务、数据创新"的现代化治理模式，为持续提升营商环境建立数据基础。

三是进一步推动标准化建设，为"无差别、跨省联办"创造条件。全国各地需进一步对接国家政务服务和检查清单，推进省、市、县（区）、乡（镇）四

级线上线下政务服务事项、检查清单、审查工作细则全面标准化，做好市、县（区）、乡对政务服务和检查清单的承接，进一步打破国家部委数据权限上的限制，在全国范围内组织政务服务和检查清单的共商共建共享机制，进一步要求各省域形成省内市县（区）乡政务服务和检查事项的一致化、工作细则的统一化、审批流程的一网化，真正打造标准化政务服务体系。进一步推进政务服务高频事项在珠三角、长三角、京津冀、川渝地区、长江经济带城市群之间，信息互认共享，实现跨省联办，跨省通办。

四是进一步推动营商环境工作下沉至县乡基层。省会城市和中心城区营商环境建议取得突出成效的同时，应将已形成的成熟模式向县乡层面复制和应用，将"服务送进门""巡回服务"等下沉到中心村镇，推动高频事项自助办理终端设立在市、县（区）、乡（镇）各大银行网点和信用社、社区便民点等集聚网点，鼓励较大的行政村设立自助服务终端办理网点。通过创新乡村行政服务模式，带动基层党员干部提升政务服务意识和能力。通过优化营商环境的典型案例和优秀做法的相互交流互动，对标学习，区域竞争促进各地区营商环境的普遍改善。

（三）大胆创新，丰富营商环境优化的多目标性

营商环境是一种软环境，也是一种软实力，在面临百年未有之大变局下的情境下，要发挥营商环境的软实力功能，推动民营经济社会高质量跨越式发展，服务国家战略目标实现，助推第二个百年奋斗目标实现。

一是将关注关键核心技术突破作为营商环境优化的重要着力点。在注重打造普惠性营商环境政策的同时，各地要将优化营商环境中的"优化服务"放在重要领域，为重点企业、重点行业、关键核心技术提供精准化服务，准确、及时识别企业面临的困难和问题，为其提供个性化服务，并探索建立长效机制，形成在高质量发展阶段对企业面临问题的前瞻性预判和预见性安排。

二是将营商环境优化工作与"双碳"目标实现有效衔接。纵深推进国家生态文明试验区建设，建立健全绿色低碳循环发展的经济体系。支持具有生态绿色优势的省份在绿色发展、低碳发展、可持续发展领域具有良好的发展潜力。通过跨区域生态补偿进一步降低企业综合成本、推动企业绿色创新、缓解能耗排放约束、打造地方绿色品牌，形成优化营商环境与"双碳"目标的有效协同。

三是以营商环境优化驱动乡村振兴战略目标实现。随着2020年全面脱贫目标的实现，进一步推动乡村振兴战略成为新形势下乡村发展的根本战略。推进营商环境向基层下沉的最终目的是以城乡营商环境的均等化推动乡村市场主体的发育，推动乡村市场的发展，形成以企业为主体、以产业为形态的促进乡村发展的新动力。为此，要从根本上推动营商环境从城市到乡村、从中心城市向外的扩

散，以法治化、市场化、便利化的思路来推动乡村营商环境的快速改善。

（四）补齐"短板"，提高营商环境优化的均衡性

一是重点加大力度推动市场主体发展，构建企业成长的梯度路径。全国各地要进一步加大新兴领域和行业市场主体增长，尤其是围绕主导产业、战略性新兴产业发展，前瞻性培育"专精特新"中小企业、单项冠军等创新型企业，沿着从高新技术企业—"专精特新"中小企业—科创板上市公司—主板上市公司的路径，发现和培育"瞪羚"企业和"独角兽"企业，利用资本市场支持和促进民营企业的快速健康成长。与此同时，逐步完善资本市场监管功能，提升地方政府对上市公司的支持和服务水平，创新机制促进中小投资者利益保护，以有效的内控和外部监督推进上市公司优化公司治理。

二是重点提升区域创新能力，支撑各地建设创新型城市。创新是发展的第一动力，需进一步引进和培养人才，加大研发投资力度尤其是引导企业根据自身需要加大科技创新投入，鼓励产业链链长企业建设公共技术研发平台，提升全产业链创新活力。进一步加强知识产权保护和服务水平，激发市场主体提升知识产权投入强度和转换水平，助推创新驱动发展。深化科技体制改革，进一步规范市级科技计划项目管理流程，提升项目实施质量，激发科研人员创新活力，提升创新开放合作水平。从科技创新担保资金、引导企业加大研发投入、鼓励产出优秀科技成果、鼓励开展重大关键技术攻关、促进科技成果转化等方面制定激励措施，增强自主创新能力。

三是进一步加大基础设施投资，为未来发展夯实现实根基。进一步推动交通强国战略，增强都市圈的辐射带动能级，争取重大项目建设，实施交通物流枢纽建设行动，完善现代一体化综合交通网络。利用新基建机遇，进一步加大基础设施投资，鼓励民间资本参与基础设施和公共项目建设，促进政府和社会资本合作更好发展，尤其是要鼓励民营资本参与交通、医疗、教育、乡村和县乡地区的基础设施投资，补齐基础设施短板，提高在内外双循环中的交通物流便利度，提升民众和市场主体生活的便利度和幸福感。

四是进一步完善破产机制，推动市场主体有序流动。要将进一步清理僵尸企业、促进市场主体有序退出作为进一步完善现代市场经济体系的重要内容。加快推动各地方成立专门的破产审判庭，加强破产审判专业化团队建设，培育资产管理人团队，加大力度促进破产审判和破产管理能力全面提升。大力推进信息化应用，畅通网上预约立案和电子信息送达渠道，降低立案成本。用好在线评估系统等信息化手段，提高审判效率，推动网拍在破产程序中的应用，降低破产成本。高度重视破产重整工作，完善管理人选任和考核制度，提升管理人履职能力，提

高破产案件审判质效。建立常态化的破产工作府院统一协调机制，尽快建立破产援助专项资金，解决"三无企业"破产费用支付、破产财产追收、职工债权保障、管理人基本报酬保障问题。

五是进一步提升开放能力，融入双循环新发展格局。海关总署需进一步完善口岸通关管理制度，全国各地要切实落实国家创新政策，持续精简进出口报关单证。加快信息化建设，加大业务设施设备投入和升级，推行货物通关业务"一站式"办理，进一步缩短进出口通关时间。扩大国际贸易、国际投资"单一窗口"试点，鼓励企业采取货物运抵前提前申报模式，着力提升通关效率、降低通关成本。推动跨境电商综合试验区建设，创新电商企业监管方式。大力提升市场开放水平，进一步放宽市场准入，落实外商投资准入负面清单管理制度，积极吸引外商投资。发挥中部地区承接产业转移的区位优势，强化开放平台作用，连通长三角、粤港澳大湾区、长江经济带等城市群。

（五）持续优化，发挥营商环境优化的长效性

一是进一步降低市场主体经营成本。国家税务总局需进一步全面推进税收体系改革，加大创新城市试点力度，调整消费税和流转税比例结构，降低民营企业经营过程中的税务成本。各级发改系统需进一步清理行政性收费项目，尤其是从根本上清理无法可依的收费项目，切实为企业减负。各级人社系统需进一步探索社会保险费用的缩减机制，推动农民工社会保险费用和企业社会保险的协同缴纳，探索城镇居民保险和企业社会保险的共征共缴机制，实现社会保险费用支出和企业成本的有效平衡。

二是进一步提升建筑许可审批效率。督促全国各地进一步梳理办理建筑许可事项清单、流程清单、材料清单等，加速流程标准化建设；推动审批事项分类改革，明晰分类监管，精简审批程序、压缩办理时间。拓展"承诺制+标准地"为核心的极简审批，发挥承诺制集成效应。聚焦"准入不准营""项目审批周期长"等痛点堵点难点问题，在"一门受理""一枚印章管审批""一体式集成审批"基础上，按照"政府定标准、企业作承诺、过程强监管、失信有惩戒、提速优服务"的原则，对审批流程进行全链条梳理、全流程改造。推动项目前期"多规合一"，实施多事项统一评估和区域评估；进一步推动审批过程便利化，推动审批项目实施告知承诺制，审查机构在线一并审查；推动验收环节"多测合一"、多事项限时联合验收等。鼓励部分地区试点将投资项目涉及的相关审批服务事项打包，在项目立项阶段即一次性告知申请人，提供"一键响应、预见性办理"服务。逐步完善预先审批机制，形成标准化的前瞻性审批方案并逐步推广，形成具有示范意义的行政审批模式。

三是进一步解决企业融资难、融资贵问题。推进金融政策评估机构改革，由各地政府对已经出台的金融扶持政策进行梳理和整合，开展政策评估，进一步明确各级政府和各类部门的功能定位，在已经出台国家和省级政策的基础上，市级和县（区）级不是要重复制定政策，而是重点研究符合当地特色的落地措施和金融产品。同时，提高政策的稳定性和可预期性，促使企业实现平稳、可持续发展。

四是进一步开展"清理对民营企业和企业家产权侵害专项行动"。对企业和民众最关心的"产权保护""政府干预企业"等问题，尽快梳理涉企问题清单，出台专项行动方案，重拳打击地方政府和公职人员利用职务之便损害和侵害民营企业权利的行为，限时督办和及时回馈，总结实施效果形成长效机制。进一步清理民企和中小微企业政府债务，限定时限制定详细的还款计划，并对于政府新的采购和招投标项目，严格按照合同要求付款。

五是进一步加强和优化政企沟通，提升涉企事项办理效率。各级领导干部须规范政商交往行为，加强实施政商交往负面清单、正面清单，光明磊落地参与民营企业和行业协会的洽谈交流，为企业服务。推动建立常态化政企沟通服务机制，设立多种企业反馈信息和提供诉求渠道，对企业反映的所有事项及办理部门用"红黄绿"码进行动态管理、实时反馈；通过一站式、一码通、全闭环的办理模式，有效帮助企业解决各类难点、卡点问题。

参考文献

[1] 李先军，罗仲伟. 新时代中国营商环境优化："十三五"回顾与"十四五"展望 [J]. 改革，2020（8）：46-57.

[2] 刘现伟，文丰安. 新时代民营经济高质量发展的难点与策略 [J]. 改革，2018（9）：5-14.

[3] 刘垠，操秀英. 我国科技创新能力跃升有力支撑小康社会全面建成 [N]. 科技日报，2021-07-28.

[4] 杨昊. 推动民营经济高质量发展 [N]. 人民日报，2021-10-23（005）.

[5] 赵丽. "十四五"时期我国民营经济高质量发展面临的问题与应对策略 [J]. 中州学刊，2022（2）：13-19.

第十四章　推动民营经济高质量发展的社会服务体系建设

随着民营经济进入高质量发展阶段，民营企业对高质量的社会服务体系的需求也更加迫切。在百年未有之大变局之际，民营企业面临的机遇和挑战也不断发生新的变化，完善民营企业社会服务体系，提升民营企业发展韧性，推动民营企业实现高质量发展，日益成为事关构建新发展格局成败的关键。近年来，随着国家对民营经济的支持力度不断加大，民营企业的发展环境得到有效改善，民营经济社会服务体系发展迅速，但服务质量不高、供需不匹配等问题依然存在，与民营经济高质量发展需求还有较大差距。梳理我国民营经济社会服务体系建设的现实和问题，提出完善民营经济社会服务体系的思路和对策建议，对于促进新时代民营经济高质量发展至关重要。

一、民营经济社会服务体系的内涵与外延

（一）民营经济社会服务体系的内涵

"社会服务"作为学术词汇是由英国社会政策学家蒂特马斯（Titmuss）在1951年首次提出的，是衡量一个国家发展水平和文明程度的标志之一。民营经济社会服务体系一般是指向民营企业提供社会服务的机构的总和，是以服务各类民营企业为宗旨，以营造良好的发展环境为目的，为民营企业的发展提供多层次、多渠道、多功能、全方位服务的社会化公共服务网络。民营经济社会服务体系是以政府及其服务机构、行业协会、社会中介组织等为主体的社会化服务网络支持系统，既包括基础设施等硬件，也包括机构平台运营和各类服务活动，涵盖了信息咨询、融资服务、科技创新服务、市场服务、人才服务等多个方面，这些方面相互关联、相互促进，共同构成了支持民营企业发展的强大后盾。

民营经济社会服务体系旨在为民营企业提供全方位的支持和服务，促进民营

企业快速健康发展、提高民营企业竞争力和效益，是政府利用自身能力以及引导市场和社会力量弥补民营企业能力弱项的重要实现形式。通过不断完善这一体系，可以有效地推动民营经济的健康发展，为经济社会的持续繁荣做出重要贡献。

（二）我国民营经济社会服务体系的主要服务内容

我国的民营经济服务体系主要由三类服务主体构成：一是国家从上而下设计构建的民营企业公共服务平台；二是地方自发性组织的行业协会商会；三是各类中介组织、专业服务机构。民营经济社会服务体系是一个多维度、综合性的概念，主要服务内容包括信息咨询服务、融资服务、科技创新服务、人才开发服务、市场拓展服务、产权保护服务等与民营经济发展紧密相关的方面。进入新时代，民营经济社会服务体系的内涵也有了更为广泛和深入的发展。

1. 信息咨询服务

信息的有效获取和高效分析是企业深入的顾客需求洞察、精确的产品研发、精准的市场营销以及科学的管理决策等的关键，成为当今时代企业的核心竞争力之一（刘继承，2016）。尤其是在数字经济时代，信息资源的掌握和使用对企业经营管理及战略决策的作用越来越重要，已经成为部分企业的核心战略资源之一。民营企业尤其是中小企业对政策的理解不清楚不到位、对信息的获取能力不足等问题普遍存在，各类信息咨询服务机构能依托社会资源，重点围绕企业普遍关心的热点难点问题，开展的信息咨询服务，能够帮助民营企业了解政策环境和市场动态，提升民营企业对政策的参与和落实，对民营企业准确制定发展战略规划等具有重要作用，是中小企业健康快速发展的重要支撑。

企业信息咨询服务涉及多个构成要素，我国大部分企业服务机构都对其服务对象提供基本的信息咨询服务，多数建立了自己的网站或新媒体服务平台，为企业提供政策、技术、市场、人才等信息服务。通过构建数字化服务平台、推广智能技术应用等方式，提高服务效率和质量，为民营企业提供了更加便捷的服务体验。然而，构建多层次的企业信息咨询服务体系，实现不同信息服务要素之间的优化组合和协同作用，是存在挑战且至关重要的。

2. 融资服务

资金是影响民营企业发展的主要瓶颈，民营企业（尤其是中小企业）因规模小、可抵押资金少、信用等级低，银行规避风险，"慎贷""惜贷"现象严重。加上银行贷款担保手续繁、周期长，综合借贷成本较高，使得民营企业融资渠道不畅，融资难、融资贵等问题出现。同时，股票、债券等直接融资方式门槛过高，绝大多数企业难以利用资本市场筹集发展资金，且绝大多数民营企业很难达到金融机构信用贷款评级要求，难以提供符合金融机构规定的抵押物种类或足额抵押物，部分民营企业甚至不惜向小额担保公司借款或借高利贷用于资金周转，增加了企业的负担和风险。因此，不断完善和丰富融资服务，为民营企业提供有效及时的资金支持，是民营企业社会服务体系建设的重要方面。随着金融市场的不断创新和发展，民营企业的融资渠道更加多样化，包括股权融资、债券融资、互联网金融等多种方式。同时，政府也积极推动金融机构加大对民营企业的支持力度，降低融资门槛，优化融资环境。

民营企业需要的融资服务主要包括建立有效的融资服务平台，通过开展银企对接活动等多种方式，拓展并畅通民营企业融资信息的获取渠道；开展贷款指导、投融资咨询、财务管理、上市辅导等融资相关服务，拓宽创业投资、小额贷款、集合债券等多种融资渠道；完善多层次的企业信用担保体系，提升担保机构的服务能力和服务水平；帮助中小企业进行税务筹划，申请政府部门的税收优惠、财政补贴、风险补偿、贷款援助等，多渠道帮助中小企业解决融资难问题等，以上都是民营企业长期需要的融资服务内容。

3. 科技创新服务

民营企业尤其是中小企业，往往在技术力量和研究能力等方面有所欠缺，完善科技创新系列服务，提升民营企业核心竞争力，是实现民营经济高质量发展的必然要求。新时代，政府和社会各界更加重视民营企业的技术创新，推动产学研用深度融合，通过建设技术创新平台、支持企业研发等方式，为民营企业提供了更加有力的技术创新支持。

科技创新服务包括技术转移服务、科技成果转化服务、创新申报服务等，能够助力民营企业整合社会资源，建立技术支持系统，为企业的产品研发、制造工艺的改进和设备的更新创造更好的条件，对提高民营企业科技水平以及核心竞争力具有重要作用。

技术转移服务主要是指帮助企业解决技术项目对接、专家人才聘任、科技情报、项目融资、校地产学研合作等，协助企业完成技术转让全流程。具体包括组织对接各种类型的科研机构、高校以及专门的科技测试中心，为民营企业提供新产品开发、新技术推广、科技成果转化等科技相关服务，组织各类专家帮助民营企业解决生产过程中的技术难题，开展产品鉴定、技术诊断等服务以满足民营企业的普遍共性技术需求，建立密切的产—学—研联系等。

科技成果转化服务主要是根据企业现有技术情况及业务拓展情况，制定相应的技术交易指导方案，为企业对接满足其发展的科学技术，提升企业整体科技创新含量，交付技术交易指导方案，推动民营企业把发明成果形成商品并顺利推出进入市场，也包括有市场竞争力的、成熟的高新技术企业的孵化等。

创新申报服务主要是帮助中小企业培育申报专精特新"小巨人"、"企业技术中心"等，提高企业资质荣誉及企业品牌影响力，并且帮助企业制定创新税收优惠、项目资助、市场竞争等方面的方案。

4. 人才开发服务

人才是创新的第一资源，人才的开发和培养是推动产业转型升级和企业生存发展的关键核心资源。民营企业尤其是中小企业人才管理理念和管理体制相对不完善，吸引人才难、人才流失等问题较为普遍，在人力资源方面的劣势非常突出，引进人才并留住人才对民营企业至关重要，因此，人才开发服务是民营经济社会服务体系建设的重要内容。随着人才市场的不断变化，政府和社会机构加大了对民营企业人才培训的投入，提供了更加精准的人才招聘和匹配服务，为民营企业人才保障提供支撑。

在当前的数字化转型浪潮中，组织的敏捷创新能力与人才队伍建设成为制胜未来的关键要素，人力资源从业者在其中承担着前所未有的重要角色，通过技术驱动赋能人才发展与组织激活，支撑企业战略转型及持续创新发展成为企业的核心战略。

人才开发社会服务包括人才引进、人才管理与培训等内容。人才引进主要是帮助民营企业吸引和开发人才，许多民营企业不能给人才提供发挥才能的工作岗位和工作条件，是其较难吸引并留住人才的重要原因，当前的一些就业观念在一定程度上也阻碍了人才（尤其是高层次人才）到民营企业特别是中小企业就业。这就需要社会服务机构，通过多种手段帮助企业提高人才管理效率、加强宣传改变人们的就业观念等多种形式帮助民营企业引进并留住各类人才。

人才培训是民营企业整体素质和竞争力提升的重要途径。我国社会服务机构针对不同类型民营企业的差异化需求，开展不同形式的人才培训服务，并且不断创新培训机制，丰富培训内容，拓宽培训渠道。例如，充分利用高校、科研院所等教育机构的师资和教学设施等优势基础条件，与民营企业联合建立企业人才培养和培训的专业基地。包括对各层次的员工进行有针对性的培训，提高民营企业的经营管理水平。当然也包括根据民营企业具体的实际需要，进行更具时效性和实用性的培训，不仅是业务方面的，也可以包括职业道德、团队协作等方面的培训。

5. 市场拓展服务

市场拓展服务是一个将外包服务推向市场发展的行业类别，涵盖整条价值链，包括采购、市场分析和研究、市场策划和销售、分销和物流、售后服务等等。市场拓展服务并非以节省成本为重点，而是力求推动营业额和盈利增长、提高市场份额、加强市场渗透和覆盖率，以及降低固定成本和业务复杂性。专门的市场拓展服务供应商能够帮助企业通过外包销售和售后服务等非核心业务来降低成本，还能由此增加营业收入提高市场份额。

　　针对民营企业（尤其是中小企业）发展理念不先进、市场推广费用不足、品牌知名度不高和高级营销人才缺乏等现实困难，市场拓展服务主要是要通过联合社会各类服务机构，在战略和策略上给予民营企业市场拓展方面的帮助。针对民营企业的市场需求，涌现出了一批专业化的市场服务机构，如市场咨询公司、品牌策划公司等，为民营企业提供专业的市场分析、品牌推广等服务，帮助其更好地把握市场机遇，包括为民营企业组织产品市场策划、制定营销战略，进行产品推广和品牌打造，提升企业形象；支持民营企业参加各种类型的产品展销会、交易会、供需洽谈会等，多种方式拓展市场；发挥民营企业机制灵活的优势，支持民营经济进行跨国经营、参与国际竞争等。

　　6. 产权保护服务

　　《中共中央　国务院关于新时代加快完善社会主义市场经济体制的意见》中23次提及"公平"，并明确强调"健全以公平为原则的产权保护制度，全面依法平等保护民营经济产权"。作为市场经济基础性制度的核心，健全以公平为原则的产权保护制度，是深度激发各类企业，特别是民营企业创造活力的关键所在。民营企业是社会主义市场经济的重要组成部分，加强民营经济产权保护，保证其能够依法平等使用生产要素、公开公平公正参与市场竞争、同等受到法律保护、共同履行社会责任，是民营经济高质量发展的重要保障。

　　民营经济产权保护社会服务主要是指为实现平等保护民营企业产权和企业家权益的社会服务，如提升对民营企业的刑事保护力度，提高司法审判和执行效率，保障民营企业家的人身和财产合法权益，建立健全涉政府产权纠纷治理长效机制等。北京、江苏、浙江、广东等地法院与工商联建立民营企业产权保护社会化服务体系，取得了较好的服务效果。2019年7月，北京市委统一战线工作领导小组印发《关于建立北京民营企业产权保护社会化服务体系的意见》，以政府部门为依托，借助社团组织平台，引入第三方专业机构，开展部门联动，搭建了民营企业产权保护社会化服务体系"四驾马车"工作模式。这是全国首家民营企业产权保护社会化服务体系。

　　除上述提到的几方面的服务内容外，新时代民营经济社会服务体系还包括国际化服务平台建立（海外市场拓展、国际贸易咨询、跨境融资等服务）、绿色发展与可持续发展服务（环保技术咨询、推动绿色金融产品创新、引导企业参与绿色产业链）、社会责任与公益服务（提供公益咨询、组织公益活动）、企业家精神与领导力培养（帮助民营企业家提高管理水平、拓宽国际视野、增强创新能力）等方面。这些发展不仅丰富了民营经济社会服务体系的内涵，也提升了服务的质量和效率。通过为民营企业提供全方位、多层次、个性化的服务，新时代民营经济社会服务体系对于民营经济的健康发展起到了积极的促进作用。

二、民营经济社会服务体系建设的现状

（一）民营经济社会服务体系的形成过程

我国严格意义上的民营企业社会服务体系建设始于 20 世纪 90 年代。中华人民共和国成立前，民营企业的服务功能主要是由行业协会、商会承担，中华人民共和国成立后，1958~1978 年，我国实行计划经济，行业发展规划和目标主要由行政手段确定和实施，企业是执行行政命令的机构，而不是一个自主的经济实体。在这种情况下，行业协会显然是无用武之地。改革开放后推进行业协会改革，行业协会得到了较大发展。20 世纪 90 年代末，我国学习发达国家经验，从上而下推进民营企业服务体系建设并取得了非常大的成果。2007 年以来，国家将建设中小企业公共服务平台作为推进民营经济社会服务体系建设的重要着力点，并相继出台了一系列政策支持促进公共服务平台的发展和完善。2018 年 11 月，习近平总书记主持召开民营企业座谈会，重申并强调了党和国家鼓励和支持民营经济发展的基本方针政策，提出了党和国家要为民营经济健康发展创造更好条件，其中包括减轻企业税费负担、解决民营企业融资难融资贵问题、营造公平竞争环境、完善政策执行方式等方面。根据会议精神，各地结合自身情况也相继出台了促进民营经济发展具体政策和举措，对企业社会服务体系建设也有很大的促进作用。2019 年 12 月，《中共中央　国务院关于营造更好发展环境支持民营企业改革发展的意见》，从优化公平竞争的市场环境、完善精准有效的政策环境、健全平等保护的法治环境等方面提出了进一步激发民营企业活力和创造力的意见。2021 年 10 月，《国务院关于开展营商环境创新试点工作的意见》，提出"优化经常性涉企服务""加快建立健全高效便捷、优质普惠的市场主体全生命周期服务体系""完善动产和权利担保统一登记制度，有针对性地逐步整合各类动产和权利担保登记系统，提升企业动产和权利融资便利度"等具体内容。2023 年 7 月，《中共中央　国务院关于促进民营经济发展壮大的意见》，提出"完善融资支持政策制度""支持提升科技创新能力""强化人才和用工需求保障""持续完善知识产权保护体系"等具体内容，从多个维度进一步加强民营经济社会服务。可以看出，党和国家关于民营经济方针政策与法律法规的不断完善，民营经济社

会服务体系也不断建设完善和发展，对民营经济的稳定健康发展起着重要的支撑作用。

工业和信息化部中小企业发展促进中心（以下简称"中小中心"）作为国家层面综合性中小企业服务机构、全国中小企业服务体系的领头羊、国家中小企业公共服务平台的核心和枢纽以及全国中小企业服务联盟经过多年努力，截至2020年底，已在全国建立各级中小企业发展促进机构1010家，其中，省级32家，地市级344家，县区级634家，逐步形成了以工业和信息化部为政策领导，服务联盟为平台，公共服务体系为核心，各级中小企业中心为支撑，面向中小企业服务的全方位多层面中小企业公共服务体系（单立坡和张晓辉，2021）。利用其组织建立的全国中小企业服务联盟平台和中小企业公共服务体系，中小中心将各地区的中小企业发展促进机构集聚在一起，为我国中小企业的发展提供多层面和多样化的支撑服务，做了大量卓有成效的工作。

为进一步集聚整合社会服务机构力量，加强中小企业公共服务体系建设，支撑中小企业高质量发展，2012年，工业和信息化部印发《国家中小企业公共服务示范平台认定的管理办法》（工信部企业〔2012〕197号），开展国家中小企业公共服务示范平台认定工作。2017年7月印发了新版《国家中小企业公共服务示范平台认定管理办法》（工信部企业〔2017〕156号），为深入贯彻落实国家关于促进中小企业发展和鼓励"大众创业、万众创新"等政策措施，引导公共服务平台集聚服务资源、完善服务功能，更好的服务和促进中小企业创业创新发展，对中小企业公共服务示范平台提出了新要求。该示范平台每年评选一次，认定有效期为三年。2021年上榜的292个示范平台，既有政府提供的公共服务产品，也有市场化的专门为中小企业提供服务的公司。其中，150家主要提供金融、财税、人才、法律、知识产权等综合性服务，而另外142家则主要聚焦具体行业领域，围绕提升产业链供应链稳定性和竞争力提供深度服务。国家中小企业公共服务示范平台服务功能不断完善，组织带动社会服务资源服务能力不断提高，主动开展公益性服务，成为中小企业服务体系的重要支撑。

（二）民营经济社会服务体系当前存在的突出问题

近年来，国务院制定了一系列促进民营企业发展的政策措施，民营经济的生存和发展环境进一步改善，尤其是在持续改善营商环境方面取得了较为显著的成效，全国工商联2021年发布的"万家民营企业评营商环境"调查结果显示，民营企业对我国营商环境的满意度是持续上升的，其中对法治环境的满意度最高，政务环境得分第二，要素环境、创新环境得分较2020年有所提升，市场环境得分略有下降。总体来看，我国民营经济的社会服务体系在不断完善和加强，政府涉企服务的主动性和精准性不断提升，但与民营经济特别是中小企业的需求相比还存在着较大差距，社会服务质量不高、供需不匹配、运营成本高等问题依然存在（任晓猛等，2022），对于支撑新时代民营企业高质量发展还存在一些问题和差距。

1. 服务内容和服务方式与企业的实际需求仍存在较大差距

民营企业社会服务的内容、质量和方式等与企业的实际需求不匹配。一是难以有效甄别服务质量，服务缺乏有效的评价机制和标准。社会中介服务机构普遍存在服务质量不高、收费不规范等问题，服务规模与服务深度发展也相对较滞后，企业难以有效的对服务质量进行甄别。与此同时，公益性服务机构的数量、服务项目也相对匮乏，政府对社会中介服务还缺乏有效的组织和引导，难以满足民营企业不同类型的发展需求。二是服务体系在各地区的布局不均衡，结构不合理（童有好，2019）。一般来说，省级民营企业服务机构相对完备，基层服务机构相对不足，发达地区各类中介服务机构较为丰富，欠发达地区民营企业服务体系相对薄弱。三是民营经济社会服务体系的组织架构还不完善。目前，以民营企业为核心的政府服务联盟已形成一定网络规模和影响力，但行业协会等行业自律组织尚且处于发展的中初级阶段，对区域民营企业的服务力度和影响力不足，也未形成如日本等其他发达国家常见的全国性中小企业协会、联合会。

2. 商业化服务平台小而弱，服务型平台经济发展迟缓

商业化社会服务平台是民营经济尤其是中小企业发展的重要服务支撑。然而，为民营企业提供服务的商业化平台发育还相对迟缓，未能有效支撑民营企业的高质量发展需求。一是市场化服务机构"小、散、弱"问题突出，未能形成大型服务平台网络，且与国家服务体系处于"割裂"的状态，专业服务机构无法利用国家公益性服务机构的网络、用户、政策和信息资源，公共服务机构也无法发挥专业化服务机构优势实现其支持民营企业发展的目标，双方协同支持民营企业发展的作用未能显现。二是已有产品交易平台"金融化"导致平台功能异化，如阿里巴巴蚂蚁金服从早期服务平台中小微卖家的供应链金融供应商转向服务消费者个人消费的在线银行，传统服务中小微企业功能被大大弱化，在资本驱动下的中小企业服务功能异化为单纯追求收益的金融平台。三是生产服务型平台发育迟缓，与生活服务型平台发展"如火如荼"形成鲜明对照，平台对中小制造企业服务能力有限。四是管理咨询服务平台良莠不齐，服务能力难以支撑中小企业的现实需求。大企业和国有企业往往偏好选择欧美大型管理咨询机构（如麦肯锡、德勤、埃森哲、贝恩、波士顿、普华永道等），国内咨询服务机构则难以获取国内咨询市场的"黄金份额"，也就难以提升自身能力来服务于民营企业尤其是中小企业，构建更为广泛、有效的民营企业服务网络存在较大的困难。服务

产品种类少，服务内容缺乏特色，针对性和专业性不够强。

3. 公益性服务网络不完善，难以有效适配民营企业需求

公益性服务总体发展迟缓，与公共服务体系和市场化服务机构的嵌入度不足，服务志愿者和企业缺乏有效的链接和匹配渠道，企业联合会、企业家联盟等社会力量的作用发挥不够。具体来看，一是高校科研院所智力资源供给和民营企业需求之间的信息壁垒未能打通。尽管已有部分高校和企业建立了校企合作的网络平台，但基本还是依靠个人社会网络落地，现实调研中发现，大量中青年科研教学人员在研究黄金时期缺乏企业实地调研机会，而大量民营企业尤其是中小企业在一些技术和管理上的问题找不到合适的专家来辅助其解决。二是对科研人员的考核体系不利于发挥科研人员服务中小企业的积极性。科技成果转换尽管已在顶层设计上被高度认可，但目前也只解决了基本的科研成果产权归属问题，对科研人员的考核评价体系从根本上依然未能将科研的经济价值、市场价值纳入其中，科研工作服务于经济社会发展的功能也仅仅体现在科研成果上。三是校企人才合作流于形式，常态化的人才培养和使用机制未能建立。目前校企人才合作主要是企业的人才定制化培养模式，而在校学生到企业"干中学"，企业人员到校定制化培训等普及力度不足，探索校企人才交流互动等方式实施有待进一步完善。

三、新时代民营经济高质量发展的社会服务体系建设思路

民营经济社会服务体系发展的不充分其原因是多元的，包括政府服务能力发挥不够充分的因素，也有市场环境发育不够成熟的影响，还包括民营企业自身存在的约束和不足。民营经济社会服务体系的参与机构包括政府以及政府公共服务机构、行业自律组织以及社会中介、专业服务机构等，完善促进新时代民营经济高质量发展的社会服务体系，也需要不同的服务主体之间强化协同。

新时代促进民营经济社会服务体系建设的总体思路是：以服务各类民营企业为宗旨，以营造良好发展环境为目的，坚持市场化、专业化、社会化的发展方向，发挥政策引导和市场机制的双重作用，促进服务市场发育，增强服务能力、拓宽服务领域、降低服务成本、规范服务行为，形成与民营企业创业、成长和发展相适应的服务体系。在政府的支持和指导下，建立以各级各类服务机构为提供主体，兼顾市场原则与公益原则，整合各类社会服务资源，为民营企业的发展提

供多层次、全方位服务的社会化公共服务网络。

（一）强化主体协同，构建"三位一体"服务体系

各级民营企业主管部门针对本地区经济社会发展阶段、企业特点和需求，以政策引领、企业自愿、培育促进、公开透明为原则，健全民营企业社会服务体系，并制定分层分类的扶持政策，完善服务体系建设①。相关公益机构、社会组织等也应发挥自身优势，积极为民营企业尤其是中小企业提供公益性服务。市场化服务机构则需要提升专业化服务的能力，提高市场化服务的精准性和有效性。

一是政府公共服务机构要强化协调，整合多方力量共同服务民营企业。国家和地方继续制定和发布相关政策指导文件，推进民营经济公共服务体系建设。截至目前，我国已搭建完成了以省级公共服务平台为枢纽、地市和行业窗口平台为依托的中小企业公共服务平台网络，形成了政府社会服务体系的骨干架构。从创新体系看，全国已经布局建设125个产业技术基础公共服务平台，共性技术供给能力大幅提高。

二是公益性服务机构要成为支持民营企业特别是中小企业的重要力量。充分发挥企业联合会、企业家联盟等社会力量的作用，按照自愿、无偿、平等、诚信、合法的原则，为民营企业提供咨询和个性化解决方案，推动民营企业转型升级以及进一步实现高质量发展。

三是鼓励支持市场化服务机构尤其是平台型服务机构发展。例如，校企合作平台、中小企业公共服务示范平台以及双创基地等。平台型服务机构提供的信息咨询、市场营销、技术创新、科技成果研发与转化、检验检测、信息化数字化支持、知识产权、工业设计、融资服务等，是民营经济尤其是中小企业发展的重要服务支撑。

（二）丰富服务内容，解决企业个性化发展需求

围绕民营企业在融资、人才、创新、数字化等方面的现实需要，需要各类服务主体推出一系列专业化、特色化、精准化服务内容。

一是针对不同类型的民营企业提供个性化专门化服务。不同地区、不同产业类别、不同发展规模和发展阶段的企业需要的社会服务是有差异的，因此应根据民营企业的类别差异，制定个性化的社会服务体系，对民营企业全生命周期的服务模式和服务链条进行不断完善。

---

① 规范培育工作　精准定位优质中小企业——工信部解读《优质中小企业梯度培育管理暂行办法》[J]. 中国中小企业，2022（6）：4-6.

二是完善资金融通服务系统，为民营企业提供资金支持。主要包括搭建融资服务平台，畅通民营企业融资信息渠道；拓宽民营企业进行创业投资、小额贷款、集合债券等多种融资渠道；帮助中小企业进行税务筹划，申请政府部门的税收优惠、财政补贴、风险补偿、贷款援助等。

三是助力民营企业强化质量管理和品牌建设。新时代企业发展环境的不断变化，对民营经济的质量管理和品牌建设提出了更高的要求，因此需要各类服务主体助力民营企业不断提升产品质量、建设质量品牌、开展管理提升活动。

四是加快推进民营企业数字化赋能升级。当前，我国民营企业进入转型升级的关键时期，数字经济助推产业变革的快速推进，通过数字化升级赋能民营企业，是推动民营经济实现高质量发展的重要途径。[①] 加大对民营企业数字化转型的相关政策支持，如将民营企业数字化转型的软硬件、人员支出作为研发费用加计扣除。

专栏 14-1　苏州工业园区制定"专精特新·汇计划"专项行动实施方案

结合《苏州工业园区专精特新"小巨人"企业培育三年行动计划（2021—2023 年）》，通过"搭建一个平台、培育一批企业、形成若干集群"，加快建成具有园区特色的"专精特新"培育体系，形成"专精特新"创新发展浓厚氛围，从整体上提升园区中小企业发展质量和水平。

"专精特新·汇计划"专项行动聚焦融通发展"产业汇"、融资上市"金融汇"、网聚英才"人才汇"、精准对接"服务汇"、专业平台"技术汇"开展系列活动，面向重点行业链主企业征集技术和产品需求，组织"专精特新"中小企业等创新创业主体揭榜；加大对"专精特新"企业的政策性贷款支持力度，探索设立"专精特新贷"风险补偿资金池，对符合条件的企业贷款给予风险补偿及贴息支持；鼓励符合园区产业发展方向的企业申报"金鸡湖人才计划"，对国家级、省级"专精特新"企业给予重点辅导；建立"专精特新"专家队伍，免费为"专精特新"企业开展诊断服务；畅通知识产权申报渠道，协助企业对接国家知识产权保护中心，辅导企业有效申报知识产权，缩短知识产权申报周期等。

（三）创新服务方式，激发民营企业发展新动能

数字化是经济未来发展的重要方向之一，利用数字技术重构民营企业服务体

---

① 朱永康. 数字经济时代的民企新机遇［N］. 中华工商时报，2022-03-07.

系不仅能够解决更好地服务民营企业促进其转型升级，也是培育生产服务业和商务服务业形成经济新增长点的重要抓手。不断创新服务方式，通过"线上+线下"融合，形成一系列服务民营企业的创新方式，有助于激发民营企业发展的动能。

一是强化数字工具的应用。工业和信息化部已经建设了优质中小企业梯度培育平台（https：//zjtx. miit. gov. cn/），搭建优质中小企业数据库，夯实服务对象基础。各地也在探索数字技术服务民营企业的新方式。例如，深圳市在构建企业服务综合生态方面做了很多有效探讨，同步推出了"深 i 企"小程序、App 和 Web 服务，推动企业服务由信息化向数字化升级。

二是优化线下服务方式。围绕民营企业发展的现实需要，公共服务机构、公益性服务机构以及市场化服务机构协同合作，为民营提供高质量的服务内容。例如，深圳市制定《深圳市中小企业服务局专精特新企业服务实施方案》，通过市场机制和政策扶持相结合方式，积极引导和推动各类服务机构与专精特新企业对接，出台针对"专精特新"企业的专项服务产品和解决方案。

三是加强线上线下服务方式融合。为提高民营企业社会服务体系的能效，打造服务交易平台，整合线下服务机构和服务内容，形成快速响应、高质高效的线上线下服务体系。例如，厦门市根据各级公共服务示范平台的服务功能，将服务体系奖补资金共计 1337 万元全部下发至提供精准服务的平台，通过开通了服务商城同步抢单，后台记录服务台账的线上功能，确保了企业享受各类服务的公平性。

四、以数字技术重构民营企业服务体系的对策建议

当前民营企业服务体系存在运营成本高、服务质量不高、供需严重不匹配等问题，而信息不对称、缺乏良好的商业运营平台、未能构建有效的公益性服务网络则是其背后的原因。现代数字技术可有效地解决服务机构与民营企业之间的信息不对称和有效连接问题，并能够发挥在线平台的商业运营功能和市场连接功能，有效提升民营企业服务水平。为此，结合数字经济的发展趋势，建议打造民营公共服务全国一体化在线平台，支持商业服务平台发展，打造公益性服务平台网络，提升民营企业使用数字化技术获取服务的能力，实现数字赋能促进民营企业高质量发展的目标。

（一）打造民营企业服务体系全国一体化平台，完善服务体系和链条

一是打造网络化公共服务平台，健全民营企业公共服务体系。建议由中小企业局牵头，可以考虑以现有中小企业局网站、小微企业名录、信用中国、企业信用信息公示系统、中国中小企业信息网等为载体，打造中小企业服务体系全国一体化在线平台。形成链接行政审批平台、政府采购平台、人力资源等资源供给者、学习和培训提供者、管理咨询提供商、信用服务平台等可为市场主体界面化操作的信息连接网络。平台总体架构分为企业全生命周期服务、获取政府订单、获取政府补助及资金、专业管理咨询、信用信息查询五大板块，各个板块分别具有不同的功能。鼓励各地可依托一体化平台接入子平台，将地方惠企政策、本地产业名录、服务商等集中展示，形成与国家大平台—地方特色平台互联互通的民营企业服务平台。二是提升网络服务平台的智能化水平。将大数据、云计算、人工智能等技术运用到服务平台中，便于民营企业简单识别、搜索，根据产业、区域和企业特性准确数据画像，为民营企业提供通用型和特色化服务推送。三是推动各部门共建服务平台，形成支持民营企业发展的合力。尤其是要改变当前多个平台"各自为政"的局面，建议通过一体化平台整合涉企相关信息和服务，将现有其他平台作为专业功能板块整合其中，便于民营企业"一站式"获取相关服务和支持。

（二）大力推动商业化服务平台发展，提升其与公共服务一体化平台的协同建设

一是大力鼓励市场化服务平台建设，营造支持平台经济健康发展的大氛围，为互联网平台企业打造市场化服务平台实施"包容性监管"。二是根据服务商提供的服务数量和质量信息，在国家支持民营企业发展服务体系建设资金中拿出部分资金用于奖补，提高服务商的积极性和收益水平。三是鼓励现有在线交易平台大力发展供应链融资，切实为平台上的大量民营经济主体提供资金支持，同时强化监管防范其过度"金融化"。四是大力支持生产力共享平台建设，鼓励其整合市场过剩生产能力为民营企业提供生产制造服务。五是从体制机制上鼓励国有企业在服务采购方面优先考虑国内机构，支持国内服务机构发展和平台建设。六是推动服务机构嵌入全国一体化平台网络体系中，将国家一体化在线平台的接入标准对服务商开放，采取与市场监管部门共享信息条件下的申请者调阅 API 端口模式，申请者仅需在线申请即可接入，同时为服务商提供免费的技术框架标准和模板，为服务商根据自身业务类型和服务内容快速开发服务子平台提供支撑。

（三）加强科研院所和民营企业合作，建设数字化的公益性服务网络

一是在一体化平台中增加公益性人才库模块，由教育部和人力资源社会保障部共建高校科研院所人才信息库，探索基于平台用户模式来对科研人员和企业开放，探索企业和科研人员直接联系的合作机制。二是大力发展科技服务业，其中包括公共科技创新服务平台、科技咨询、知识产权代理和科技融资等，打通民营企业与研发机构在科技成果转移、转化渠道等方面的通道，形成完善的科技创新支撑服务体系。三是建议在科研考核上，鼓励各地、各高校创新考核方式，鼓励高校科研院所将科技成果的经济社会价值、科研人员服务经济社会发展的现实价值等纳入评价考核体系中，鼓励高校的多元化发展。四是要前瞻性部署，不仅要为在职科研人员提供服务企业的机会，鼓励学校和企业共同"干中学"培养模式，更要探索机制发挥离退休专家服务企业的积极作用，以应对老龄化和少子化时代的现实需要。

（四）推动民营企业数字化转型，形成与智能化服务平台之间的强化机制

一是要继续加大对民营企业尤其是中型企业进行数字化转型的政策支持，如将民营企业进行数字化转型的软硬件、人员支出作为研发费用加计扣除。二是为民营企业购买服务提供必要的经济激励，整合现有支持民营企业发展的专项资金，通过发放服务体验券、服务购买券等方式，支持民营企业特别是中小企业采购相关服务。三是鼓励民营企业数字化转型中的合作模式创新，如参照能源合同管理模式探索数字化合同管理模式（DMC），鼓励民营企业和数字服务供应商共建平台、共担成本和共享收益。四是对中小企业数字化转型实施"包容性监管"，与对大企业的"审慎监管"相比，对中小企业实施数字化转型给予更为包容的政策，避免数据过度保护对中小企业的限制。

（五）创建优良的社会服务发展环境，为民营经济提供优质高效的社会服务

一是要加强政府的协调作用和部门联动，推进民营经济社会服务体系建设的统筹规划和政策协调，并建立评估和监督检查长效机制，保障相关政策顺利实施。同时，也要进一步规范服务市场秩序，鼓励和支持中介服务机构发展，禁止不公平竞争，为民营企业社会服务的发展和完善营造良好的市场环境。二是进一步发挥各类社会服务主体的作用，通过给予财政补贴、融资支持、税费减免、政

府采购优先等政策，提高其为民营经济企业服务的积极性和有效性。三是进一步支持和促进专业性服务机构发展，扩大服务范围，提高服务产品的质量，使其成为联结政府和民营经济的对接平台，有效发挥作用。也要注重充实基层服务机构的服务功能，尽快形成覆盖全国的省、市、县三级服务体系。四是以民营企业满意为导向，建立健全服务机构评价机制和评价标准，通过设立服务监督热线、进行星级评定等方式，对民营经济社会服务机构形成激励约束机制，以进一步提升服务机构的服务水平和服务能力。

参考文献

［1］单立坡，张晓辉．夯实服务大胆创新——2020 年中小企业公共服务体系建设工作回顾［J］．中国中小企业，2021（7）：95-97.

［2］李凤琴，邝粉良．中国社会服务的空间格局演变及影响机制［J］．城市问题，2020（2）：96-103.

［3］刘继承．"互联网+"时代的 IT 战略、架构与治理［M］．北京：机械工业出版社，2016.

［4］刘继同．中国现代社会服务体系建构论纲［J］．社会建设，2016（1）：60-70.

［5］穆荣平，蔺洁，池康伟，等．创新驱动社会服务数字转型发展的趋势、国内外实践与建议［J］．中国科学院院刊，2022（9）：1259-1269.

［6］任晓猛，钱滔，潘士远，等．新时代推进民营经济高质量发展：问题、思路与举措［J］．管理世界，2022，38（8）：40-54.

［7］童有好．营造民营经济高质量发展环境的若干问题及对策［J］．经济纵横，2019（4）：52-58.

［8］肖明珠．珠三角高校科技成果转化服务模式及服务体系建设思考与分析［J］．大众科技，2017（3）：111-114.

［9］张博．加强社会服务和保障民营经济健康发展研究［J］．智库时代，2019（23）：3+32.

［10］张公一，郭鑫．价值共创视角下企业信息服务体系构建与发展策略［J］．图书情报工作，2022，66（5）：53-62.

［11］赵嘉．促进中小企业产业发展的公共服务平台研究——以广东省某市为例［J］．中国中小企业，2021（9）：224-225.

［12］周平军．推进中小企业服务体系建设的战略思考与路径选择［J］．宏观经济管理，2017（7）：66-72.

后 记

    民营经济问题是当前的一个热点话题，如何推动新时代民营经济高质量发展是一个具有重要理论价值和实践意义的研究问题。本书作为国家社会科学基金重大项目"新时代推进民营经济高质量发展研究"（19ZDA050）的研究成果，对这一问题进行了系统深入地探讨，力求获得一些新的研究突破。

    本书的撰写分工如下：全书的研究框架设计、统稿和定稿工作由黄速建（中国社会科学院工业经济研究所）、肖红军（中国社会科学院工业经济研究所）、李先军（中国社会科学院工业经济研究所）、王欣（中国社会科学院工业经济研究所）完成；总论由黄速建、肖红军、刘美玉（山东财经大学）完成；第一章由万丛颖（东北财经大学）、李先军完成；第二章由李井林（湖北经济学院）、阳镇（中国社会科学院工业经济研究所）完成；第三章由王欣、张启望（辽宁大学）完成；第四章由刘美玉、张任之（中国社会科学院工业经济研究所）完成；第五章由贺俊（中国社会科学杂志社）完成；第六章由江鸿（中国社会科学院工业经济研究所）完成；第七章由李伟（中国社会科学院工业经济研究所）、胡青〔中共浙江省委党校（浙江行政学院）〕完成；第八章由刘建丽（中国社会科学院工业经济研究所）、崔荣月（江西财经大学）完成；第九章由李海玲（湖南农业大学）完成；第十章由程俊杰（江苏省社会科学院）、胡叶琳（北京邮电大学）完成；第十一章由李倩（山东师范大学）、李晓溪（暨南大学）完成；第十二章由李烨（北京邮电大学）完成；第十三章由章敏（南昌师范学院）完成；第十四章由闫梅（中国社会科学院工业经济研究所）、杨梅（云南大学）完成。

黄速建
2024 年 6 月 16 日